Recht -
schnell erfaßt

Roland Leuschel

# Handelsrecht

## Schnell erfaßt

Springer-Verlag
Berlin Heidelberg New York
London Paris Tokyo
Hong Kong Barcelona
Budapest

**Reihenherausgeber**
Roland Leuschel

**Autor**
Roland Leuschel
Menzingerstraße 7
D-80638 München



ISBN 3-540-58629-6 Springer-Verlag Berlin Heidelberg New York Tokyo

Die Deutsche Bibliothek – CIP-Einheitsaufnahme
Leuschel, Roland:
Handelsrecht: schnell erfaßt / Roland Leuschel. –
Berlin; Heidelberg; New York; London; Paris; Tokyo; Hong Kong; Barcelona; Budapest:
Springer, 1995
(Recht – schnell erfaßt)
ISBN 3-540-58629-6



64/2202-5 4 3 2 1 0 - Gedruckt auf säurefreiem Papier

# Vorwort

Handelsrecht - eine staubtrockene Materie? Wer sich damit befaßt, erhält u.a. Antwort auf die Frage, was einen Privatmann vom Kaufmann unterscheidet, welche Möglichkeiten den Unternehmen zur Verfügung stehen, sich im Wirtschaftsleben zu betätigen und welche Regelungen für Gesellschaften gelten.

Über den Kreis der StudentInnen der Rechts- und Wirtschaftswissenschaften sowie der Fachhoch- und Berufsschulen hinaus, sind diese Themen auch für Berufstätige von Bedeutung. Dieses Buch bietet einen entspannten Einstieg in Begriffe und Zusammenhänge dieses Rechtsgebietes.

Das Konzept besteht darin, die »wichtigsten« Normen aus dem Handels- und Gesellschaftsrecht anschaulich und bezogen auf ihre häufigsten Anwendungsfälle darzustellen und zu erläutern. Übersichtliche Schemata und Verweisungen bieten nützliche Hilfestellung für die Beurteilung von Rechtsproblemen. Das Beste aber ist die leicht verständliche Sprache.

In kaum einem anderen Bereich gibt es so viel Bewegung und Veränderung wie im Handelsverkehr, oft genug geht es zu wie auf einem »großen Flohmarkt«. Handelsrecht - ist lebendiges Kaufmannsrecht!

Zur Entstehung dieses Buches: Die ersten Kapitel zum Handelsrecht wurden in einer kleinen Dachkammer verfaßt, die folgenden Kapitel zum Gesellschaftsrecht entstanden im Vorzimmer einer Werbeagentur. Während stangenweise Zigaretten konsumiert wurden und literweise der Kaffee floß, wurden immer neuere Ideen geboren.

Heute gewöhnt sich der Autor das Rauchen ab und ist auf Kräutertee umgestiegen, um den unausweichlichen Erfolg dieses Buches noch erleben zu können. An diesem Erfolg ist vor allem Herr Stefan Görk beteiligt, aber auch die Freunde und Kollegen Inge Brandner, Karin de Maight, Carolin Schricker, Harald Hörmann, Tobias Brenner und die Katzen Moses und Juni. Letztere haben durch ihre stoische Ruhe gelegentliche Spannungszustände entschärft.

Besonders bedanken möchte sich der Autor bei seiner Freundin Sylvia, ohne die das Entstehen dieses Buches nicht möglich gewesen wäre.

München, Januar 1995 — Roland Leuschel

# Inhaltsübersicht

## Zivilrecht

**Bürgerliches Recht**
Das Recht des täglichen Lebens. Es regelt die privaten Lebensverhältnisse aller Personen untereinander

**Handelsrecht**
Das Sonderrecht der Kaufleute und der Handelsgesellschaften. Es regelt die »großen« Geschäfte des Wirtschaftslebens

**Arbeitsrecht**
Das Sonderrecht der Arbeitnehmer. Es regelt die Beziehungen Arbeitnehmer - Arbeitgeber

## Öffentliches Recht

**Verfassungsrecht**
Die Verfassung legt die Grundordnung des Staates und die Grundsätze des gesellschaftlichen Zusammenlebens fest

**Verwaltungsrecht**
Es bestimmt die Beziehungen zwischen staatlichen Organen (Behörden) sowie zwischen Staat und Bürgern

**Steuerrecht**
Es regelt die staatlichen Befugnisse (Finanzamt) der Steuererhebung gegenüber allen steuerpflichtigen Personen

**Strafrecht**
Es regelt Umfang und Inhalt der Strafbefugnisse des Staates gegenüber den seiner Hoheitsgewalt unterstellten Personen

## Internationales Recht

**Europarecht**
In West- und Zentraleuropa geltendes inter- und supranationales Recht mit teilweise erheblichen innerstaatlichen Wirkungen

**Vom Überblick zum Durchblick!**
Das Geheimnis des Lernens ist nicht, wie häufig praktiziert, möglichst viel Wissen in sich hineinzuschaufeln, sondern Zusammenhänge zu verstehen.
Alle Bücher dieser Reihe liefern einen schnellen Einstieg in die Methodik und die Anwendung des juristischen »Handwerkszeuges« eines jeden Rechtsgebietes.

# Einführung

# 1. Handelsrecht - was ist das?

Handelsrecht ist das Sonderrecht der Kaufleute

Handelsrecht ist das Sonderrecht der Kaufleute. Es gilt für alle privatrechtlichen Beziehungen, an denen Kaufleute beteiligt sind. Zwar sind Kaufleute genauso Personen im Sinne des Bürgerlichen Rechts, dennoch werden sie besonders behandelt. Von reinen Privatleuten unterscheiden sie sich dadurch, daß sie erheblich am Wirtschaftsleben teilnehmen.

Während der Begriff Kaufmann in der Umgangssprache als Synonym für den »Händler« steht, versteht das Handelsgesetzbuch (HGB) darunter eine »Person, die ein Handelsgewerbe betreibt«. Schon der Ausdruck Kaufmann bzw. seine Definition zeigt, daß man es beim Handelsrecht mit einem etwas überholten Rechtsbegriff zu tun hat. So gilt zwar der Inhaber eines kleinen »Tante Emma-Ladens« als Kaufmann, ein großer Bauunternehmer dagegen nicht zwingend, weil er kein Handelsgewerbe in engeren Sinne betreibt.

Es wäre angebracht, den Kaufmannsbegriff entsprechend zu erweitern bzw. das Handelsrecht durch ein neues und vollständiges Unternehmensrecht zu ersetzen.

Das Handelsrecht als Sonderrecht der Kaufleute wurde von den Gesetzgebern bereits 1897 in Form des Handelsgesetzbuches (HGB) zusammengestellt. Es ist aus den deutschen Stadtrechten hervorgegangen und zusammen mit dem Bürgerlichen Gesetzbuch (BGB) 1900 in Kraft getreten.

HGB als »sechstes Buch« des BGB

Das HGB ergänzt die fünf Bücher des BGB - Allgemeiner Teil, Schuldrecht, Sachenrecht, Familienrecht und Erbrecht - mit dem »sechsten Buch« Handelsrecht. Genauso wie beispielsweise das Familienrecht nur die Besonderheiten für Familienrechtsverhältnisse regelt, enthält das Handelsrecht spezielle Vorschriften nur für Kaufleute. Die allgemeinen Regelungen des BGB bleiben aber unberührt und gelten natürlich auch für Kaufleute.

Das Sonderrecht der Kaufleute begründet sich aus den besonderen Anforderungen und Auflagen für einen reibungslosen und klaren Geschäftsverkehr im Wirtschaftsleben. Für den Kaufmann bietet das Handelsrecht zwar eine Reihe von Erleichterungen in den Beziehungen zu den Geschäftspartnern, es setzt aber auch strengere Maßstäbe an sein Verhalten.

*Gründe für das Sonderrecht der Kaufleute:*

- professionelle Geschäftsabwicklung
- Umfang und Komplexität der Geschäfte
- erhöhte Selbstverantwortlichkeit
- besondere Gepflogenheiten und Gebräuche
- Notwendigkeit von Rechtsklarheit und Vertrauensschutz
- klare Vertretungsbefugnisse
- Regelungen über Haftungsfragen

Aus diesen Gründen ergab sich die Notwendigkeit, für Kaufleute ein eigenes Gesetz, das Handelsgesetzbuch (HGB), zu schaffen. Ergänzt wird das HGB wiederum durch spezielle Gesetze für die Kapitalgesellschaften, GmbH und Aktiengesellschaft. Die Regelungen für Personenhandelsgesellschaften wie die OHG und die KG finden sich im zweiten Kapitel des HGB wieder. Weil diese Gesellschaften kraft Gesetz den Kaufleuten gleichstehen, gehört im weiteren Sinne das Gesellschaftsrecht auch zum Handelsrecht.

Handelsgesellschaften gelten ebenso als Kaufleute

*Streng genommen unterscheidet man:*

- Handelsrecht (im engeren Sinne) vom
- Gesellschaftsrecht

Das Handelsrecht im engeren Sinne enthält Regelungen, die alle Kaufleute betreffen, gleichgültig welcher Art (Einzelkaufmann oder Handelsgesellschaft) sie sind. Es geht hierin um die Rechtsgeschäfte des Kaufmanns, Sorgfaltspflichten und Gebräuche etc. sowie um die Bedeutung des Handelsregisters.

Das Handelsrecht ist vor allem dann heranzuziehen, wenn geprüft wird, ob und in welchem Umfang aus einem Rechtsgeschäft für und gegen die Beteiligten ein Anspruch besteht.

Das Gesellschaftsrecht ist gefragt, wenn es um Rechtsbeziehungen einer Gesellschaft sowohl nach innen als auch nach außen geht. Beteiligte sind regelmäßig die Gesellschaft selbst, die Gesellschafter und die für die Gesellschaft Handelnden.

Im Gesellschaftsrecht geht es vor allem um Fragen der Haftung und der Vertretungsbefugnisse nach außen sowie die Gewinnbeteiligung, Mitspracherechte und die Geschäftsführung innerhalb der Gesellschaft.

Der Begriff Gesellschaft wird im Rechtssinne für alle privatrechtlichen Personenvereinigungen verwendet. Die Vorschriften hierfür sind auf eine Reihe von Spezialgesetzen verteilt, in die mitunter auch Bestimmungen des Steuerrechts und des Arbeitsrechts eingreifen. Diese Regelungen betreffen einerseits die Freiheit eines jeden, sich mit anderen Personen zur Verfolgung wirtschaftlicher Ziele zusammenschließen zu können, andererseits sollte dies in geordneten Bahnen vonstatten gehen.

Weil es im Handels- und Gesellschaftsrecht immer um privatrechtliche Beziehungen zwischen Personen (sei es um natürliche Personen wie z.B. den Einzelkaufmann oder um juristische Personen wie z.B. die AG) geht, ist es ein Teilgebiet des Zivilrechts.

Das Zivilrecht regelt - vereinfacht formuliert - die Lebensverhältnisse und Beziehungen Bürger - Bürger, gleichgültig, ob Privatperson, Kaufmann, Gesellschafter, Arbeitgeber oder Arbeitnehmer, untereinander oder gegenüber ihrer Umwelt. Wie aber unterscheidet sich das Zivilrecht von den anderen Rechtsgebieten, dem Öffentlichen Recht und dem Internationalen Recht.

Öffentliches Recht findet immer dann Anwendung, wenn es um Beziehungen zwischen Bürger und Staat geht. Es regelt alle Rechtsverhältnisse, bei denen der Staat aufgrund seiner besonderen Hoheitsgewalt dem Bürger gegenübertritt. Im Gegensatz zum Zivilrecht dient das Öffentliche Recht weniger dem Interesse des Einzelnen als vielmehr dem Allgemeinwohl.

Internationales Recht ist dagegen überwiegend das Recht der Beziehungen von Staat zu Staat. Insbesondere das Europarecht gewinnt im Hinblick auf immer stärker anwachsende wirtschaftliche und politische Verflechtungen innerhalb der Europäischen Union zunehmend an Bedeutung.

Soweit zur Abgrenzung zu den anderen Rechtsgebieten. Das Handels- und Gesellschaftsrecht enthält Vorschriften, die das Bürgerliche Recht zwingend ergänzen, denn:

»Spezielle Vorschriften verdrängen allgemeine Vorschriften«.

Das BGB ist gegenüber dem HGB »subsidiär«

Das BGB ist also gegenüber dem HGB, GmbHG, AktG, GenG subsidiär, d.h. es kommt immer nur dann zur Anwendung, wenn in den Spezialgesetzen keine Regelungen enthalten sind.

Nebenstehende Übersicht gibt einen Einblick über Begriffe, die im Handels- und Gesellschaftsrecht häufig verwendet werden.

## Schlüsselbegriffe des Handels- und Gesellschaftsrechts

Wenn Sie vor diesen Begriffen erst einmal den Respekt verloren haben, sind Sie auf dem besten Wege, etwas vom Handels- und Gesellschaftsrecht zu verstehen.

- Firma - ist der Name, unter dem ein Kaufmann auftritt und seine Geschäfte betreibt
- Handelsregister - in ihm sind die wichtigsten Rechtsverhältnisse der Kaufleute eingetragen
- Kaufmann - ist, wer ein Handelsgewerbe betreibt
- Gesellschaft - ist ein Zusammenschluß von Personen zur Erreichung eines gemeinsamen Zwecks
- Personengesellschaft - die Mitgliedschaft ist auf die Mitarbeit der Gesellschafter zugeschnitten
- Kapitalgesellschaft - die Mitgliedschaft ist auf die reine Kapitalbeteiligung zugeschnitten
- Außenverhältnis - Beziehungen der Gesellschaft in ihrer Gesamtheit gegenüber Dritten
- Innenverhältnis - Beziehungen der Gesellschafter und Hilfspersonen gegenüber der Gesellschaft
- Vertretung - ist das nach außen rechtsverbindliche Handeln für einen anderen
- Geschäftsführung - die Befugnis, intern Entscheidungen zu treffen
- Haftung - ist das Einstehenmüssen für eine aus einem Rechtsverhältnis herrührende Schuld
- Gewinnbeteiligung - ist in der Regel ein prozentualer Anteil am erwirtschafteten Jahresgewinn
- Vertrag - Rechtsgeschäft, das die Beteiligten zur Erbringung bestimmter Leistungen verpflichtet
- Verzug - ist das nicht termingerechte Erbringen einer Leistung

## 2. Materielles - Formelles Recht

Jedes Problem aus dem Zivilrecht steht auf zwei Beinen: Wie ist ein Fall rechtlich zu beurteilen (materielles Recht) - und - wie können mögliche Rechte durchgesetzt werden (formelles Recht).

*Beispiel zur Einführung: Die Schulze-OHG, deren Gesellschafter Anton Schulze und Bernd Schmidt im Handelsregister eingetragen sind, hat bei der Großzügig-Bank ein Darlehen aufgenommen. Zum Zeitpunkt der Fälligkeit verweigert die Schulze-OHG die Rückzahlung des Darlehens.*

*Ob der Großzügig-Bank ein Rückzahlungsanspruch gegen die Schulze-OHG, gegebenenfalls auch gegen Schulze und Schmidt persönlich zusteht, regelt das materielle Recht. Verweigert aber die Schulze-OHG die Rückzahlung, muß die Großzügig-Bank vor Gericht gehen. Hier regelt das formelle Recht die Schritte der prozessualen Durchsetzung des Anspruchs.*

*Man unterscheidet wie in jedem Rechtsgebiet:*

- formelles Recht (die gerichtliche Durchsetzung)
- materielles Recht (die Rechtslage)

Im formellen Recht geht es um Fragen, wie z.B. ein Anspruch gerichtlich durchgesetzt werden kann

Im formellen Recht geht es um die Frage: »Wie« kann der Anspruchsteller sein Recht durchsetzen, wenn sich der Anspruchsgegner weigert, seinen Pflichten nachzukommen?

Kommen die Beteiligten bei Rechtsfragen zu keiner einvernehmlichen Lösung, führt der Weg vor die Gerichte: Dabei wird sich immer eine Partei an das zuständige Gericht wenden und beantragen, daß rechtsverbindlich festgestellt wird, ob ein Anspruch begründet ist. Auf Grundlage der gerichtlichen Entscheidung kann dann erst der geltend gemachte Anspruch - notfalls auf dem Wege der Zwangsvollstreckung - durchgesetzt werden.

Die gerichtliche Entscheidung, ob und wie ein Anspruch durchzusetzen ist, bestimmt sich weitgehend nach der Zivilprozeßordnung (ZPO).

Prinzipiell steht es keinem Bürger zu, selbst darüber zu befinden, wer in einer rechtlichen Auseinandersetzung »im Recht oder im Unrecht« ist. Dafür sind die Gerichte da. Insbesondere die Ausübung von Zwang steht nur dem Staat zu, im Falle einer Zwangsvollstreckung verkörpert durch den Gerichtsvollzieher.

Bei einer Klage wird über den Rechtsstreit durch Urteil entschieden, ob und in welchem Umfang ein Anspruch besteht. Für die (Zwangs-)vollstreckung reicht es jedoch nicht aus, ein stattgebendes Urteil zu haben, vielmehr muß dieses auch rechtskräftig sein. Rechtskräftig ist ein Urteil jedoch erst dann, wenn es nicht mehr angefochten werden kann.

*Bezogen auf das obige Beispiel bedeutet das: Die Großzügig-Bank kann auf gerichtlichem Wege die Rückzahlung des Darlehens »erzwingen«.*

Das materielle Recht klärt z.B., wem welche Ansprüche zustehen

Im materiellen Recht werden hingegen folgende Fragen geklärt: »Trifft auf die Beteiligten die Kaufmannseigenschaft zu«, »Ist eine Person Gesellschafter« oder »Wer hat gegen wen welche Ansprüche«. Auf die Frage: »Wie ist die Rechtslage« ist im Zweifel auf alle möglichen Ansprüche eines jeden einzugehen. Während die Vorschriften des BGB weitgehend alle normalen Rechtsprobleme des Alltags lösen, gelten für Kaufleute zusätzlich die Sondervorschriften des Handels- und Gesellschaftsrechts.

Meistens wird in Klausuren nach möglichen Ansprüchen bestimmter Personen gefragt. Hier empfielt es sich, von der allgemein gültigen Fragestellung auszugehen:

*»Wer will was von wem woraus?«*

- Wer von wem - ist die Frage, für oder gegen welchen der Beteiligten ein Anspruch geltend gemacht wird
- will was - ist der Inhalt des Anspruchs z.B. auf Erfüllung vertraglicher Pflichten, Schadensersatz, etc.
- woraus - ist immer die gesetzliche Grundlage, auf der ein möglicher Anspruch beruhen muß

Die Ausgangsfrage lautet fast immer: »Wer will was von wem woraus«

Diese Fragestellung ist fast immer Ausgangspunkt für die Klärung der materiellen Rechtslage - nämlich ob und gegen wen ein möglicher Anspruch besteht. Unter einem Anspruch versteht man das Recht, von einem anderen ein Tun oder Unterlassen fordern zu können (Legaldefinition in § 194 I BGB). »Wer will was von wem woraus« sind die vier großen »W's« des Zivilrechts. Mit dieser Formel liegen Sie immer richtig, wenn Sie prüfen wollen, welche Ansprüche die Beteiligten gegeneinander haben.

Um ein Rechtsproblem einwandfrei zu lösen, greift man in logischer Reihenfolge auf alle einschlägigen Paragraphen zurück.

Welche Normen passen auf die Fragestellung und auf die Fakten des Sachverhalts?

Geeignete Paragraphen (Normen) zu finden, ihren Inhalt zu verstehen und auf den vorliegenden Fall richtig umzusetzen, ist Voraussetzung für jede Fallösung. Ein alter Grundsatz der Juristerei besagt: »Ein Blick ins Gesetz bringt oft ungeahnte Erkenntnisse«. Dies bedeutet, daß im Gesetz grundsätzlich alles zu finden ist, man muß es nur suchen, um es zu finden.

Gehen wir kurz darauf ein, mit welchen Arten von Paragraphen (Normen) man es im Zivilrecht zu tun hat.

*Vier Arten von Paragraphen:*

- Anspruchsnormen (Anspruchsgrundlagen)
- Gegennormen (Einreden, Einwendungen)
- Hilfsnormen (Definitionen)
- »Haftungsnormen« (Zurechnung)

**Anspruchsnormen**

Anspruchsnormen sind anspruchsbegründende Vorschriften, weil sie eine Rechtsfolge enthalten, die einen Anspruch gibt. Beispiel für eine Anspruchsnorm ist § 607 BGB:

**§ 607 BGB**

Anspruch auf Darlehensrückzahlung

**Darlehen**

(1) Wer Geld oder andere vertretbare Sachen als Darlehen empfangen hat, ist verpflichtet, dem Darleiher das Empfangene in Sachen von gleicher Art, Güte und Menge zurückzuerstatten.

*Bezogen auf das Beispiel: Aus § 607 I BGB könnte die Großzügig-Bank einen Anspruch auf Rückzahlung des an die Schulze-OHG vergebenen Darlehens haben.*

**Gegennormen**

Gegennormen sind Vorschriften, die eine mögliche Anspruchsgrundlage wieder in Frage stellen, weil sie gegebenenfalls einen Anspruch verhindern, vernichten oder hemmen können. Eine typische Gegennorm ist zum Beispiel § 362 BGB.

**§ 362 BGB**

Anspruch erlischt mit Bewirken der Leistung

**Erlöschen durch Leistung**

(1) Das Schuldverhältnis erlischt, wenn die geschuldete Leistung an den Gläubiger bewirkt wird.

*Der Beispielsachverhalt enthält keine Anhaltspunkte, daß die Darlehnesrückzahlung an die Großzügig-Bank erbracht wurde. Also ist die Leistung auch nicht erloschen.*

Hilfsnormen sind immer dann heranzuziehen, wenn einzelne Tatbestandsmerkmale einer Rechtsfolge definiert oder in anderer Weise näher bestimmt werden müssen. Wichtige Hilfsnormen für Kaufleute finden sich insbesondere im HGB. Beispiel § 105 HGB:

**Hilfsnormen**

**Begriff der OHG**

**§ 105 HGB**

Defintion einer OHG

(1) Eine Gesellschaft, deren Zweck auf den Betrieb eines Handelsgewerbes unter gemeinschaftlicher Firma gerichtet ist, ist eine offene Handelsgesellschaft....

*Weiter im Beispiel: Auf die Schulze-OHG finden die §§ 105 ff HGB Anwendung.*

**Haftungsnormen**

Eine weitere Kategorie von Normen, die sich nicht exakt unter die oben genannten Normen einordnen lassen, wollen wir als »Haftungsnormen« bezeichnen. Diese Bezeichnung ist zwar im juristischen Sinne nicht ganz korrekt, aber dafür umso verständlicher. Haftungsnormen begründen zusammen mit einer Anspruchsgrundlage, ob in einem gegebenen Fall ein Anspruch gegen eine oder mehrere Personen gerichtet ist. Der Anspruchsteller kann mit ihrer Hilfe bei bestimmten Forderungen gegebenenfalls mehrere Personen in Anspruch nehmen, sprich, zur Verantwortung ziehen. Und natürlich heißt es in solchen Fällen: Je mehr Schuldner, desto besser! Man zitiert diese Haftungsnormen immer in Verbindung mit »i.V.m.« einer Anspruchsgrundlage.

Als Haftungsnormen für die OHG im Beispielsfall kämen die §§ 124 I und 128 HGB in Betracht. Erster definiert, daß die OHG selbst Anspruchsgegner ist, zweiter begründet die persönliche Haftung der Gesellschafter.

**Persönliche Haftung der Gesellschafter**

**§ 128 HGB**

Zurechnung von Verbindlichkeiten auf die Gesellschafter

Die Gesellschafter haften für die Verbindlichkeiten der Gesellschaft den Gläubigern als Gesamtschuldner persönlich. Eine entgegenstehende Vereinbarung ist Dritten gegenüber unwirksam.

*Beispiel: Besteht ein Rückzahlungsanspruch der Großzügig-Bank aus § 607 I BGB gegen die Schulze-OHG, kann sie sich »i.V.m.« § 128 HGB auch an die einzelnen Gesellschafter Schulze und Schmidt persönlich als Anspruchsgegner wenden.*

## 3. Die Schritte zur Fallösung

»Der erste Schritt zur Lösung eines Problems ist, jemandem davon zu erzählen«, wissen wir von den Psychologen. Die Vorgehensweise bei der Lösung von Rechtsproblemen ist da schon konkreter, sagt der Jurist. Die Übersicht auf nebenstehender Seite zeigt die fünf Schritte, die zumindest gedanklich bei jeder Fallbearbeitung gemacht werden müssen. Man beginnt immer mit 1. dem Sachverhalt und der Fragestellung und kommt am Ende der rechtlichen Prüfung zu 5. dem Ergebnis.

Ein Schritt nach dem anderen ist der »sichere« Weg zum Ergebnis

Entscheidend ist nicht, daß man zum richtigen Ergebnis kommt, sondern wie man zum richtigen Ergebnis kommt. Ein juristisch einwandfreier Lösungsweg in den Schritten 2. - 3. - 4. wird verlangt.

1. Ausgangspunkt einer Fallösung ist es, den Sachverhalt zu erfassen und die Fragestellung herauszuarbeiten. Die Fragestellung zielt meist auf Ansprüche der Beteiligten. Hier ist schon zu untersuchen, ob und in welchem Umfang für einen der Beteiligten die Kaufmannseigenschaft zutrifft.

2. Im Hinblick auf die Fragestellung sind geeignete Anspruchsnormen im BGB und im HGB zu suchen. Die Frage muß sein: »Aus welchen Normen können sich die gesuchten Rechtsfolgen ergeben«? Werfen Sie dabei gleichzeitig schon ein Auge auf die besonderen handelsrechtlichen Normen.

3. Im nächsten Schritt ist nach »Haftungsnormen« insbesondere aus dem Gesellschaftsrecht zu suchen. Damit sind Normen gemeint, die klarstellen, gegen wen ein Anspruch geltend gemacht werden kann.

4. Schließlich müssen die ausgewählten Anspruchsnormen in Verbindung mit den »Haftungsnormen« dem Sachverhalt zugeordnet werden. Dieses Vorgehen bezeichnet man als Subsumtion. Es ist also zu prüfen, ob die tatsächlichen Voraussetzungen im Sachverhalt den gesetzlichen Voraussetzungen entsprechen. Nur wenn Übereinstimmung gegeben ist, ist der Anspruch begründet.

5. Erst am Ende wird ein Ergebnis im Gutachtenstil formuliert.

Im Band »Bürgerliches Recht - schnell erfaßt« wird ausführlich dargestellt, wie die Vorgehensweise im einzelnen aussieht.

## Vorgehensweise im Handels- und Gesellschaftsrecht

Die Methodik der Fallbearbeitung

| | | |
|---|---|---|
| 1. Schritt | **Sachverhalt analysieren** | Sachverhalt erfassen und Fragestellung erarbeiten |
| 2. Schritt | **Normensuche »woraus«** | Welche Paragraphen könnten für einen möglichen Anspruch die gesetzlichen Grundlagen bieten? |
| 3. Schritt | **Normensuche »gegen wen«** | Welche Paragraphen bestimmen, gegen wen ein bestehender Anspruch geltend gemacht werden kann? |
| 4. Schritt | **Rechtliche Prüfung** | Prüfen ob alle tatsächlichen den gesetzlichen Voraussetzungen entsprechen (Subsumtion) |
| 5. Schritt | **Ergebnis formulieren** | Formulieren der Lösung im Stil eines Gutachtens |

## 3.1. Sachverhalt analysieren

»Im großen und ganzen« zu wissen, worum es geht, genügt meistens nicht

Man beginnt damit den Sachverhalt gründlich zu durchleuchten. Es genügt nicht, »im großen und ganzen« zu wissen, worum es geht. Im Gegenteil, oft kommt es auf Details an. Prüfen Sie also, wenn Sie einen Sachverhalt vorliegen haben, was wichtig ist und was nur »Füllsel« ist. In einer Prüfungsaufgabe kann man davon ausgehen, daß jede gegebene Information wichtig ist.

*Greifen wir das vorige Problem noch einmal auf:*

*Anton Schulze (A) und Bernd Schmidt (B) sind die Gesellschafter, der Schulze-OHG (S-OHG) . Als Prokurist ist Paul Pfeiffer (P) bestellt. Die S-OHG betreibt Export/Import mit Waren. Da sie sich vorübergehend in einem Liquiditätsengpaß befindet, nimmt der Prokurist P im Namen der S-OHG bei der Großzügig-Bank (G-Bank) ein Darlehen auf. Die Bank überweist das Geld auf das Konto der S-OHG. Zum Zeitpunkt der Fälligkeit verweigert die S-OHG jedoch die Rückzahlung des Darlehens, weil der Gesellschafter B das Geld vom Gesellschaftskonto abgehoben und für persönliche Zwecke verwendet hat.*

In diesem Sachverhalt stecken einige wichtige Informationen und Rechtsfragen, die es einzuordnen gilt.

*Welche Punkte sind zu beachten:*

- Wer sind die Beteiligten?
- Zwischen wem wurde ein Vertrag geschlossen?
- Wer wurde daraus wozu verpflichtet?
- Wurde diesen Verpflichtungen nachgekommen?

Man beginnt damit, den Sachverhalt zu ordnen und die Beteiligten sowie deren Interessenlagen festzustellen. Nun prüft man, in welchen Beziehungen die Beteiligten zueinander stehen und welche Vorgänge von rechtlicher Bedeutung sind.

Der Sachverhalt sagt aus, daß ein Darlehensvertrag nach § 607 I BGB geschlossen wurde. Durch einen solchen Vertrag wird der eine Vertragspartner verpflichtet, das vereinbarte Darlehen zu gewähren, und der andere, das Empfangene bei Fälligkeit zurückzuerstatten. Wer aber hat den Vertragsabschluß getätigt, und wer sind die Vertragspartner? Den Vertragsschluß tätigte die G-Bank und der im Namen der S-OHG handelnde Prokurist P.

Zu klären ist hier, ob die S-OHG als Personengesellschaft aus einem solchen Vertrag verpflichtet werden kann, und ob sie durch P wirksam vertreten werden konnte.

Antworten auf diese Fragen gibt das HGB. Um selbst Träger von Rechten und Pflichten sein zu können, müßte der OHG per Gesetz zumindest eine gewisse »Rechtsfähigkeit« zugeschrieben werden. Nähere Regelungen hierzu sind im Kapitel Handelsgesellschaften zu finden. Was das Bestehen und den Umfang der Vertretungsmacht eines Prokuristen betrifft, sind die Regelungen über den Handelsstand einschlägig. Für deren Anwendung ist wiederum die Kaufmannseigenschaft von Bedeutung.

Es empfielt sich daher, einen Sachverhalt immer sukzessive durchzuforsten, auch wenn er wie hier keine außergewöhnlichen rechtlichen Probleme aufweist.

*Nun zur Fragestellung: Da die S-OHG ebenso wie der Gesellschafter B in finanziellen Problemen steckt, wendet sich die G-Bank wegen der Rückzahlung des Darlehens direkt an den kapitalkräftigen A. Zu Recht?*

In diesem Fall wird nach dem Anspruch der G-Bank gegen A gefragt. Konkret bedeutet das: Haftet A persönlich auf Erfüllung für die Verbindlichkeit (Dahrlehensrückzahlung) der S-OHG?

Ob die G-Bank den Anspruch auch gegen B geltend machen könnte, ist nicht gefragt. Ebenso wenig interessiert die G-Bank, ob im Falle der Inanspruchnahme A gegebenenfalls Ausgleichsansprüche gegen die S-OHG oder gegen B hätte.

*Die Fragestellung:*

- Besteht der Anspruch des Anspruchsstellers zu Recht?
- Gegen wen kann der Anspruch geltend gemacht werden?

So konkret, wie die Ansicht der G-Bank im obigen Beispiel vorgebracht wird, so konkret sollte auch die Antwort bei der weiteren rechtlichen Prüfung sein. Man wird zwar vermuten, daß selbstverständlich der Anspruch auf Rückzahlung besteht, ob er aber gegen A geltend gemacht werden kann, zeigt sich erst unter der Zuhilfenahme der einschlägigen Gesetzesvorschriften.

Eine Grundregel bei der Lösung von Rechtsfällen besagt, daß die Beantwortung der aufgetretenden Rechtsprobleme immer »hart am Fall« und bezogen auf die Fragestellung erfolgen muß.

## 3.2. »Woraus« begründet sich ein Anspruch

Der zweite Schritt bei der Fallbearbeitung ist, geeignete Normen auszuwählen, die für das Bestehen eines möglichen Anspruches in Frage kommen. Auf sie greift man bei der rechtlichen Prüfung zurück, wenn geprüft wird, woraus sich ein Anspruch herleitet und ob dieser auch besteht.

Hierzu gehören die Anspruchsnormen, die Gegennormen und die Hilfsnormen. Zuvor sollte man jedoch feststellen, auf welche Ansprüche die Fragestellung abzielt.

*Die wichtigsten Anspruchsnormen:*

- Vertragliche Ansprüche auf Erfüllung einer Leistung
- Ansprüche auf Schadensersatz
- Ansprüche auf Herausgabe (einer Sache)
- Ansprüche auf Ausgleich wegen Bereicherung

Ob und warum ein Anspruch besteht, erklären die sog. Anspruchsgrundlagen

Grundsätzlich gilt: Die richtigen Anspruchsgrundlagen gefunden zu haben, ist schon »die halbe Miete«. Bei der Suche nach geeigneten Anspruchsgrundlagen ist immer die oben genannte Reihenfolge einzuhalten. Ein kleine Auswahl wichtigster Anspruchsgrundlagen für typische handelsrechtliche Fälle sind auf der folgenden Übersicht aufgelistet.

*Weiter im Beispiel: Darlehensrückzahlungsanspruch der G-Bank. Der § 607 I BGB ist die Norm, die den Anspruch auf Rückzahlung des Darlehens begründet. Daraus geht hervor, daß der Darlehensnehmer bei Fälligkeit den Kredit, der ihm gewährt wurde, zurückbezahlen muß.*

Nachdem meist nach Ansprüchen gefragt wird, muß mit Anspruchsnormen »gestartet« werden. Diesen können dann die hier als Gegennormen bezeichneten Paragraphen gegebenenfalls entgegenstehen. Der Jurist spricht von Einwendungen und Einreden, wenn einem möglichen Anspruch eine Gegennorm gegenübersteht, die ihn verhindert oder vernichtet.

*Die wichtigsten Gegennormen:*

- rechtsverhindernde Einwendungen
- rechtsvernichtende Einwendungen
- rechtshemmende Einreden

Einreden und Einwendungen sind immer dann zu prüfen, wenn der Sachverhalt Gründe enthält, die einen möglichen Anspruch verhindern oder vernichten können.

Kommen Einwendungen oder Einreden zum tragen, so ist es schon wieder um den Anspruch geschehen

*Zum Beispiel: Aus dem Sachverhalt geht hervor daß die S-OHG das Darlehen empfangen hat; Hinweise die darauf hindeuten, daß dem Rückzahlungsanspruch Gründe wie z.B. Erfüllung (§ 362 BGB) entgegenstehen könnten liegen nicht vor. Gegennormen scheiden daher aus.*

Alle anderen Paragraphen des BGB und des HGB sind Hilfsnormen: Sie unterscheiden sich von den Anspruchsnormen und Gegennormen dadurch, daß sie keine der in den Fragestellungen auftretenden Rechtsfolgen beinhalten. Man beginnt deshalb die Lösung eines Rechtsproblems fast nie mit einer Hilfsnorm. Genauso aber gibt es auch keinen Rechtsfall, bei dem man nicht im Verlauf der Prüfung auf Hilfsnormen zurückgreifen muß.

Hilfsnormen sind immer heranzuziehen, wenn einzelne Tatbestandsmerkmale eines Sachverhalts definiert oder in anderer Weise näher bestimmt werden müssen. In handelsrechtlichen Fälle sind dabei immer auch die Sondervorschriften des HGB zu berücksichtigen. Übertragen Sie am besten die in der folgenden Übersicht aufgelisteten besonderen Vorschriften des HGB in Ihr eigenes Gesetzbuch an den jeweils einschlägigen BGB Normen.

*Die Sondervorschriften des HGB:*

- Zustandekommen und Auslegen von Verträgen etc.
- Leistungspflichten etc.
- Kaufrecht, Geschäftsbesorgungen, Bürgschaft etc.
- gutgläubiger Erwerb, Pfandverkauf, etc.

Besondere Probleme liegen bei handelsrechtlichen Fällen in der Art und Weise, wie Handelsgeschäfte abzuwickeln sind, und in den Befugnissen zur Vertretung des Kaufmanns. Die Vertretungsmacht ist z.B. allgemein in den §§ 164 ff BGB geregelt. Für Kaufleute gelten die besonderen Vorschriften der §§ 48 ff HGB (Prokura, Handlungsvollmacht, etc.).

*Übertragen auf den Beispielsfall könnte § 49 I HGB die Norm bieten, die erklärt, daß P befugt war, die Gesellschaft wirksam nach außen zu vertreten.*

## Die »wichtigsten« Anspruchsgrundlagen des BGB

### Vertragliche Erfüllungsansprüche

**Ansprüche aus Kaufvertrag**

- Übergabe und Übereignung der Sache, § 433 I 1
- Kaufpreiszahlung, § 433 II
- Abnahme der Sache, § 433 II
- Wandelung, Minderung bei Schlechterfüllung, §§ 459 ff, 462

**Ansprüche aus Darlehensvertrag**

- Rückzahlung, § 607 I

**Ansprüche aus Dienstvertrag**

- Leistung der Dienste, § 611 I
- Zahlung der Vergütung, §§ 611 I, 612

**Ansprüche aus Werkvertrag**

- Herstellung des Werks, § 631 I
- Zahlung der Vergütung, §§ 631 I, 632
- Abnahme des Werks, § 640
- Nachbesserung, Wandelung, Minderung bei Schlechterfüllung, §§ 633, 634

Probleme!

Das Zustandekommen von Verträgen setzt immer rechtswirksame Willenserklärungen der Beteiligten voraus. Für eine Gesellschaft kann nur ein Vertreter handeln. Allgemein gelten die §§ 164 ff BGB. Für Kaufleute gelten daneben die §§ 48 ff HGB sowie für Gesellschaften die speziell geregelten Vertretungebefugnisse für die OHG und die KG in §§ 125 ff, 170 HGB, für die GmbH in §§ 35 ff GmbHG und für die AG in §§ 78 ff AktG

### Schadensersatzansprüche

**Ansprüche aus Leistungsstörungen**

- Anfängliche Unmöglichkeit, §§ 306, 307
- Nachträgliche Unmöglichkeit, §§ 325, 280
- Verzug mit einer Leistung, §§ 326, 286

**Ansprüche wegen Schlechterfüllung**

- Gewährleistung beim Kauf, §§ 463, 480 II
- Gewährleistung fürs Werk, §§ 635

**Ansprüche aus positiver Vertragsverletzung**

- Haupt- oder Nebenleistungspflichten (pVV)
- Mangelfolgeschäden (pVV)

**Ansprüche aus Geschäftsführung o. Auftrag**

- Bei unberechtigter GoA, § 678

**Ansprüche aus Culpa in Contrahendo**

- Wegen Verletzung von Schutzpflichten (cic)

**Ansprüche gegen den Vertreter**

- Überschreiten der Vertretungsmacht, § 179 I

**Deliktische Ansprüche**

- Wegen unerlaubter Handlung, § 823
- Haftung für den Verrichtungsgehilfen, § 831
- Produkthaftung

Probleme!

Eine Gesellschaft kann selbst keine Schäden verursachen, die Anspruch auf Schadensersatz liefern. Allenfalls die für die Gesellschaft handelnden Personen oder der Einzelkaufmann. Die Zurechnung eines Verhaltens auf das Unternehmen erfolgt durch § 278 BGB (Verschulden des Erfüllungsgehilfen) und durch § 31 BGB (Haftung für Organe). Der § 831 BGB (Haftung für Verrichtungsgehilfen) ist dagegen eine eigenständige Anspruchsgrundlage

## Die »wichtigsten« Hilfsnormen des HGB

| Das BGB ........ | wird ergänzt durch die Vorschriften des ... | HGB |
|---|---|---|
| • §§ 147 ff | Vertragsannahme durch Schweigen | § 362 |
| • § 157 | Handelsbräuche, Verkehrssitte | § 346 |
| • §§ 164 ff | Vertretung durch den Prokuristen, Handlungsbevollmächtigten, Ladenangestellten | §§ 48 ff |
| • § 243 I | Gattung (Handelsgut mittlerer Art und Güte) | §§ 360 f |
| • § 246 | Gesetzlicher Zinssatz (5 %) | § 352 |
| • § 271 | Leistung (während den Geschäftszeiten) | § 358 |
| • § 273 | Zurückbehaltungsrecht (keine Konnexität) | §§ 369 ff |
| • § 276 | Sorgfaltspflicht des Kaufmanns | § 347 |
| • § 288 | Zinsen ab Fälligkeit | § 353 |
| • § 293 | Annahmeverzug des Käufers | § 373 f |
| • § 315 | Bestimmungskauf | § 375 |
| • § 343 | Höhe der Vertragsstrafe | § 348 |
| • § 361 | Fixhandelskauf | § 376 |
| • §§ 459 ff | Gewährleistungsvorschriften beim Kauf | §§ 377 ff |
| • §§ 607 f | Darlehenszins | § 354 II |
| • §§ 611 ff | Dienste von kaufmännischen Angestellten | §§ 59 ff |
| • § 631 | Speditions-, Frachtvertrag | §§ 407 ff, 425 ff |
| • § 651 I | Werkvertrag | § 381 II |
| • § 652 f | Handelsmakler | §§ 93 ff |
| • § 675 | Entgeltlichkeit bei Geschäftsbesorgungen | § 354 |
| • §§ 688 f | Lagergeschäft | §§ 416 ff |
| • §§ 705 ff | Personengesellschaften (OHG, KG, stille Gesellschaft) | §§ 105 ff, 161 ff, 230 ff |
| • § 766 | Formfreie Bürgschaftserklärung | § 350 |
| • § 771 | Keine Einrede der Vorausklage | § 349 |
| • §§ 780 f | Schuldversprechen, Schuldanerkenntnis | § 350 |
| • §§ 932 ff | Gutgläubiger Erwerb beweglicher Sachen | § 366 |
| • § 1207 | Gutgläubiger Erwerb eines Pfandes | § 366 |

Bei der Lösung eines handelsrechtlichen Problems arbeitet man immer zuerst mit den Vorschriften des BGB. Diese werden jedoch durch die oben genannten Vorschriften verdrängt bzw. ergänzt. Soweit erlaubt, ist es zweckmäßig, diese Sonderregelungen in den BGB-Gesetzestext zu übertragen

## 3.3. »Gegen wen« richtet sich ein Anspruch

Die Reihenfolge bei der Normensuche im Gesetz muß selbstverständlich nicht, wie hier dargestellt, eingehalten werden. Im Gegenteil: ein erfahrener Jurist, der die in Frage kommenden Normen weitgehend im Kopf hat, wird auf sie erst im Zuge der rechtlichen Prüfung zurückgreifen. Beim Nachschlagen dieser Normen stellt er dabei sofort fest, ob sie einschlägig sind, d.h. ob sie auf den Fall passen, oder nicht.

Der dritte Schritt zur Fallbearbeitung ist nun, geeignete Normen auszuwählen, die bestimmen, gegen wen ein möglicher Anspruch geltend gemacht werden kann. Diese Normen haben wir zuvor ganz salopp als Haftungsnormen bezeichnet.

*Weiter im Beispiel: Eine solche Haftungsnorm ist § 128 HGB. Aus § 128 HGB könnte sich ergeben, daß der Gesellschafter A für Verbindlichkeiten der S-OHG, also für die Rückzahlung des Darlehens, haften muß.*

Haftung bedeutet, die Pflicht für eine (eigene oder fremde) Schuld einstehen zu müssen

Haftung bedeutet im allgemeinen die Pflicht für eine, aus einem Schuldverhältnis herrührende Schuld einstehen zu müssen. Im Gesellschaftsrecht bedeutet Haftung, daß ein Gläubiger ggf. auch auf das Vermögen eines Gesellschafters zurückgreifen kann. Haftungsnormen haben große Bedeutung für die Außenbeziehungen eines Unternehmens. Die wichtigsten Haftungsnormen sind in den folgenden Kapitel besonders gekennzeichnet. Bei den Innenbeziehungen eines Unternehmens spricht man von Rechten und Pflichten. Haftungsfragen im Innenverhältnis beziehen sich meist auf Fehlverhalten der für ein Unternehmen handelnden Personen.

Damit sind zwei wesentliche Schlagworte gefallen. Diese sind vor allem für Gesellschaften von Bedeutung:

»Außenverhältnis - Innenverhältnis«

Im Außenverhältnis geht es um alle Rechtsbeziehungen, in denen die Gesellschaft, Gesellschafter und Hilfspersonen gegenüber Dritten auftreten. Das Innenverhältnis betrifft die Beziehungen der Gesellschafter und der für die Gesellschaft handelnden Hilfspersonen zueinander, sowie gegenüber der Gesellschaft.

## Außenverhältnis - Innenverhältnis

Die Übersicht stellt die Rechtsbeziehungen außerhalb und innerhalb eines Unternehmens zwischen den Beteiligten dar. Ähnliches, wie hier am Beispiel der S-OHG dargestellt, gilt für alle Gesellschaftsformen. Für den Einzelkaufmann vereinfachen sich die Beziehungen, weil der Einzelkaufmann selbst das Unternehmen in einer Person ist.

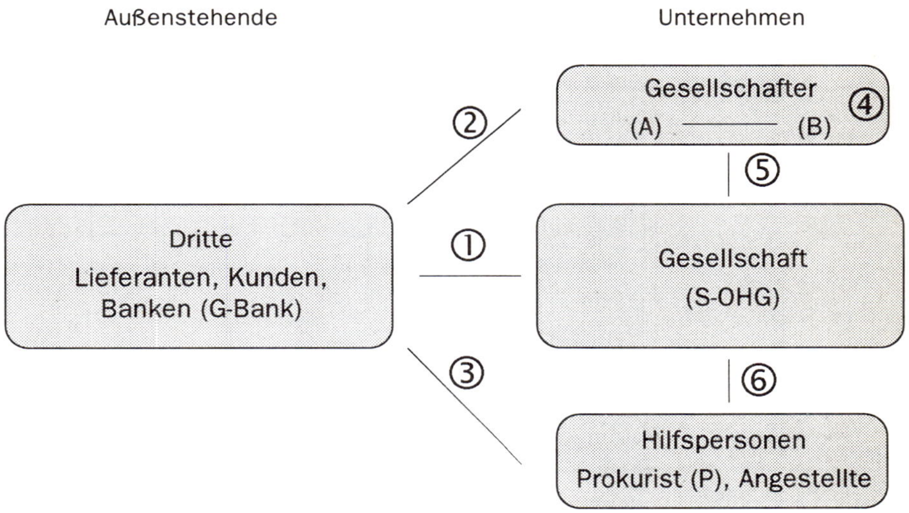


**Das Außenverhältnis**

Im Außenverhältnis geht es um alle Rechtsbeziehungen, in denen die Gesellschaft, die Gesellschafter und ihre Hilfspersonen - Dritten gegenübertritt

1. Dritte - Gesellschaft (S-OHG)
2. Dritte - Gesellschafter (A,B)
3. Dritte - Hilfspersonen

Das betrifft alle Geschäfte die die Gesellschaft nach außen tätigt. Problemstellungen liegen dabei auf den Vertretungsbefugnissen der Gesellschaft und auf Haftungsfragen

**Das Innenverhältnis**

Das Innenverhältnis betrifft alle Beziehungen, in denen Gesellschafter und Hilfspersonen zueinander sowie gegenüber der Gesellschaft stehen

4. Gesellschafter (A) - Gesellschafter (B)
5. Gesellschafter (A,B) - Gesellschaft (S-OHG)
6. Hilfspersonen - Gesellschaft (S-OHG)

Wichtige Fragen im Innenverhältnis betreffen z.B. den Wechsel der Gesellschafter, die Geschäftsführung, die Gewinnbeteiligung und die Rechte und Pflichten der Gesellschafter wie auch der Hilfspersonen

## 3.4. Rechtliche Prüfung

Hat man schließlich die einschlägigen Normen herausgesucht, so ist man bereits auf dem besten Wege zu einer »sauberen« Lösung. Es geht nun darum, diese Normen in logischer Reihenfolge auf Übereinstimmung mit den Fakten des Sachverhalts zu prüfen. Vor allem steht jedoch die Fragestellung, die meist auf Ansprüche einzelner Personen abzielt. Der weiteren rechtlichen Prüfung ist eine Gliederung voranzustellen, aus der hervorgeht, was im folgenden geprüft werden soll. Zu untergliedern ist nach einzelnen Sachverhaltskomplexen und nach den Personen sowie deren unterschiedlichen Begehren.

*Im Beispielsfall vereinfacht sich dies, weil hier nur ein einziger Sachverhaltskomplex vorliegt und nur die konkrete Frage nach dem Rückzahlungsanspruch der G-Bank (gegen eine bestimmte Person) gegen A zu untersuchen ist.*

Subsumtion ist die Prüfung aller Voraussetzungen (gesetzliche - tatsächliche)

In handelsrechtlichen Fällen hat man es oft mit folgender Besonderheit zu tun: Ein gegen eine bestimmte Person gerichteter Anspruch setzt sich häufig aus einer Anspruchsnorm und einer Haftungsnorm zusammen. Bei ersterer wird geprüft, ob ein Anspruch besteht, bei letzterer, gegen wen der bestehende Anspruch geltend gemacht werden kann.

*Die Prüfungsreihenfolge:*

- Anspruchsgrundlage (meistens) i.V.m. einer Haftungsnorm
- prüfen aller gesetzlichen - tatsächlichen Vorraussetzungen
- bei Übereinstimmung tritt die normierte Rechtsfolge ein

Bei der rechtlichen Prüfung stellt man fest: Welche gesetzlichen Voraussetzungen müssen erfüllt sein, und liegen diese Voraussetzungen tatsächlich im Sachverhalt vor? Diesen Denkvorgang bezeichnet man als Subsumtion. Dabei wird der Sachverhalt den Normen untergeordnet. In gleicher Weise greift man auf eine Reihe anderer Vorschriften (Hilfsnormen) bei der Prüfung der Tatbestandsmerkmale zurück, um schließlich zu einem Ergebnis zu kommen. Erst wenn alle Voraussetzungen des Anspruches bejaht werden, ist damit auch der Anspruch gegeben. Diese Ineinanderschachtelung der Paragraphen ist das Kernstück jeder Fallbearbeitung. In welcher Ausführlichkeit die Subsumtion nötig wird, hängt davon ab, wo die Problemstellen liegen.

*Beispiel: Wie ist nun der Anspruch der G-Bank gegen den A-Gesellschafter zu prüfen? Welche Voraussetzungen müssen gegeben sein, damit dieser auch auf gesetzlichen Grundlagen steht?*

*Als Faustformel für die Prüfung eines Anspruchs gilt:*

- Entstanden (durch Rechtsgeschäft oder Gesetz)
- Erloschen wegen Einwendungen
- Einreden
- Ergebnis

Diese vier »E's« stellen regelmäßig den roten Faden der Falllösung dar. So wie wir bei der Fragestellung mit den vier »W's« (Wer will was von wem woraus?) begonnen haben, fahren wir nun symmetrisch fort mit: »Anspruch Entstanden, Erloschen, Einreden und Ergebnis«. Mit diesem systematischen Vorgehen können Sie fast jedes Rechtsproblem bezwingen. Ausnahmen zu dieser Vorgehensweise gibt es zwar, im Rahmen dieser Einleitung wollen wir aber auf den Regelfall und nicht auf die abweichenden Methoden eingehen. Am Beispiel des Rückzahlungsanspruchs der G-Bank gegen A wird nun die rechtliche Prüfung und der Anspruchsaufbau dargestellt.

Der Lösungsweg heißt: Anspruch entstanden, erloschen, Einreden, Ergebnis

*Fragestellung:*

*Kann die G-Bank von A bei Fälligkeit die Rückzahlung des Darlehens aus § 607 BGB i.V.m. § 128 HGB verlangen (§ 607 I BGB ist die Anspruchsnorm, § 128 HGB ist die Haftungsnorm)?*

*Besteht ein Anspruch:*

*Ein Rückzahlungsanspruch aus § 607 I BGB setzt einen wirksamen Darlehensvertrag zwischen den Vertragsparteien und die Auszahlung des Darlehens voraus.*

*1. Vorliegen eines Darlehensvertrages nach § 607 I BGB*

*Ein Vertrag kommt durch zwei übereinstimmende Willenserklärungen der Vertragsparteien gem. §§ 145, 147 BGB zustande.*

*a) Vertragspartei S-OHG:*

- *Nach § 124 I HGB kann eine OHG unter ihrem Namen Rechte und Pflichten erwerben (Gesetz).*
- *Die S-OHG ist eine OHG i.S.d. § 105 HGB (Tatsache).*

*- Damit ist die S-OHG teilrechtsfähig und kann auch Vertragspartei sein (Folgerung).*

Stimmen die gesetzlichen Voraussetzungen mit den tatsächlichen Gegebenheiten überein?

*b) Vertretungsbefugnis des P:*

*- Ob P berechtigt war im Namen der S-OHG zu handeln, ergibt sich aus dem HGB. Nach § 49 I HGB ist der Prokurist zur Vertretung des Kaufmanns berechtigt (Gesetz).*

*- Die S-OHG ist als Handelsgesellschaft ein Kaufmann. Der Prokurist P wurde von der S-OHG bestellt (Tatsachen).*

*- Daher war P berechtigt die S-OHG zu vertreten (Folgerung).*

Die Summe aller Zwischenergebnisse ergibt das Endergebnis

*Die Willenserklärung der G-Bank ist unproblematisch . Der Darlehensvertrag zwischen der S-OHG und der G-Bank wurde geschlossen (Zwischenergebnis).*

*2. Auszahlung des Darlehens nach § 607 I BGB*

*- Nach § 607 I BGB muß der Darlehensnehmer das Geld empfangen haben (Gesetz).*

*- Die G-Bank hat das Geld auf das Konto der S-OHG überwiesen (Tatsache).*

*Die G-Bank hat gem. § 929 BGB das Geld an die S-OHG übereignet. Damit hat die S-OHG als Darlehensnehmer das Geld empfangen (Zwischenergebnis).*

Bei Übereinstimmung aller Voraussetzungen tritt die gesuchte Rechtsfolge ein

*Der § 607 I BGB besagt, daß der Darlehensnehmer verpflichtet ist, dem Darleiher das Empfangene zurückzuerstatten. Die S-OHG ist also zur Rückzahlung des Kredites verpflichtet (Ergebnis).*

*Anspruchsgegner:*

*Haftung des A aus § 607 I BGB i.V.m. § 128 HGB*

*- Nach § 128 HGB haften die Gesellschafter für Verbindlichkeiten der Gesellschaft gegenüber den Gläubigern (Gesetz).*

*- A ist Gesellschafter der S-OHG (Tatsache).*

*Also haftet A mit seinem Privatvermögen für Verbindlichkeiten der Gesellschaft (Ergebnis).*

*Ergebnis:*

*Alle Voraussetzungen für den Rückzahlungsanspruch der G-Bank gegen A nach § 607 I BGB i.V.m. § 128 HGB liegen vor. Der Rückzahlungsanspruch kann bei Fälligkeit gegen den A-Gesellschafter geltend gemacht werden (Endergebnis).*

## 3.5. Formulieren der Lösung

Ist der Fall auch klar - eins fehlt noch: das Formulieren der Lösung. Formulieren bedeutet, das Ergebnis der rechtlichen Prüfung mit den gebotenen Fachausdrücken und unter Zitieren der einschlägigen Normen zu Papier zu bringen. Aus der Technik der Subsumtion ergibt sich ein bestimmter Stil - der Gutachtenstil, im Gegensatz zum richterlichen Urteilstil. Bei der Bearbeitung begutachtet man ausgehend von dem ausgewählten Anspruch, ob die jeweiligen Tatbestandsvoraussetzungen gegeben sind, die diesen Anspruch begründen.

Formulieren der Lösung im sog. Gutachtenstil

Der Jurist bedient sich hierfür einer Sprache, die dem Ungeübten zunächst merkwürdig erscheint. Er beginnt bei der Prüfung eines Anspruchs mit der Überschrift, dem sogenannten Obersatz, immer im Konjunktiv ».. könnte einen Anspruch haben auf.. «. Erst im Laufe der Fallösung stellt er Zwischenergebnisse fest, um schließlich logisch weiterfolgernd mit Formulierungen wie »deshalb«, »daraus folgt« zu einem Endergebnis zu kommen. Am Schluß wird dieses in einem knappen Satz, dann im Indikativ, zusammengefaßt.

*Der Stil des Gutachtens:*

- übersichtlich gegliedert
- von der Hypothese zur Feststellung
- geordnet nach rechtlicher Wichtigkeit
- klare und verständliche Sätze

Auch im Beispiel: Anspruch der G-Bank gegen A auf Rückzahlung des Darlehens beginnt man mit einem Obersatz; nachfolgend formuliert man den Lösungsweg der Prüfung, um später in einem abschließenden Schlußsatz das Ergebnis festzustellen.

*Obersatz:*

*Die G-Bank könnte gegen A einen Anspruch auf Rückzahlung des Darlehens aus § 607 I BGB i.V.m. § 128 HGB haben.*

Vom Konjunktiv - »könnte einen Anspruch haben«

*Schlußsatz:*

*Die G-Bank hat gegen A aus § 607 I BGB i.V.m. § 128 HGB einen Anspruch auf Rückzahlung des an die OHG gewährten Darlehens.*

zum Indikativ - »hat« bzw. »hat keinen Anspruch«

## 4. Auf den Punkt gebracht !

Die vorangegangene Einführung hat aufgezeigt, wie die meisten Probleme aus dem Handels- und Gesellschaftsrecht prinzipiell gelöst werden.

Beginnen Sie immer mit der Ausgangsfrage: »Wer will was von wem woraus?« - vier mal W, wenn nach Ansprüchen der Beteiligten gefragt ist.

Prüfen Sie die infrage kommenden Ansprüche: »Entstanden, Erloschen, Einreden, Ergebnis« - vier mal E. Gehen Sie dabei in fünf Schritten vor:

1. Zunächst sollten Sie den Sachverhalt erfassen und feststellen, wer gegen wen welche Ansprüche haben könnte. Gliedern Sie nach Personen und deren Begehren.

2. Wählen Sie die Paragraphen aus, die für die Ansprüche die Grundlage und weitere gesetzliche Voraussetzungen bieten. In Band »Bürgerliches Recht - schnell erfaßt« finden Sie eine vollständige Auflistung aller Anspruchsgrundlagen.

3. Suchen Sie nach Haftungsnormen, die zuweisen, gegen wen bestehende Ansprüche geltend gemacht werden können. Die wichtigsten Haftungsnormen sind in den folgenden Kapiteln als solche gekennzeichnet.

4. Prüfen Sie ausgehend von den Anspruchsgrundlagen und Haftungsnormen, ob alle Tatbestandsmerkmale des jeweiligen Anspruches gegenüber dem Anspruchsgegner gegeben sind.

5. Dieses Vorgehen wird schließlich im Gutachtenstil formuliert und am Ende in einem Ergebnissatz zusammengefaßt.

Diese »Methode« mag vieleicht manchem Vollblutjuristen zu vereinfacht dargestellt sein, entscheidend ist aber, daß sie zum Ziel führt.

In den folgenden Kapiteln sind die »wichtigsten« Paragraphen wörtlich abgedruckt. Jeder dieser Paragraphen hat Tatbestandsvoraussetzungen und Rechtsfolgen, die in klaren Schemata nochmals besonders hervorgehoben werden.

Neben den Paragraphen sind die einschlägigen Hilfs- und Rechtsfolgenormen abgedruckt, die, soweit erlaubt, in den eigenen Gesetzestext übernommen werden können. Kennzeichnen Sie außerdem, welchen Zweck die Paragraphen haben, z.B. Anspruchsgrundlage, Haftungsnorm.

Viel Erfolg beim weiteren Durcharbeiten dieses Buches!

# Der Kaufmann und sein Unternehmen

## 1. Kaufleute

Das HGB ist nur anwendbar, wenn wenigstens einer der Beteiligten in dem zu prüfenden Sachverhalt Kaufmann ist

Im Handelsrecht dreht sich alles um den Kaufmann. Die Kaufmannseigenschaft begründet sich in erster Linie daraus, daß ein »Handelsgewerbe« betrieben wird. Die Bezeichnung Kaufmann i.S.d. HGB ist daher weder eine Berufsbezeichnung, noch steht sie für besonderes Geschick im Geschäftsleben. Sie ist lediglich eine Tätigkeitsbeschreibung.

Kaufleute sind demnach die »Betreiber« des Handelsgewerbes. Das können sowohl natürliche als auch juristische Personen sein; z.B. Einzelunternehmer, vollhaftende Gesellschafter einer OHG oder KG sowie die GmbH und die AG. Keine Kaufleute sind hingegen die Angestellten eines Unternehmens, Kommanditisten einer KG sowie die Organe einer GmbH oder AG.

*Systematik der §§ 1 - 6 HGB (Kaufmannseigenschaft):*

- Kaufmann *ist*, wer »ein Handelsgewerbe betreibt«, § 1 HGB
- Kaufmann *ist* weiterhin, wer ein »als Handelsgewerbe anzusehendes Gewerbe betreibt« und die in §§ 2, 3 HGB näher geregelten Voraussetzungen erfüllt
- als Kaufmann *gilt* jeder, der im Handelsregister eingetragen ist, »gleichgültig welches Gewerbe er betreibt«, § 5 HGB
- als Kaufmann *gilt* jede Handelsgesellschaft und einige andere Rechtsformen teilweise sogar »unabhängig davon, ob überhaupt ein Gewerbe betrieben wird«, § 6 HGB

Man unterscheidet:
- Vollkaufmann
- Minderkaufmann

Damit nun unter dem Begriff des Kaufmanns nicht der große »Daimler Benz Konzern« und der kleine »Tante Emma Laden« in einem Topf landen, unterscheidet man zwischen dem sogenannten Vollkaufmann und dem Minderkaufmann.

Auf den Vollkaufmann findet das ganze HGB Anwendung. Für den Minderkaufmann gilt nur ein Teil der »harten« Regelungen des HGB. Der Minderkaufmann gem. § 4 HGB ist eine Ausnahme zu § 1 II HGB und schützt denjenigen, der zwar ein Grundhandelsgewerbe, aber nur in »kleinem« Umfang betreibt.

Unbeachtet bleiben in den §§ 1-6 HGB jedoch Personen, die nicht im Handelsregister eingetragen sind, aber nach außen den Anschein erwecken, Kaufleute zu sein. Diese Konstellation wird gem. § 5 HGB, § 242 BGB analog geregelt.

| Übersicht über die Kaufleute | | |
|---|---|---|
| **Betreiben eines Handelsgewerbes** | **Eintragung ins Handelsregister** | **Kaufmanns-eigenschaft** |
| Wer ein in § 1 II HGB bezeichnetes Grundhandelsgewerbes betreibt ist »immer« Kaufmann. Erfordert der Geschäftsbetrieb in Art und Umfang kaufmännische Einrichtungen, so ist der Betreiber Vollkaufmann; sonst Minderkaufmann gem. § 4 I HGB | Der »Mußkaufmann« ist, soweit er die Kriterien eines Vollkaufmanns erfüllt, zur Eintragung ins Handelsregister verpflichtet. Die Eintragung ist rechtsbeurkundend (deklaratorisch); d.h. auch ohne Eintragung liegt die Vollkaufmannseigenschaft vor | Mußkaufmann § 1 II HGB |
| Handwerkliches oder sonstiges Gewerbe, das einen nach Art und Umfang in kaufmännischer Weise eingerichteten Betrieb erfordert | Der »Sollkaufmann« ist zur Eintragung ins Handelsregister berechtigt und verpflichtet. Mit der Eintragung (konstitutiv) wird die Vollkaufmannseigenschaft begründet | Sollkaufmann § 2 HGB |
| Land- oder forstwirtschaftliches Unternehmen, das einen nach Art und Umfang in kaufmännischer Weise eingerichteten Betrieb erfordert | Dem »Kannkaufmann« steht es frei, sich im Handelsregister eintragen zu lassen oder nicht. Die Eintragung (konstitutiv) begründet dann die Vollkaufmannseigenschaft | Kannkaufmann § 3 II HGB |
| Grundhandelsgewerbe, § 1 II HGB das jedoch keinen nach Art oder Umfang in kaufmännischer Weise eingerichteten Betrieb erfordert | Der »Minderkaufmann« wird nicht ins Handelsregister eingetragen. Schutz des Kleingewerbetreibenden. Kein Vollkaufmann! | Minderkaufmann § 4 HGB |
| Fiktion eines Handelsgewerbes. Unerheblich ist, welches Gewerbe betrieben wird | Aufgrund der Eintragung im Handelsregister gilt der »Fiktivkaufmann« unwiderlegbar als Vollkaufmann | Fiktivkaufmann § 5 HGB |
| Rechtsschein aufgrund Auftretens im Rechtsverkehr. Analoge Anwendung des § 5 HGB i.V.m. § 242 BGB (Treu und Glauben) | Obwohl keine Eintragung im Handelsregister vorliegt, gilt der »Scheinkaufmann« zum Schutz gutgläubiger Dritter, je nach Autreten als Minder- oder Vollkaufmann | Scheinkaufmann (§ 5 HGB analog) |
| Bestehen einer Handelsgesellschaft wie z.B. einer OHG, KG, GmbH, AG, oder Vereinigung wie z.B. die Genossenschaft. Welches und ob überhaupt ein Gewerbe betrieben wird spielt z.T. keine Rolle | Allein aufgrund ihrer Rechtsform gelten Handelsgesellschaften und die Genossenschaft als Vollkaufmann; daher auch »Formkaufmann«. Die Eintragung in ein öffentliches Register ist unter Umständen Voraussetzung für deren Existenz | Formkaufmann § 6 HGB |

## 1.1. Betreiben eines Gewerbes

Als Kaufmann wird in § 1 I HGB derjenige definiert, »der ein Handelsgewerbe betreibt«. Die folgenden §§ 2 und 3 II HGB erweitern diese eng gefaßte Tätigkeitsbeschreibung auch auf denjenigen, der ein Gewerbe betreibt, das unter bestimmten Voraussetzungen als ein kaufmännisches Unternehmen angesehen wird.

Ausnahmen von obiger Definition des Kaufmanns macht das Handelsrecht nur in den »Auffangnormen« §§ 5 und 6 HGB. Gem. § 5 HGB gilt auch jeder andere Gewerbetreibende als Kaufmann, sofern er im Handelsregister eingetragen ist, oder als solcher im Rechtsverkehr auftritt (analoge Anwendung). Gem. § 6 HGB, der lediglich auf die Existenz einer bestimmten Rechtsform abzielt, ist es unter Umständen völlig unerheblich, ob überhaupt ein Gewerbe betrieben wird.

Zuerst ist zu prüfen, ob die Tätigkeit ein »Gewerbe« darstellt

Der Großteil aller Kaufleute erfüllt die Kriterien der §§ 1 oder 2 HGB, die auf den Betrieb eines Handelsgewerbes abstellen. Zuerst muß also geklärt werden, ob überhaupt ein anerkanntes Gewerbe betrieben wird. Nur wenn diese Frage bejaht werden kann, hat es Sinn darauf einzugehen, ob die gewerbliche Tätigkeit den Kriterien eines kaufmännischen Unternehmens entspricht.

*Als Kennzeichen eines Gewerbes gelten:*

- Selbständigkeit: Rechtlich selbständig ist, wer seine Tätigkeit und seine Arbeitszeit weitgehend frei bestimmen kann
- zivilrechtlich erlaubt: Die Tätigkeit darf nicht gegen gesetzliche Verbote oder die guten Sitten (§§ 134, 138 BGB) verstoßen
- dauerhaft: Die Tätigkeit muß regelmäßig und nicht nur gelegentlich betrieben werden
- Absicht der Gewinnerzielung: Ob sich die Tätigkeit tatsächlich als lukrativ erweist, spielt keine Rolle
- kein freier Beruf: Die sog. »Freiberufler« wie Künstler, Rechtsanwälte, Ärzte und beratend Tätige fallen nicht unter den Gewerbebegriff des Handelsrechts. Diese traditionelle Anschauung wird auch heute noch vertreten

## Zahl der Unternehmen in den einzelnen Wirtschaftsbereichen

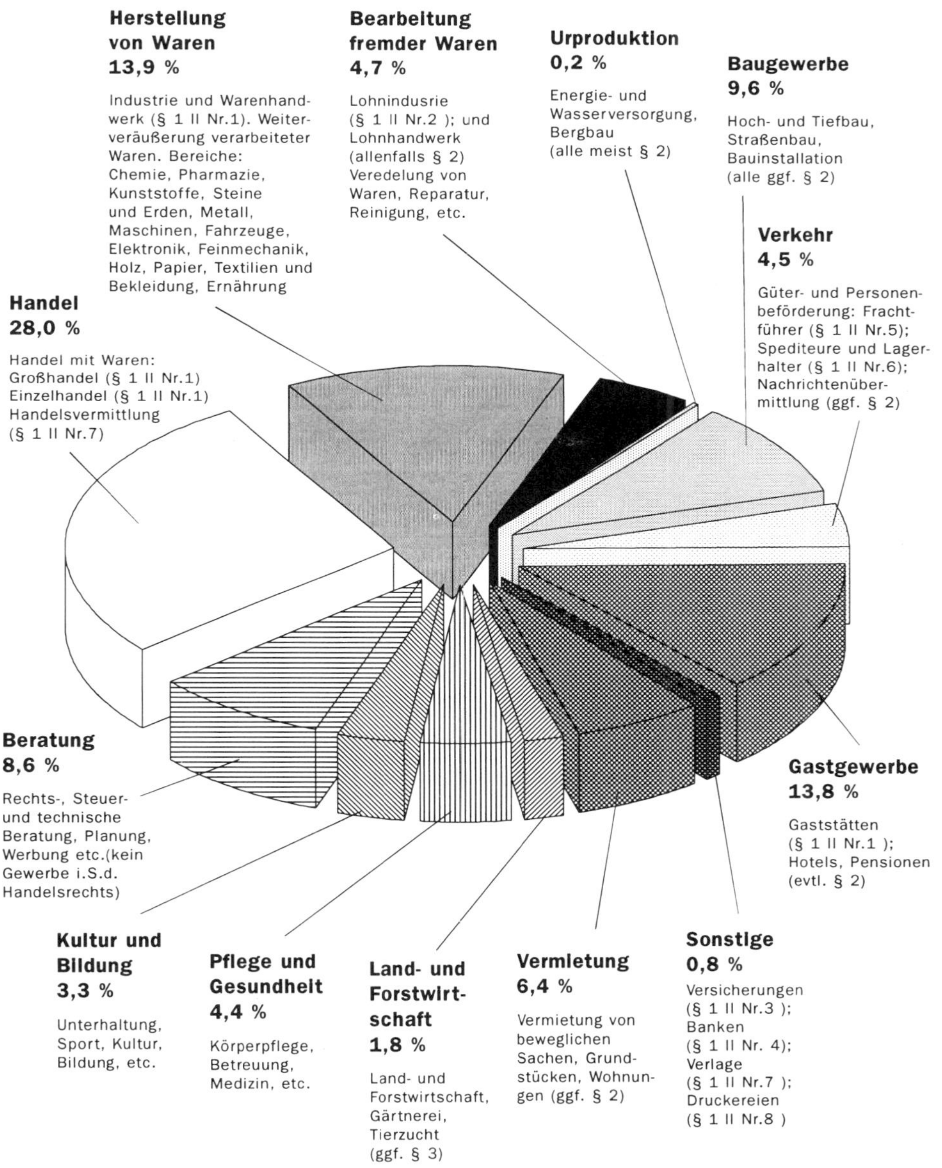


Anzahl der (umsatzsteuerpflichtigen) Unternehmen in den einzelnen Wirtschaftsbereichen, bezogen auf das Bundesgebiet. Es wurden Zahlen des Statistisches Bundesamtes 1990 zugrundegelegt.

## 1.2. Arten der Kaufleute

Die §§ 1-6 HGB im Schnelldurchlauf

Das HGB erklärt in den §§ 1-6 HGB, wer Kaufmann ist: Dabei wird unterschieden zwischen Personen, die ein Grundhandelsgewerbe betreiben (§§ 1, 4 HGB) und denen, die die Kaufmannseigenschaft erst durch Registereintragung (§§ 2, 3 HGB) erlangen. Als Kaufleute gelten auch diejenigen, die nach außen den Anschein erwecken, Kaufleute zu sein (§ 5 HGB). Ebenso gelten bestimmte Rechtsformen als Kaufleute (§ 6 HGB).

**§ 1 HGB**

### Mußkaufmann (Grundhandelsgewerbe)

(1) Kaufmann im Sinne dieses Gesetzbuchs ist, wer ein Handelsgewerbe betreibt.

(2) Als Handelsgewerbe gilt jeder Gewerbebetrieb, der eine der nachstehend bezeichneten Arten von Geschäften zum Gegenstand hat:

Kauf § 433 BGB
Werklieferung § 651 BGB

1. die Anschaffung und Weiterveräußerung von beweglichen Sachen (Waren) oder Wertpapieren, ohne Unterschied, ob die Waren unverändert oder nach einer Bearbeitung oder Verarbeitung weiter veräußert werden

Dienste § 611 BGB
Werk § 631 BGB

2. die Übernahme der Bearbeitung oder Bearbeitung von Waren für andere, sofern das Gewerbe nicht handwerksmäßig betrieben wird
3. die Übernahme von Versicherungen gegen Prämie
4. die Bankier- und Geldwechslergeschäfte
5. die Übernahme der Beförderung von Gütern oder Reisenden
6. die Geschäfte der Kommissionäre, Spediteure, Lagerhalter
7. die Geschäfte der Handelsvertreter oder der Handelsmakler

Der § 1 I HGB bestimmt, daß Kaufmann ist, wer ein selbständiges Handelsgewerbe betreibt. Was unter einem Handelsgewerbe (im engeren Sinne) zu verstehen ist, zählt § 1 II HGB in einzelnen auf. Wer eine dieser Tätigkeiten ausübt, ist immer Kaufmann; daher auch »Mußkaufmann«. Für ihn gelten die Bestimmungen des Handelsrechts in vollem Umfang, vorausgesetzt sein Unternehmen wird nicht für ein »minderkaufmännisches« vgl. § 4 HGB gehalten. In diesen Fall gilt das HGB nur eingeschränkt. Unabhängig davon ist, ob eine Eintragung im Handelsregister vorliegt. Wird das Gewerbe in vollkaufmännischer Weise (nicht § 4 I HGB)

Wer ein Grundhandelsgewerbe betreibt, ist Kaufmann!

ausgeübt, so ist der Mußkaufmann verpflichtet, die Eintragung nach § 29 HGB zu veranlassen. Die Eintragung hat nur deklaratorische (rechtsbeurkundende) Bedeutung.

*Mußkaufmann (Handel bzw. Verarbeitung), § 1 II Nr.1 HGB:*

- Anschaffung von Waren (beweglichen Sachen, § 90 BGB) oder Wertpapieren
- keine Urproduktion, keine Nebensachen
- Ziel der Weiterveräußerung

↳ Vollkaufmann

↳ oder Minderkaufmann § 4 HGB

Umsatzgeschäfte: Übertragung bewegliche Sachen §§ 929 ff BGB

Der § 1 II Nr.1 beschreibt die Geschäfte des »Warenhandels«, also Groß- und Einzelhandel, sowie der verarbeitenden Industrie. Es betrifft alle Unternehmen, die durch den Weiterverkauf von eingekauften und ggf. weiterverarbeiteten Waren Gewinn erzielen wollen. Darunter gehören auch die sog. »Warenhandwerker« wie Schlosser, Metzger, etc.

Die »Urproduktion« wie Rohstoffgewinnung, Bergbau, Energieerzeugung etc. fällt jedoch nicht unter diesen Passus, weil hierfür keine Waren angeschafft werden. Ebenso nicht der Immobilienhandel, weil Immobilien keine beweglichen Sachen sind, und Bauunternehmen, weil ihre Haupttätigkeit die Arbeit an Immobilien und die Lieferung von Baustoffen nur Nebentätigkeit ist.

*Mußkaufmann (Lohnindustrie), § 1 II Nr.2 HGB:*

- Bearbeitung und Verarbeitung von Waren für andere
- kein handwerksmäßiger Betrieb

↳ Vollkaufmann

↳ oder Minderkaufmann § 4 HGB

Industrielle Dienstleistungen: Verarbeitung beweglicher Sachen §§ 950 ff BGB

Unter § 1 II Nr.2 fallen industrielle Dienstleistungen für einen anderen (Kunden). Beispiele hierfür sind Großwäschereien, Reinigungsbetriebe etc., nicht aber Reparaturwerkstätten, Schuster etc., weil letztere unter das sog. »Lohnhandwerk« fallen.

Handwerksbetriebe sind charakterisiert durch die Art der Fertigung (von Hand), die Berücksichtigung von Kundenwünschen, die persönliche Mitarbeit des »Chefs« und die fachliche Qualifikation der Mitarbeiter. Deutliche Kennzeichen sind die Eintragung in der Handwerksrolle und die Mitgliedschaft in der Innung.

Personen, auf die die Kriterien für Mußkaufleute nicht zutreffen, können jedoch unter § 2 HGB Sollkaufmann fallen.

**§ 2 HGB**

**Sollkaufmann (Handwerk oder sonstiges Gewerbe)**

Ein handwerkliches oder ein sonstiges gewerbliches Unternehmen, dessen Gewerbebetrieb nicht schon nach § 1 Abs. 2 als Handelsgewerbe gilt, das jedoch nach Art und Umfang einen in kaufmännischer Weise eingerichteten Geschäftsbetrieb erfordert, gilt als Handelsgewerbe im Sinne dieses Gesetzbuchs, sofern die Firma des Unternehmens in das Handelsregister eingetragen worden ist. Der Unternehmer ist verpflichtet, die Eintragung nach den für die Eintragung kaufmännischer Firmen geltenden Vorschriften herbeizuführen.

Der Sollkaufmann soll wegen seiner »Größe« auch als Kaufmann gelten!

Die Kaufmannseigenschaft entsteht jedoch erst durch Eintragung

Der § 2 HGB erklärt, daß auch allen anderen »kaufmännisch geführten« Gewerbebetriebe, die Kaufmannseigenschaft zugesprochen werden sollte. Für den Fall, daß kein Grundhandelsgewerbe (§ 1 II HGB) und kein land- und forstwirtschaftliches Gewerbe vorliegt (§ 3 II HGB), ist der Gewerbetreibende unter den Voraussetzungen des § 2 HGB zur Eintragung in das Handelsregister berechtigt und verpflichtet. Mit der Eintragung entsteht rechtsbegründend (konstitutiv) die Kaufmannseigenschaft.

*Sollkaufmann, § 2 HGB:*

- Gewerbliches Unternehmen,
- welches nicht unter § 1 II HGB oder § 3 HGB fällt
- nach Art und Umfang ist ein in kaufmännischer Weise eingerichteter Geschäftsbetrieb erforderlich
- Eintragung im Handelsregister ist erfolgt

↳ Vollkaufmann

Unter § 2 HGB fallen insbesondere Lohnhandwerker und Dienstleistungsbetriebe jeder Art wie Hotels, Theater, Kinos sowie Bauunternehmer und Immobilienhändler; ebenso die Betreiber von Unternehmen der »Urproduktion« wie Rohstoffgewinnung, Energieerzeugung und Wasseraufbereitung.

Der Gewerbetrieb muß nach Art und Umfang »einen in kaufmännischer Weise eingerichteten Geschäftsbetrieb« erfordern. Beide Merkmale müssen gemeinsam gegeben sein. Sowohl die »Art«, als auch der »Umfang« des Unternehmens müssen die kaufmännische Einrichtung erfordern. Als Kriterien für die »Art« des Gewerbes gelten die Vielfalt der Geschäfte und die Notwendigkeit einer kaufmännischen Buchführung. Kriterien für den »Umfang« sind Umsatz, Höhe des Betriebsvermögens, Größe der Betriebsstätten sowie die Zahl der Beschäftigten.

Erst durch die Eintragung entsteht die Kaufmannseigenschaft (stets Vollkaufmann, niemals Minderkaufmann). Ohne die Eintragung wird der Gewerbetreibende nicht zum Kaufmann, auch dann nicht, wenn die sonstigen Voraussetzungen des § 2 HGB erfüllt sind. Möglicherweise handelt es sich aber dann um einen »Scheinkaufmann« § 5 HGB, § 242 BGB analog.

### Kannkaufmann (Land- und Forstwirtschaft)

**§ 3 HGB**

(1) Auf den Betrieb der Land- und Forstwirtschaft finden die Vorschriften des § 1 keine Anwendung.

(2) Für ein land- oder forstwirtschaftliches Unternehmen gilt § 2 mit der Maßgabe, daß der Unternehmer berechtigt, aber nicht verpflichtet ist, die Eintragung in das Handelregister herbeizuführen. Ist die Eintragung erfolgt, so findet eine Löschung der Firma nur nach den allgemeinen Vorschriften statt, welche für die Löschung kaufmännischer Firmen gelten....

Land- und forstwirtschaftliche Betriebe erfahren eine besondere Privilegierung. Sofern der Betrieb einen in kaufmännischer Weise eingerichteten Geschäftsbetrieb erfordert, steht es dem Land- oder Forstwirt frei, im Handelsregister eingetragen zu werden oder nicht.

Der Land- und Forstwirt kann durch Eintragung die Kaufmannseigenschaft erlangen

*Kannkaufmann, § 3 HGB:*

- Land- oder forstwirtschaftliches Unternehmen, § 3 II HGB oder Nebengewerbe, § 3 III HGB
- nach Art <u>und</u> Umfang ist ein in kaufmännischer Weise eingerichteter Geschäftsbetrieb erforderlich
- Eintragung im Handelsregister muß erfolgt sein

↳ Vollkaufmann

Die Kaufmannseigenschaft der land- und forstwirtschaftlichen Betriebe und ebenso der Nebenbetriebe entsteht erst mit Eintragung in das Handelsregister. Ob also ein Land- oder Forstwirt Kaufmann ist, bleibt seiner eigenen Entscheidung überlassen. Wer will, der »kann«.

§ 4 HGB

## Minderkaufmann (Kleingewerbe)

(1) Die Vorschriften über die Firmen, die Handelsbücher und die Prokura finden keine Anwendung auf Personen, deren Gewerbebetrieb nach Art oder Umfang einen in kaufmännischer Weise eingerichteten Geschäftsbetrieb nicht erfordert.

(2) Durch eine Vereinigung zum Betrieb eines Gewerbes, auf welches die bezeichneten Vorschriften keine Anwendung finden, kann eine offene Handelsgesellschaft oder eine Kommanditgesellschaft nicht begründet werden.

Zwar gelten grundsätzlich alle Vorschriften des HGB für alle Kaufleute; überall wo es aber Grundsätze gibt, da gibt es auch Ausnahmen. Eine davon macht § 4 HGB in Form einer Einschränkung der durch § 1 II HGB begründeten Kaufmannseigenschaft. Man unterscheidet zwischen Voll- und Minderkaufleuten, weil ihre rechtliche Gleichstellung unverhältnismäßig wäre. Deshalb unterscheidet man Mußkaufleute dahingehend, ob sie das Gewerbe im großen Stil (Vollkaufmann) oder nur im kleinen Rahmen (Minderkaufmann) betreiben. Die Besonderheit des Minderkaufmanns gilt niemals für den Soll- oder Kannkaufmann.

Für Kleingewerbetreibende nach § 1 II HGB gilt das HGB nur im geminderten Umfang

Minderkaufleute sind Kleingewerbetreibende, die keinen in kaufmännischer Weise eingerichteten Geschäftsbetrieb benötigen. Eine scharfe Abgrenzung zwischen Voll- und Minderkaufmann ist nicht immer möglich.

*Minderkaufmann 4 HGB:*

- Es liegt ein Grundhandelsgewerbe nach § 1 II HGB vor
- Das Gewerbe erfordert nach Art oder Umfang keinen in kaufmännischer Weise eingerichten Geschäftsbetrieb
- maßgeblich für die Minderkaufmannseigenschaft ist das Gesamtbild des Betriebes

↳ Minderkaufmann; auf ihn ist das HGB nur beschränkt anwendbar

Zu untersuchen ist weiterhin, ob der Geschäftsbetrieb nach Art oder Umfang kaufmännische Einrichtungen erfordert. Darunter versteht man Einrichtungen, die ein Vollkaufmann für eine ordnungsgemäße Geschäftsführung benötigt. Dabei kommt es auf das Gesamtbild des Betriebes an; einzelne Aspekte, wie etwa Umsatz und Gewinnn sind nicht allein ausschlaggebend.

Kriterien für die Art des Gewerbes sind z.B. die Vielfalt der Geschäfte, die Notwendigkeit einer Buchführung und die Organisation. Kriterien zum Umfang sind Umsatz, Betriebsvermögen und Größe sowie die Beschäftigtenzahl.

Für Minderkaufleute gelten folgende Einschränkungen: Sie haben keine Firma, werden nicht in das Handelsregister eingetragen, dürfen keine Prokura erteilen und können keine Handelsgesellschaft (OHG oder KG) bilden.

Zur Entschädigung unterliegen Minderkaufleute dafür auch nicht den verschärften Bestimmungen der §§ 348-350 HGB für Vertragsstrafen, Bürgschaften oder Schuldversprechen.

**Fiktivkaufmann, Scheinkaufmann** **§ 5 HGB**

Ist eine Firma im Handelregister eingetragen, so kann gegenüber demjenigen, welcher sich auf die Eintragung beruft, nicht geltend gemacht werden, daß das unter der Firma betriebene Gewerbe kein Handelsgewerbe sei oder daß es zu den in § 4 Abs. 1 bezeichneten Betrieben gehöre.

Der § 5 HGB gilt als Notbremse für all diejenigen, die etwas anderes vorgeben, als sie tatsächlich sind. Das Gebot der Rechtssicherheit im Geschäftsverkehr beschreibt die Notwendigkeit, daß gegebenenfalls auch Personen als Kaufleute behandelt werden, die in Wirklichkeit keine sind. Hierher gehören der Fiktivkaufmann (§ 5 HGB) aber auch der Scheinkaufmann (§ 5 HGB analog § 242 BGB).

*Fiktivkaufmann § 5 HGB (kraft Eintragung):*

Wer im Handelsregister als Kaufmann eingetragen ist, gilt »fiktiv« als Vollkaufmann

- Eintragung im Handelsregister
- Betreiben eines Gewerbes
- Rechtsbegründende Vorgang im Geschäftsverkehr

↳ Der Eingetragene gilt für und gegen alle (unabhängig vom gutem Glauben) als Vollkaufmann

Der § 5 HGB wirkt immer, wenn Eintragung und Gewerbebetrieb vorliegen. Im Interesse der Rechtssicherheit stellt § 5 HGB fest, daß der im Handelsregister Eingetragene als Vollkaufmann gilt, selbst wenn er in Wahrheit nur Minderkaufmann oder gar Nichtkaufmann ist.

Ein typisches Beispiel für den Fiktivkaufmann ist der »vergeßliche« Kaufmann, der sein Geschäft verkleinert, so daß die Vollkaufmannseigenschaft auf ihn eigentlich nicht mehr zutrifft; versehentlich hat er jedoch vergessen, das Erlöschen der Firma gem. § 31 HGB im Handelsregister eintragen zu lassen.

Aber auch im Handelsregister nicht eingetragene Personen müssen sich gegebenenfalls als Kaufleute behandeln lassen, wenn sie wie solche im Geschäftsverkehr auftreten. Ein in redlicher Weise auf den gesetzten Rechtsschein vertrauender Dritter soll geschützt werden.

*Scheinkaufmann § 5 HGB analog (kraft Auftretens):*

- Auftreten einer geschäftsfähigen Person im Geschäftsverkehr als Minder- bzw. Vollkaufmann
- Bedeutung des gesetzten Rechtsscheins für das Verhalten des Geschäftspartners
- guter Glaube des Dritten, daß sein Gegenüber Kaufmann ist (nicht gegeben bei fahrlässiger Unkenntnis)

↳ Scheinkaufmann gilt als Voll- bzw. Minderkaufmann (je nach Auftreten)

↳ bestimmte Schutzvorschriften (§§ 766, 780, 781 BGB) bleiben jedoch bestehen

Wer vorgibt, Kaufmann zu sein, muß sich auch als solcher behandeln lassen

Als Scheinkaufleute gelten diejenigen, die nach außen den Anschein erwecken, Kaufmann zu sein, und daher auch im Handelsregister als solche eingetragen sein müßten, es aber nicht sind. Hierher gehören vor allem Sollkaufleute, die nach § 2 HGB verpflichtet wären, sich in das Handelsregister einzutragen, es aber aus Nachlässigkeit oder Unwissen unterlassen haben.

Eine weitere Spezies der Scheinkaufleute sind diejenigen, die mit aufwendigen Briefköpfen oder Mietbüros bewußt vorgaukeln wollen, »große Geschäftsleute« zu sein, weil sie sich durch dieses Gehabe geschäftlichen Erfolg versprechen. Dasselbe gilt für den Anschein einer angeblich bestehenden Handelsgesellschaft.

Fiktiv- und Scheinkaufleute müssen sich daher an den schärferen Bestimmungen des HGB messen lassen, »gleichgültig, welches Gewerbe sie betreiben«, § 5 HGB. Ähnliches bezweckt der folgende § 6 HGB, wonach bestimmte Rechtsformen, insbesondere Handelsgesellschaften, »z.T. unabhängig davon, ob überhaupt ein Gewerbe betrieben wird«, stets als Vollkaufleute gelten.

## Formkaufmann (Handelgesellschaften)

§ 6 HGB

(1) Die in betreff der Kaufleute gegebenen Vorschriften finden auch auf die Handelgesellschaften Anwendung.

(2) Die Rechte und Pflichten eines Vereins, dem das Gesetz ohne Rücksicht auf den Gegenstand des Unternehmens die Eigenschaft eines Kaufmanns beilegt, werden durch die Vorschrift des § 4 Absatz 1 nicht berührt.

Handelsgesellschaften werden gem. § 6 I HGB wie Kaufleute behandelt; gem. § 6 II sogar stets wie Vollkaufleute. Die Prüfung ihrer Tätigkeit kann man sich aufgrund dieser Festlegung sparen.

*Formkaufmann nach § 6 I HGB:*

- GmbH (§ 13 III GmbHG), oder AG (§ 3 AktG), oder Genossenschaft (§ 17 II GenG)
- Bestehen der o.g. Rechtsform kraft Eintragung im Handelsregister, bzw. im Genossenschaftsregister

↳ Vollkaufmann (auch wenn die §§ 1 ff HGB nicht vorliegen)

Die GmbH, die AG und die Genossenschaft gelten aufgrund ihrer Rechtsform als Kaufmann

Die GmbH, die AG und die Genossenschaft gelten gem. § 6 HGB als Formkaufleute, auch wenn sie weder ein kaufmännisches noch überhaupt ein Gewerbe betreiben. Voraussetzung ist aber selbstverständlich ihre Existenz und damit die Eintragung in das entsprechende Register (§ 11 I GmbHG, § 41 II 1 AktG, § 13 GenG). Obwohl sich § 6 auch auf die OHG und die KG bezieht, ist jedoch für ihre Entstehung der Betrieb eines vollkaufmännischen Gewerbes nach §§ 1-5 HGB Voraussetzung.

Der § 6 I HGB besagt, daß auf Handelsgesellschaften die Vorschriften über Kaufleute Anwendung finden (nicht daß sie welche sind). Handelsgesellschaften sind die OHG und die KG. Gleiches gilt für die GmbH (§ 13 III GmbHG) und die AG (§ 3 AktG); hier sogar allein kraft ihrer Rechtsform unabhängig von der geschäftlichen Tätigkeit. Keine Handelsgesellschaften sind dagegen die BGB-Gesellschaft, die stille Gesellschaft und die eingetragene Genossenschaft. Die Genossenschaft gilt jedoch als Kaufmann (gem. § 17 II GenG, unabhängig von § 6 I HGB).

Der § 6 II HGB sagt hingegen aus, daß Vereine (besser Vereinigungen), denen kraft Rechtsform die Kaufmannseigenschaft zukommt, stets Vollkaufleute (Formkaufleute) sind.

*Fall: Der Arzt (A) führt eine gutgehende Praxis. Betreibt er damit ein Gewerbe im Sinne des HGB?*

Fall: Gewerbebetrieb

*Als Kennzeichen für den Betrieb eines Gewerbes gelten: Selbständig, erkennbar, erlaubt, dauerhaft, Gewinnerzielungsabsicht und kein freier Beruf. Ärzte zählen zu den »Freiberuflern«. Ihre Tätigkeiten haben persönlichen Charakter, die, selbst wenn sie lukrativ sind, nicht unter den Begriff des Gewerbes i.S.d. Handelsrechts fallen. A kann schon deshalb kein Kaufmann sein.*

*Fall: Gilt der Inhaber (S) des kleinen Schusterladens um die Ecke als Kaufmann?*

Fall: Nichtkaufmann

*Schuster üben wie alle Lohnhandwerker kein Handelsgewerbe gem. § 1 II HGB aus. Wegen des fehlenden Warenein- und Warenverkaufes scheidet Nr. 1 aus, wegen der handwerksmäßigen Arbeitsweise kommt auch Nr. 2 nicht in Betracht. Da in dem kleinen Handwerksbetrieb keine kaufmännischen Einrichtungen benötigt werden, fällt S auch nicht unter § 2 HGB und ebensowenig unter die folgenden §§ 3-6 HGB. S ist kein Kaufmann.*

*Fall: Der Elektrogerätehändler (E) vertreibt in zehn Filialen auf das ganze Stadtgebiet verteilt Radio- und Fernsehgeräte. Ist er Kaufmann?*

Fall: Mußkaufmann (und Vollkaufmann)

*E ist ein klassischer Fall des § 1 II Nr. 1 HGB. Als Händler kauft und verkauft er diese Elektrogeräte mit der Absicht der Gewinnerzielung. Er ist damit sog. Mußkaufmann, gleichgültig, ob er im Handelsregister eingetragen ist oder nicht. Da sein Betrieb kaufmännische Einrichtungen erfordert, ist er Vollkaufmann und fällt nicht unter den § 4 I HGB.*

*Fall: Gelten für den Wirt (W) des kleinen Speiselokals die Bestimmungen des HGB?*

Fall: Mußkaufmann (und Minderkaufmann)

*Für die Anwendbarkeit des HGB ist, so auch in diesem Fall, die Kaufmannseigenschaft des W maßgeblich. W schafft Speisen und Getränke an, bereitet sie zu und veräußert sie weiter an seine Gäste. W fällt unter § 1 II Nr.1 HGB und ist damit Mußkaufmann. Einschränkungen für die Anwendbarkeit des HGB sieht jedoch § 4 HGB für Gewerbebetriebe vor, die keine kaufmännische Einrichtungen erfordern. Weder nach Art noch nach Umfang benötigt W einen in kaufmännischer Weise eingerichteten Geschäftsbetrieb. W ist danach Minderkaufmann.*

*Fall: Ist der im Handelsregister eingetragene Bauunternehmer (U) mit seinen »Millionenumsätzen« Kaufmann?*

Fall: Sollkaufmann

*Es liegt kein Grundhandelsgewerbe vor, weil Bauunternehmen nicht die Kriterien des § 1 II Nr. 1 HGB erfüllen, weil es an der Weiterveräußerung fehlt und auch die andern Ziffern des § 1 II HGB nicht einschlägig sind. U könnte jedoch Sollkaufmann gem. § 2 HGB sein, wenn zwar kein Handelsgewerbe i.S.d. § 1 II HGB jedoch ein sonstiges Gewerbe vorliegt, welches nach Art und Umfang kaufmännische Einrichtungen erfordert. Aufgrund des Registereintrages, zu dem U gem. § 2 HGB berechtigt und verpflichtet ist, gilt U als Vollkaufmann.*

*Fall: Wie wäre zu entscheiden, wenn der Bauunternehmer (U) nicht im Handelsregister eingetragen ist?*

Fall: Scheinkaufmann

*U gilt in diesem Fall nicht als Kaufmann gem. § 2 HGB. Wegen der fehlenden Eintragung kommt ebensowenig § 5 HGB (Fiktivkaufmann) zum Zuge. Die Rechtssprechung hat jedoch die Figur des Scheinkaufmanns anerkannt. Sie besagt, daß jeder, der wie ein Kaufmann auftritt, sich nach § 5 HGB, § 242 BGB analog, von gutgläubigen Dritten als solcher behandeln lassen muß.*

*Fall: Was gilt für die Kaufmannseigenschaft einer OHG und einer KG sowie ihrer Gesellschafter?*

Fall: OHG, KG (Handelsgesellschaften)

*Die OHG und die KG sind Handelsgesellschaften gem. § 105 HGB, auf die gem. § 6 I HGB das Handelsgesetzbuch Anwendung findet; und zwar in vollem Umfang, vgl. § 6 II HGB. Voraussetzung ist jedoch deren Existenz und damit der Betrieb eines Handelsgewerbes nach §§ 1-5 HGB. Kaufleute sind die Gesellschafter der OHG bzw. die Komplementäre der KG, da diese die Gesellschaft verkörpern. Keine Kaufleute sind hingegen die Kommanditisten einer KG, weil diese nur beschränkt haften.*

*Fall: Wer ist Kaufmann in einer GmbH und einer AG?*

Fall: GmbH, AG (Handelsgesellschaften)

*Die GmbH und die AG sind Handelsgesellschaften gem. § 13 III GmbHG bzw. § 3 AktG. Gem. § 6 II gelten diese Gesellschaften stets als Vollkaufleute, auf die gem. § 6 I HGB das HGB Anwendung findet. Keine Kaufleute sind hingegen der Geschäftsführer der GmbH sowie der Vorstand der AG, da diese »nur« im Namen der Gesellschaft handeln, ohne, daß sie selbst aus den geschlossenen Geschäften berechtigt oder verpflichtet werden.*

## 2. Handelsregister

Der Gesetzgeber mißt den Eintragungen im Handelsregister und deren Bekanntmachung große Bedeutung zu

Das Handelsregister ist ein öffentliches Verzeichnis von Tatsachen, die für den Handelsverkehr wichtig sind. Im Gegensatz zum Grundbuch hat jeder die Möglichkeit, darin Einblick zu nehmen. Jeder kann sich also im Handelsregister über seinen Geschäftspartner informieren und sich auf die darin eingetragenen Tatsachen stützen (öffentlicher Glaube). Das Handelsregister wird von dem Amtsgericht, in dessen Bezirk das kaufmännische Unternehmen seinen Sitz hat, geführt. Eintragungen werden grundsätzlich nur vorgenommen, wenn diese beantragt werden.

*Man unterscheidet:*

- eintragungspflichtige (einzutragende) Tatsachen
- eintragungsmögliche Tatsachen

Von einer einzutragenden Tatsache spricht man, wenn der Kaufmann gesetzlich verpflichtet ist, seine Daten zur Eintragung anzumelden. Wird dieser Pflicht nicht nachgekommen, so wird das Registergericht den zur Anmeldung Verpflichteten durch Festsetzung eines Zwangsgeldes dazu anhalten (§ 14 HGB). Eintragungsmöglich ist eine Tatsache, die in das Handelsregister eingetragen werden kann, ohne daß eine Verpflichtung zur Anmeldung besteht.

*Wirkungen der Eintragung*

- deklatorische (rechtsbeurkundende) Wirkung
- konstitutive (rechtsbegründende) Wirkung

Deklaratorisch bedeutet: beurkundend, klarstellend, beweisend

Deklaratorische Wirkung haben Eintragungen, die die Vorgänge des Rechtsverkehrs lediglich beurkunden. Die materielle Wirkung des Vorganges tritt auch ohne die Eintragung ins Handelsregisters ein. Hierher gehören die Eintragung des Mußkaufmanns (§ 1 HGB), Erteilung oder Erlöschen der Prokura (§ 53 HGB), Entstehung und Änderung einer Handelsgesellschaft (§§ 106, 107 HGB), Auflösung einer Handelsgesellschaft bzw. Änderungen im Gesellschafterbestand (§ 143 HGB) etc.

Konstitutiv bedeutet: begründend, feststellend, bestimmend

Konstitutive Wirkung haben Eintragungen, wenn erst durch die Registereintragung eine rechtlich relevante Tatsache begründet wird. So wird z.B. die Kaufmannseigenschaft des Sollkaufmanns (§ 2 HGB) erst durch die Eintragung begründet.

## 2.1. Eintragung und Bekanntmachung

### Bekanntmachung durch das Registergericht

**§ 10 HGB**

(1) Das Gericht hat die Eintragungen in das Handelsregister durch den Bundesanzeiger und durch mindestens ein anderes Blatt bekanntzumachen...

(2) Mit dem Ablaufe des Tages, an welchem das letzte der die Bekanntmachung enthaltenden Blätter erschienen ist, gilt die Bekanntmachung als erfolgt.

Kaufleute haben dafür zu sorgen, daß ihre Eintragung sowie deren Veröffentlichung korrekt sind, andernfalls haben sie die Richtigstellung unverzüglich zu veranlassen. Dritte, die mit dem Eingetragenen in Geschäftsverbindung stehen, haben die Pflicht, von den Eintragungen und Änderungen im Handelsregister Kenntnis zu nehmen. Auf ihr »Nichtwissen« können sie sich nicht berufen.

Das Handelsregister dient der Beweissicherung und der Publizität (öffentliche Mitteilung)

Das Handelsregister erfüllt mehrere Funktionen: Es dient der Beweissicherung und der Publizität. Mit der Publizitätsfunktion des Handelsregisters geht der Schutz gutgläubiger Dritter Hand in Hand. Der Schutz des guten Glaubens im Rechtsverkehr der Kaufleute bezieht sich jedoch nicht nur auf Eintragungen und Bekanntmachungen im Handelsregister; er erstreckt sich auch auf das tatsächliche Verhalten der Personen.

PUBLIZITÄT DES HANDELSREGISTERS

## 2.2. Publizität und Vertrauensschutz

Eines der »Highlights« im Handelsrecht ist der Schutz des Vertrauens des Kaufmanns auf das Handelsregister und auf sein Auftreten im Geschäftsverkehr.

Schutz des Eintragungspflichtigen: § 15 II HGB

Keine Probleme gibt es, wenn jeder Kaufmann seine Eintragungen im Handelsregister ordnungsgemäß vornehmen läßt und deren Bekanntmachung auf ihre Richtigkeit prüft. Hier schützen ihn gemäß § 15 II HGB die Eintragung und Bekanntmachung richtiger Tatsachen gegenüber Dritten.

Der Schutz gutgläubiger Dritter: § 15 I, III HGB, Rechtsscheinslehre

Problematisch wird es aber, wenn die Wirklichkeit nicht mit der Eintragung oder der Bekanntmachung des Handelsregisters übereinstimmt, oder wenn ein Beteiligter einen falschen Anschein setzt. Ein solches Abweichen von der wahren Rechtslage ergibt die interessanten Fälle des Handelsrechts. Der Konflikt zwischen wahrer Rechtslage und der Registerlage wird insbesondere durch § 15 I, III HGB sowie der Lehre vom Rechtsschein gelöst.

Der gutgläubige Dritten hat regelmäßig ein Wahlrecht. Je nachdem, was ihm günstiger erscheint, kann er sich entweder auf die wahre Rechtslage oder auf die Registerlage oder auf den durch das Auftreten gesetzten Rechtsschein berufen.

**§ 15 HGB**

### Publizitätswirkung

»negative Publizität«

(1) Solange eine in das Handelsregister einzutragende Tatsache nicht eingetragen und bekanntgemacht ist, kann sie von demjenigen, in dessen Angelegenheiten sie einzutragen war, einem Dritten nicht entgegengesetzt werden, es sei denn, daß sie diesem bekannt war.

»korrekte Publizität«

(2) Ist die Tatsache eingetragen und bekanntgemacht worden, so muß ein Dritter sie gegen sich gelten lassen. Dies gilt nicht bei Rechtshandlungen, die innerhalb von fünfzehn Tagen nach der Bekanntmachung vorgenommen werden, sofern der Dritte beweist, daß er die Tatsache weder kannte noch kennen mußte.

»positive Publizität«

(3) Ist eine einzutragende Tatsache unrichtig bekanntgemacht, so kann sich ein Dritter demjenigen gegenüber, in dessen Angelegenheiten die Tatsache einzutragen war, auf die bekanntgemachte Tatsache berufen, es sei denn, daß er die Unrichtigkeit kannte.

| Überblick über den § 15 HGB | | |
|---|---|---|
| **§ 15 I** | **§ 15 II** | **§ 15 III** |
| negative Publizität »Schweigen des Handelsregisters« | korrekte Publizität (Normalfall) | positive Publizität »Reden des Handelsregisters« |
| Eine Tatsache ist nicht eingetragen und bekanntgemacht. Der Rechtsverkehr ist also über eine veränderte Sachlage nicht informiert und wird insoweit geschützt. Der Dritte kann sich auf das Schweigen des Handelsregisters verlassen | Im Normalfall ist das in Handelsregister Eingetragene richtig und auch so bekanntgemacht. Der Rechtsverkehr ist also richtig informiert. Ein Dritter muß die eingetragene und bekannt gemachte Tatsache gegen sich gelten lassen | Eine Tatsache ist unrichtig bekannt gemacht. Der Rechtsverkehr ist zwar informiert, aber falsch. Entscheidend ist, der Bekanntmachungsfehler. Der gutgläubige Dritte ist im Vertrauen auf die unrichtige Bekanntmachung geschützt |
| Voraussetzungen:<br><br>1. Einzutragende Tatsache<br>2. Eintragung und/oder Bekanntmachung unterblieb<br>3. Angelegenheit des Eintragungspflichtigen<br>4. Unkenntnis des Dritten<br>5. Kausalität<br>6. Vorgang des Geschäftsverkehrs | Voraussetzungen:<br><br>1. Einzutragende Tatsache<br>2. Richtige Eintragung und Bekanntmachung<br>3. Kein widersprechender Rechtsschein und 15-Tagesfrist-Problem | Voraussetzungen:<br><br>1. Einzutragende Tatsache<br>2. Unrichtige Bekanntmachung<br>3. Zurechenbarkeit (Veranlassung oder Verschulden)<br>4. Unkenntnis des Dritten<br>5. Kausalität<br>6. Vorgang des Geschäftsverkehrs |
| Rechtsfolge:<br><br>Schutz des Geschäftspartners<br>Er kann sich auf wahre Sachlage oder die Registerlage berufen (Wahlrecht) | Rechtsfolge:<br><br>Schutz des Eingetragenen<br>Die Eintragung wirkt für und gegen alle. | Rechtsfolge:<br><br>Schutz des Geschäftspartners<br>Er kann sich auf wahre Sachlage oder die Registerlage berufen (Wahlrecht) |
| Beispiel:<br><br>Entzogene Prokura wird nicht eingetragen. Der Dritte kann sich sowohl auf die entzogene Prokura als auch auf ihr Fortbestehen berufen | Beispiel:<br><br>Prokura entzogen und eingetragen.<br>Der Dritte kann sich nicht auf das Fortbestehen der Vertretungsmacht berufen | Beispiel:<br><br>Falscher Prokurist ist eingetragen. Der Dritte kann sich auf die Vertretungsmacht des echten, aber auch auf die des falschen Prokuristen berufen |

## »Korrekte« Publizität des Handelsregisters

Richtige Eintragung und Bekanntmachung

*Schutz des Kaufmanns bei Eintragung, § 15 II HGB:*

- Eintragungspflichte Tatsache
- richtig im Handelsregister eingetragen und bekanntgemacht
- Ausnahme: bei Rechtshandlungen innerhalb von 15 Tagen nach Bekanntmachung ist mindestens fahrlässige Unkenntnis des Dritten erforderlich

↳ Der Dritte muß die Tatsache gegen sich gelten lassen

Ein Dritter muß eine richtige und eingetragene Tatsache gegen sich gelten lassen, weil der Handelsregistereintrag und dessen Bekanntmachung die Öffentlichkeit informiert und damit auch den Eintragungspflichtigen schützt.

*Beispiel: Der Filmhändler K hat P zum Prokuristen bestellt. Nachdem daraufhin P eine Reihe obskurer Geschäfte getätigt hat, bemerkt K, daß er mit P eine schlechte Wahl getroffen hat. Kurzerhand entzieht er dem Prokuristen P die Prokura und läßt dies umgehend ins Handelsregister eintragen. Die Bekanntmachung war am 1. Februar.*

Mit Ablauf der »Schonfrist« des § 15 II HGB zwei Wochen nach der Bekanntmachung, also ab dem 16. Februar muß K keine der rechtsgeschäftlichen Handlungen des P mehr gegen sich gelten lassen, egal ob ein Dritter von dem Erlöschen der Prokura weiß oder nicht.

Vor dem Ablauf der Schonfrist und nach Eintragung hat der Dritte jedoch die Möglichkeit nachzuweisen, daß seine Unkenntnis vom Erlöschen der Prokura unverschuldet war.

*Beispiel: Erbost über den Prokuraentzug kauft P Anfang März im Namen des K bei Walt Disney Aktien des neuen »Eurodisney« in Paris, die niemand haben wollte. K haftet nicht für die Zahlung des Aktienpaketes: Walt Disney muß sich entgegenhalten lassen, daß P den K nicht mehr vertreten konnte.*

Ein Vertrauensschutz über den § 15 II HGB hinaus besteht nur in Ausnahmefällen, nämlich bei mißbräuchlicher Berufung auf die Publizität des Handelsregisters oder bei besonderen Vertragsbeziehungen zwischen den Vertragsparteien (ständige Geschäftsbeziehungen erfordern eine gesonderte, persönliche Benachrichtigung).

## »Negative« Publizität des Handelsregisters

»Schweigen des Handelsregisters«

*Schutz Dritter bei Nichteintragung, § 15 I HGB:*

- Eintragungspflichtige Tatsache
- nicht eingetragen und / oder nicht bekanntgemacht
- Angelegenheit des Eintragungspflichtigen
- keine positive Kenntnis des Dritten
- Kausalität zwischen der Annahme des Nichtbestehens der einzutragenden Tatsache und des Verhalten des Dritten (abstrakte Kausalität ist ausreichend)
- zum Geschäftsverkehr gehöriger Vorgang

↳ Der Dritte hat ein Wahlrecht:

- Er kann die Rechte geltend machen die sich bei Berufung auf § 15 I HGB (unter Außerachtlassung der einzutragenden Tatsache) ergeben
- Er kann sich aber auch auf die wahre Sachlage stützen

*Beispiel: Angenommen, der Filmhändler K hat den Widerruf der Prokura des P nicht ins Handelsregister eintragen lassen, weil P nur kurzfristig Prokurist war und auch seine Bestellung nicht eingetragen wurde. Da die Erteilung nicht eingetragen wurde, dachte K, »muß das Erlöschen der Prokura auch nicht eingetragen werden«. Wie stellt sich nun die Situation mit dem Kauf der Aktien von Eurodisney dar?*

Die Prokura ist mit dem Widerruf erloschen, § 52 I HGB. Zugunsten Walt Disneys könnte sie aber über § 15 I HGB fingiert werden: Die Pflicht zur Eintragung des Widerrufes, § 53 III HGB, besteht auch bei fehlender Voreintragung der Prokura. Die Tatsache (Widerruf) war in Angelegenheit des K einzutragen, der dadurch von der Bindung der Vertretungsmacht des P gelöst wäre. Der Widerruf war weder eingetragen worden noch bekanntgemacht. Walt Disney wußte weder von der Bestellung noch vom Widerruf. Er muß auch nicht auf die frühere Sachlage (Prokura) und deren Fortbestand vertraut haben, eine abstrakte Kausalität reicht hier aus. Da die Voraussetzungen des § 15 I HGB erfüllt sind, kann sich K nicht auf das Erlöschen der Prokura berufen. Walt Disney kann wählen, ob er die unterlassene Eintragung des Erlöschens der Prokura (P konnte K dadurch weiterhin vertreten) oder die richtige Sachlage (P war zum Zeitpunkt des Vertragsschlusses kein Prokurist mehr) für sich gelten lassen will.

## »Positive« Publizität des Handelsregisters

»Reden des Handelsregisters«

*Schutz Dritter bei Unrichtigkeit, § 15 III HGB:*

- Eintragungspflichtige Tatsache
- Unrichtigkeit der Bekanntmachung
- Zurechenbarkeit (Verschulden ist nicht notwendig)
- Kausalität zwischen Annahme des Bestehens der bekanntgemachten Tatsache und des Verhaltens des Dritten (abstrakte Kausalität ist ausreichend)
- keine positive Kenntnis des Dritten von der Unrichtigkeit
- zum Geschäftsverkehr gehörender Vorgang

↳ Der Dritte hat ein Wahlrecht:

- Er kann die Rechte geltend machen die sich bei Berufung auf § 15 III HGB (aus der bekannt gemachten unrichtigen Tatsache) ergeben
- Er kann sich aber auch auf die wahre, wenn auch nicht bekannt gemachte Sachlage stützen

*Beispiel: K findet kurze Zeit darauf den, so hofft er, fähigen G. Er erklärt G zu seinem neuen Prokuristen. K meldet die Erteilung im Handelsregister zur Eintragung an. Leider unterläuft ihm erneut ein Mißgeschick, indem er versehentlich T als Prokuristen angibt. Eingetragen und bekanntgemacht wird im hiesigen Tageblatt, daß dem T, einem stadtbekannten Trinker, Prokura erteilt wurde. T freut sich ungemein und kauft bei Feinkost F im Namen von K eine Wagenladung »Glenfiddich«.*

Hier hat K die falsche Bekanntmachung veranlaßt. Für die (abstrakte) Kausalität ist es weder erforderlich, daß der Dritte das Handelsregister eingesehen hat, noch daß er von der Bekanntmachung erfahren hat. Der Dritte, also F, kann sich auf die Richtigkeit der Bekanntmachung und damit auf das Bestehen der Prokura des T verlassen, sofern für F deren Mißbrauch nicht ersichtlich ist. Wegen der Bezahlung kann er sich an K wenden.

Problematisch ist aber die Zurechenbarkeit, wenn K den G richtig anmeldet, dieser auch richtig eingetragen wird, aber im Tageblatt infolge eines Schreibfehlers T zum Prokuristen »gemacht« wird. Auch dann muß K zahlen. Durch die Anmeldung zur Eintragung des G als Prokurist hat K einen Kausalverlauf in Gang gesetzt. Einen Schreibfehler in der Tageszeitung muß K, als in seinen Risikobereich gehörend, gegen sich wirken lassen.

## Die Regelungslücke in § 15 HGB

Weitere Rechtsscheinstatbestände

Einige Konstellationen sind in § 15 HGB unbeachtet geblieben. Hierzu zählen: Eintragungspflichtige Tatsachen, die im Handelsregister falsch eingetragen, aber richtig bekannt gemacht wurden oder, wenn nicht eintragungspflichtige Tatsachen unrichtig offengelegt werden. In diesen Fällen tritt die Lehre von der Rechtsscheinhaftung als Grundlage des Vertrauensschutzes neben die Auslegung des § 15 III HGB. Der Grundgedanke der Lehre des Rechtsscheins ist die Zurechenbarkeit eines Verhaltens. Wer in zurechenbarer Weise einen Rechtsschein erzeugt (veranlaßt oder verschuldet), muß diesen grundsätzlich gegen sich gelten lassen.

Veranlasser- oder Verschuldensprinzip

Im Zusammenhang mit Handelsregistereintragungen bedeutet dies: Wer eine ihn betreffende unrichtige Handelsregistereintragung durch unrichtige Anmeldung veranlaßt (Veranlasserprinzip) oder wer eine ihn betreffende unrichtige Eintragung schuldhaft nicht berichtigen läßt (Verschuldensprinzip), muß sie gegen sich gelten lassen. Dies gilt jedoch nur, wenn ein Dritter die Unrichtigkeit weder kennt noch fahrlässig verkennt und auf den durch die Eintragung erzeugten Rechtsschein konkret vertraut hat.

*Schutz Dritter nach allgemeinen Rechtsscheinsgrundsätzen:*

- Vorliegen eines Scheintatbestandes, z.B. Unrichtigkeit einer Eintragung, aber richtige Bekanntmachung
- Zurechenbarkeit auf den (geschäftsfähigen) Erzeuger des Rechtsscheins (Veranlasser- oder Verschuldensprinzip), z.B. Anmeldung einer falschen Eintragung im Handelsregister oder Unterlassen deren Berichtigung
- unverschuldete Unkenntnis des Dritten (fahrlässige Unkenntnis hindert bereits den Vertrauensschutz)
- konkrete Kausalität zwischen dem Scheintatbestand und dem Verhalten des Dritten wird widerlegbar vermutet

↳ Der Dritte kann sich auf den gesetzten Rechtsschein, z.B. auf die unrichtige Eintragung berufen
Er kann sich aber auch die wahre Sachlage stützen

*Beispiel: G wurde zwar richtig als neuer Prokurist im Tageblatt bekannt gegeben, dennoch ist T im Handelsregister eingetragen. Auch hier wird das Vertrauen auf die Handelsregistereintragung geschützt.*

*Fall: Die Kaiser-OHG (bei ihr ist der Kunde König) verkauft exklusive Möbel. Das Geschäft expandiert schneller als die Gesellschafter zu träumen wagten. Um neue Filialen einzurichten, benötigt die Kaiser-OHG weiteres Kapital. Als neuer Gesellschafter wird schließlich der kapitalkräftige Möllemann (M) gefunden und am 2.1. zur Eintragung ins Handelsregister angemeldet.*

*Infolge eines Schreibfehlers wird aber versehentlich der Angestellte Bangemann (B) als neuer Gesellschafter eingetragen und bekanntgemacht. Dieser Fehler wird nicht bemerkt. Als schließlich M nach einem halben Jahr am 30.6. wieder aus der Gesellschaft ausscheidet, unterbleibt aus Nachlässigkeit sowohl die Anmeldung des Ausscheidens im Handelsregister als auch die Korrektur des ursprünglichen Fehlers.*

*Am 10.7. kauft die K-OHG neue Designermöbel. Kann sich der Verkäufer (V) wegen der Kaufpreisforderung an den ausgeschiedenen M oder auch an den ahnungslosen B halten?*

*Es handelt sich bei der Kaufpreisschuld um eine Gesellschaftsschuld, für die die OHG und ihre vollhaftenden Gesellschafter einzustehen haben. Fraglich ist, ob die Personen M und B am 10.7 Gesellschafter sind oder gem. § 15 HGB aufgrund des gesetzten Rechtsscheins als solche in Anspruch genommen werden können.*

Fall: § 15 I HGB (negative Publizität)

*Der Anspruch gegen M: V könnte gegen M einen Anspruch aus §§ 128, 124 I HGB i.V.m. § 433 II BGB haben. Dazu müßte M Gesellschafter der OHG sein.*

*M ist am 30.6. aus der OHG ausgeschieden und ist damit zum Zeitpunkt des rechtsbegründenden Vorganges nicht mehr Gesellschafter der OHG. Die Frage ist, ob M sein Auscheiden dem V entgegenhalten kann. Das Ausscheiden hätte im Handelsregister offengelegt und bekannt gemacht werden müssen. Dadurch wäre der Rechtsverkehr informiert und M geschützt. Da dies nicht geschehen ist, könnte § 15 I HGB zum Zuge kommen, der das Vertrauen Dritter auf das »Schweigen« des Handelsregisters schützt, auch wenn sich die wirkliche Rechtslage geändert hat.*

*Es sind daher die einzelnen Voraussetzungen des § 15 I HGB zu prüfen: Beim Ausscheiden des M handelt es sich um eine eintragungspflichtige Tatsache gem. § 143 II HGB in Angelegenheit des M. Mangels Anmeldung unterblieb sowohl die Eintragung als auch deren Bekanntmachung.*

*Der Sachverhalt enthält keine Hinweise, daß V eine positive Kenntnis über das Ausscheiden des M hatte. Nicht notwendig ist, daß V auf die frühere Sachlage und den unveränderten Fortbestand der Gesellschafterstellung des M vertraut haben muß. Auch auf die Einsichtnahme im Handelsregister kommt es nicht an. Unerheblich ist auch, daß der Eintritt des M in die OHG nicht richtig eintragen und bekannt gemacht worden ist. Es genügt eine sog. abstrakte Kausalität. Problematisch wäre es allenfalls, wenn M auch sonst nie als OHG-Gesellschafter in Erscheinung getreten wäre und dadurch zu keinem Zeitpunkt das Vertrauer eines Dritten auf die Gesellschafterstellung des M gerechtfertigt wäre.*

*Der Kauf der Möbel gehört zum Geschäftsverkehr der OHG. Damit sind alle Tatbestandsmerkmale des § 15 I HGB erfüllt; Obwohl das Ausscheiden des M aus der OHG am 30.6. wirksam war, ergibt sich als Rechtsfolge des § 15 I HGB, daß dies dem V nicht engegenhalten werden kann. M muß sich so behandeln lassen als wäre er noch Gesellschafter der OHG. V kann von M die Kaufpreiszahlung verlangen. Gegenüber der K-OHG hätte M im Falle der Inanspruchnahme dann nur einen Ausgleichsanspruch.*

*Der Anspruch gegen B: V könnte gegen B den gleichen Anspruch wie gegen M haben, sofern er als Gesellschafter der K-OHG gilt.*

Fall: § 15 III HGB (positive Publizität)

*Tatsächlich ist und war B niemals Gesellschafter der OHG. Fraglich ist jedoch, ob B wie ein Gesellschafter der OHG behandelt werden kann, denn § 15 III HGB schützt das Vertrauen Dritter auf das »Reden« des Handelsregisters.*

*Durch die Verwechslung des M mit B wurde eine unwahre Tatsache fälschlicherweise offengelegt. Unterstellt man, daß B in die OHG eingetreten wäre, so wäre dies eine einzutragende Tatsache. Da B aber nie in die Gesellschafterstellung eingetreten ist, liegt ein Diskrepanz zwischen wahrer und bekanntgemachter Rechtslage vor. Davon hatte jedoch V keine Kenntnis, auch konkrete Kausalität zwischen der Sachlage und dem Verhalten des V ist nicht erforderlich. Fraglich ist jedoch, ob die falsche Bekanntmachung dem von ihr Betroffenen B zurechenbar ist. Da B die Eintragung weder veranlaßt hat, noch B ein sonstiges Verschulden trifft, wäre es unbillig, ihn als Unbeteiligten mit dem Haftungsrisiko zu belasten.*

*V kann von B die Kaufpreiszahlung nicht verlangen.*

# 3. Handelsfirma

FIRMA IST DER NAME DES UNTERNEHMENS

Die Firma ist der Handelsname des Kaufmanns bzw. der Handelsgesellschaft

Die Firma ist der Handelsname des Kaufmanns bzw. der Handelsgesellschaft. Der Name eines Unternehmens steht oft für die Qualität des Unternehmens und seiner Produkte, Dienstleistungen etc. Er hat insofern einen bestimmten Wert. Die Firma kann deshalb auch veräußert werden, jedoch nur zusammen mit dem Unternehmen. Der bis dahin erworbenen Kundenstamm kann dadurch erhalten werden. Jeder Vollkaufmann und jede Handelsgesellschaft muß eine Firma führen. Der Minderkaufmann (§ 4 HGB) und der Nichtkaufmann darf jedoch keine Firma haben.

*Es gibt folgende Arten vom Firmen:*

- Personenfirma, z.B. Heinrich Kaml
- Sachfirma, z.B. Volkswagen AG
- Mischfirma, z.B. Kaufhaus Huber GmbH

Zur Firma können Firmenzusätze verwendet werden, z.B. Heinrich Kaml - Metallbau. Ersteres bezeichnet man in diesem Fall als Firmenkern, zweiteres als Firmenzusatz. Von der Firma zu unterscheiden sind die gerne verwendeten Geschäftsbezeichnungen wie z.B. Gasthaus zur Post und Warenzeichen wie z.B. Nutella.

## 3.1. Die Firma des Kaufmanns

### Begriff der Firma

**§ 17 HGB**

(1) Die Firma eines Kaufmanns ist der Name, unter dem er im Handel seine Geschäfte betreibt und die Unterschrift abgibt.

(2) Ein Kaufmann kann unter seiner Firma klagen und verklagt werden.

Der Name des Unternehmens (Firma) hat klarzustellen, um welche Art von Unternehmen es sich handelt. Die Firma darf zu keinen Irreführungen verleiten, die eine Täuschung über das Geschäft oder über die Haftungsverhältnisse bewirken könnten.

### Firma des Einzelkaufmanns

**§ 18 HGB**

(1) Ein Kaufmann, der sein Geschäft ohne Gesellschafter oder nur mit einem stillen Gesellschafter betreibt, hat seinen Familiennamen mit mindestens einem ausgeschriebenen Vornamen als Firma zu führen.

(2 Der Firma darf kein Zusatz beigefügt werden, der ein Gesellschaftsverhältnis andeutet oder sonst geeignet ist, eine Täuschung über die Art oder den Umfang des Geschäfts oder die Verhältnisse des Geschäftsinhabers herbeizuführen. Zusätze, die zur Unterscheidung der Person oder des Geschäfts dienen, sind gestattet.

Der Einzelkaufmann muß seinen ausgeschriebenen Namen als Firma führen

Der Großteil aller deutschen Unternehmen sind Einzelunternehmen. Der Inhaber eines Einzelunternehmens bringt selbst das Eigenkapital auf und trägt auch das Haftungsrisiko alleine. Übt ein Einzelunternehmer sein Unternehmen in kaufmännischer Art und Weise aus, so ist er berechtigt und verpflichtet, seinem Unternehmen einen Namen zu geben. Von Einzelkaufleuten wird verlangt, daß darin ihr Vor- und Nachname aufgeführt sind. Die Firma darf keine Zusätze enthalten, die ein Gesellschaftsverhältnis andeuten. Die Firma eines Einzelkaufmanns könnte z.B. Franz Meier (Computer-Service) lauten.

Minderkaufleute und erst recht Nichtkaufleute, wie z.B. Ärzte, Künstler und andere freiberuflich Tätige, haben keine Firma, sondern allenfalls ihrem Namen beigefügte Zusätze bzw. Bezeichnungen ihrer Tätigkeiten.

**§ 19 HGB**

## Firma einer Handelsgesellschaft

(1) Die Firma einer offenen Handelsgesellschaft hat den Namen wenigstens eines der Gesellschafter mit einem das Vorhandensein einer Gesellschaft andeutenden Zusatz oder die Namen aller Gesellschafter zu enthalten.

(2) Die Firma einer Kommanditgesellschaft hat den Namen wenigstens eines persönlich haftenden Gesellschafters mit einem das Vorhandensein einer Gesellschaft andeutenden Zusatze zu enthalten.

(3) Die Beifügung von Vornamen ist nicht erforderlich.

(4) Die Namen anderer Personen als der persönlich haftenden Gesellschafter dürfen in die Firma einer offenen Handelsgesellschaft oder einer Kommanditgesellschaft nicht aufgenommen werden.

(5) Ist kein persönlich haftender Gesellschafter eine natürliche Person, so muß die Firma, auch wenn sie nach den §§ 21, 22, 24 oder nach anderen gesetzlichen Vorschriften fortgeführt wird, eine Bezeichnung enthalten, welche die Haftungbeschränkung kennzeichnet. Dies gilt nicht, wenn zu den persönlich haftenden Gesellschaftern eine andere offene Handelsgesellschaft oder Kommanditgesellschaft gehört, bei der ein persönlich haftender Gesellschafter eine natürliche Person ist.

Die Firma einer Handelsgesellschaft muß Aufschluß über die Art der Gesellschaftsform geben

Die Firma einer OHG könnte z.B. Schulze & Co lauten. Je mehr Gesellschafter vorhanden sind, desto bessere Chancen bestehen für Gläubiger, daß ihre Ansprüche befriedigt werden. Die Firma einer KG bestimmt sich nach den gleichen Grundsätzen. Namen von Kommanditisten dürfen nicht mit aufgenommen werden. Bei Personengesellschaften, die keine natürliche Person als vollhaftenden Gesellschafter haben, muß dies deutlich aus der Firmenbezeichnung hervorgehen z.B. Springer-Verlag GmbH & Co. KG.

Die Anforderungen an die Firmen der GmbH, AG und Genossenschaft richten sich nach den jeweiligen Gesetzen. Die Firma einer GmbH kann Personen-, Sach oder Mischfirma sein und muß die Endung GmbH aufweisen, z.B. Robert Bosch GmbH. Die Firma einer Aktiengesellschaft muß Sachfirma sein und zumindest die Abkürzung AG als Zusatz führen, z.B. BMW AG. Die Firma einer Genossenschaft muß auf die Art der Geschäftstätigkeit hinweisen, z.B. Winzergenossenschaft Alzey.

## 3.2. Bildung und Fortführung der Firma

Bei der Gründung eines Unternehmens heißt es: »Dem Kind einen Namen zu geben« (Bildung der Firma). Wird ein Unternehmen von einem anderen erworben, kann ggf. der Name beibehalten werden (Fortführung der Firma). Wird jedoch die Rechtsform des Unternehmens geändert, so muß sich dies auch im Namen des Unternehmens niederschlagen (Änderung der Firma). Dabei sind neben dem wichtigsten Grundsatz der »Firmenwahrheit« einige andere Prinzipien über die Firma zu beachten.

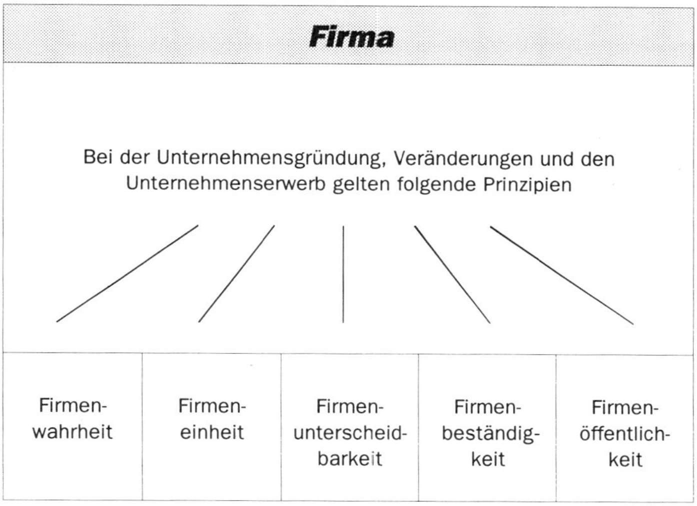


*Grundsätze für Firmen:*

- Firmenwahrheit (Einzelkaufmann § 18 I HGB, Personengesellschaften § 19 HGB, Kapitalgesellschaften § 4 GmbHG, § 4 AktG, Genossenschaft § 3 GenG)
- Firmeneinheit (Grundsätzlich hat ein Unternehmen nur einen Namen nach § 17 HGB)
- Firmenunterscheidbarkeit (Verwechslungen mit anderen Firmen müssen ausgeschlossen sein, § 30 HGB)
- Firmenbeständigkeit (Beibehaltung des Namens bei Veränderungen, eventuell mit Zusätzen, §§ 21 ff HGB)
- Firmenöffentlichkeit (Eintragung der Firma in das Handelsregister, ebenso die Veränderungen, §§ 29, 31, 32 HGB)

## 3.3. Haftung bei Geschäftsfortführung

**§ 25 HGB**

*Haftung*

### Haftung des Erwerbers bei Firmenfortführung

(1) Wer ein unter Lebenden erworbenes Handelsgeschäft unter der bisherigen Firma mit oder ohne Beifügung eines das Nachfolgeverhältnis andeutenden Zusatzes fortführt, haftet für alle im Betriebe des Geschäfts begründeten Verbindlichkeiten des früheren Inhabers. Die in dem Betriebe begründeten Forderungen gelten den Schuldnern gegenüber als auf den Erwerber übergegangen, falls der bisherige Inhaber oder seine Erben in die Fortführung der Firma eingewilligt haben.

(2) Eine abweichende Vereinbarung ist einem Dritten gegenüber nur wirksam, wenn sie in das Handelsregister eingetragen und bekanntgemacht oder von dem Erwerber oder dem Veräußerer dem Dritten mitgeteilt worden ist.

(3) Wird die Firma nicht fortgeführt, so haftet der Erwerber eines Handelsgeschäfts für die früheren Geschäftsverbindlichkeiten nur, wenn ein besonderer Verpflichtungsgrund vorliegt, insbesondere wenn die Übernahme der Verbindlichkeiten in handelsüblicher Weise von dem Erwerber bekanntgemacht worden ist.

*Haftung des Erwerbers für alte Verbindlichkeiten bei rechtsgeschäftlichem Inhaberwechsel § 25 HGB:*

- Vollkaufmännisches Handelsgeschäft
- Rechtsgeschäftlicher Erwerb des Handelsgeschäftes durch den neuen Inhaber (Rechtsschein ist auch Haftungsgrund)
- Kontinuität nach außen muß bestehen bleiben durch:
  - Fortführung der bisherigen Firma
  - Fortführung der Handelsgeschäfte
- Kein Haftungsausschluß, § 25 II HGB

↳ Gesetzlicher Schuldbeitritt

Für Altverbindlichkeiten haftet der alte, wie der neue Inhaber

Die bei rechtsgeschäftlichem Inhaberwechsel angeordnete Haftung gemäß § 25 HGB tritt nur ein, wenn das Handelsgeschäft unter der alten Firma fortgeführt wird (§ 25 I 1 HGB). Ein Haftungsausschluß ist nach § 25 II HGB möglich. Wird die Firma nicht fortgeführt, so setzt die Haftung einen besonderen Verpflichtungsgrund voraus, § 25 III HGB.

Ansonsten sind immer auch Schuldübernahme (§ 414 BGB) Vermögensübernahme (§ 419 BGB), Betriebsübernahme (§ 613a BGB), Schuldbeitritt (§ 305 BGB) möglich.

Neben § 25 HGB gelten weitere Normen:
Schuldübernahme (§ 414 BGB)
Vermögensübernahme (§ 419 BGB)
Betriebsübernahme (§ 613a BGB)
Schuldbeitritt (§ 305 BGB)

*Beispiel: Eugen Klump verkauft seine Firma »Büchergilde Eugen Klump« an Maria von Haagen, die die Firma weiterführt unter der Firmierung »Büchergilde Klump, Inhaberin von Haagen«. Frau von Haagen haftet für sämtliche von Eugen Klump begründeten Betriebsverbindlichkeiten. Würde sie aber unter dem Namen »BUCHKLUB Maria von Haagen« am Markt auftreten, so käme eine Haftung von vornherein nicht in Betracht. Es kommt maßgeblich auf die Unternehmensidentität an. Wesentlich ist, daß die Firma fortgeführt wird und das Unternehmen seine Kontinuität nach außen wahrt.*

Voraussetzung für die Haftung nach § 25 HGB ist: Es muß sich um ein vollkaufmännisches Handelsgeschäft handeln; für Minderkaufleute ist § 25 HGB nicht anwendbar. Es muß ein Handelsgeschäft rechtsgeschäftlich erworben werden, § 25 I 1 HGB: z.B. infolge von Kauf (§§ 433 ff BGB), Schenkung (§§ 516 ff BGB) oder Pacht (§§ 581 ff BGB). Die Kontinuität nach außen muß gewahrt werden. Das Handelsgeschäft und die bisherige Firma werden durch den neuen Inhaber fortgeführt.

Rechtsfolgen nach § 25 I 1 HGB: Der neue Inhaber haftet für Altverbindlichkeiten mit seinem ganzen Vermögen als Gesamtschuldner neben dem Veräußerer. Frau von Haagen haftet für alle im Betrieb des Geschäfts begründeten Verbindlichkeiten.

Ein Haftungsausschluß ist nur unter den Bestimmungen des § 25 II HGB möglich. Danach wird vorausgesetzt, daß der Haftungsauschluß unverzüglich nach Übernahme des Unternehmens im Handelsregister eingetragen und bekanntgemacht wird. Durch die Publizität des Handelsregisters wirkt der Haftungsauschluß dann auch gegen Gläubiger, die ihn nicht kennen. Dieser Haftungsausschluß bezieht sich nur auf § 25 I 1 HGB nicht auf § 25 III HGB.

Daneben gehen sämtliche Forderungen gem. § 25 I 2 HGB auf den neuen Geschäftsinhaber über, sofern der bisherige in die Firmenfortführung einwilligt und keine weiteren Erfordernisse für die Forderungsübertragung gestellt sind.

**§ 26 HGB**

*Haftung*

## Begrenzte Nachhaftung des früheren Inhabers

(1) Ist der Erwerber des Handelsgeschäfts auf Grund der Fortführung der Firma oder auf Grund der in § 25 Abs. 3 bezeichneten Kundmachung für die früheren Geschäftsverbindlichkeiten haftbar, so haftet der frühere Geschäftsinhaber nur, wenn sie vor Ablauf von fünf Jahren fällig und daraus Ansprüche gegen ihn gerichtlich geltend gemacht sind; bei öffentlich-rechtlichen Verbindlichkeiten genügt zur Geltendmachung der Erlaß eines Verwaltungsaktes. Die Frist beginnt im Falle des § 25 Abs. 1 mit dem Ende des Tages, an dem der neue Inhaber der Firma in das Handelsregister des Gerichts der Hauptniederlassung eingetragen worden ist, im Falle des § 25 Abs. 3 mit dem Ende des Tages, an dem die Übernahme kundgemacht wird. ...

(2) Einer gerichtlichen Geltendmachung bedarf es nicht, soweit der frühere Geschäftsinhaber den Anspruch schriftlich anerkannt hat.

Grundsätzlich haftet der frühere Geschäftsinhaber für alte Verbindlichkeiten persönlich. § 26 HGB begrenzt den Zeitraum der Nachhaftung

*Begrenzte Nachhaftung des früheren Geschäftsinhabers, § 26 HGB, für alte Verbindlichkeiten Dritter:*

- Begründung der Verbindlichkeiten durch den früheren Geschäftsinhaber
- Haftung des Erwerbers aus § 25 I 1 HGB oder § 25 III HGB
- Fälligkeit des Anspruches innerhalb von 5 Jahren nach Eintragung bzw. Kundmachung des Inhaberwechsels
- Geltendmachung des Anspruches (entbehrlich bei § 26 II HGB)

↳ Der frühere Geschäftsinhaber haftet grundsätzlich als Vertragspartner persönlich. § 26 HGB begrenzt jedoch den Zeitraum der Nachhaftung auf 5 Jahre (ab Eintragung)

Der alte Geschäftsinhaber haftet 5 Jahre, soweit keine befreiende Schuldübernahme durch den Erwerber nach §§ 414 ff BGB vorliegt

Für Geschäftsverbindlichkeiten, die nach dem Geschäftsübergang begründet werden, haftet der Erwerber. Für alte Verbindlichkeiten haftet daneben auch der Veräußerer persönlich. Es besteht eine Gesamtschuldnerschaft für einen Zeitraum von 5 Jahren; erst dann ist der Veräußerer vollends möglicher Haftungsansprüche enthoben. Die Frist läuft ab Eintragung des neuen Geschäftsinhabers in das Handelsregister, bei Fortführung der Firma, § 25 I HGB; bzw. ab Kundmachung, bei Schuldübernahme, § 25 III HGB.

Ähnliches wie für den früheren Inhaber gilt für den ausgeschiedenen Gesellschafter einer Personengesellschaft; vgl. § 160 HGB.

**Haftung des Erben bei Geschäftsfortführung**

**§ 27 HGB**

Haftung

(1) Wird ein zu einem Nachlasse gehörendes Handelsgeschäft von dem Erben fortgeführt, so finden auf die Haftung des Erben für die früheren Geschäftsverbindlichkeiten die Vorschriften des § 25 entsprechende Anwendung.

(2) Die unbeschränkte Haftung nach § 25 Abs. 1 tritt nicht ein, wenn die Fortführung des Geschäfts vor dem Ablaufe von drei Monaten nach dem Zeitpunkt, in welchem der Erbe von dem Anfalle der Erbschaft Kenntnis erlangt hat, eingestellt wird. Auf den Lauf der Frist finden die für die Verjährung geltenden Vorschriften des § 206 des Bürgerlichen Gesetzbuches entsprechende Anwendung. Ist bei dem Ablaufe der drei Monate das Recht zur Ausschlagung der Erbschaft noch nicht verloren gegangen, so endigt die Frist nicht vor dem Ablaufe der Ausschlagungsfrist.

*Haftung des Erben als neuer Geschäftsinhaber, § 27 HGB, für alte Verbindlichkeiten:*

- Vollkaufmännisches Handelsgeschäft
- zum Nachlaß gehörend (keine Auschlagung, §§ 1944 ff BGB oder Anfechtung der Annahme, §§ 1954 ff BGB)
- Fortführung der bisherigen Firma durch den Erben
- keine Einstellung des Geschäfts innerhalb von 3 Monaten (§ 27 II HGB)
- keine Eintragung einer Haftungsbeschränkung (§§ 27 I, 25 II HGB)

↳ Der Erbe haftet wie der Erwerber nach § 25 HGB; die Haftungsbeschränkung auf den Nachlaß entfällt

*Beispiel: Franz Klump erbt von seinem Vater die »Büchergilde Eugen Klump« und führt dieses Unternehmen fort. Um die volle Haftung zu umgehen, läßt Franz Klump unverzüglich im Handelsregister eintragen und bekanntmachen, daß er für alte Verbindlichkeiten seines Vaters nicht hafte.*

Mit dem Erbfall geht die Erbschaft als Ganzes über § 1922 BGB

Eine solche Haftungsbeschränkung ist zwar möglich, damit aber alte Gläubiger durch den Todesfall des ursprünglichen Schuldners nicht vollends leerlaufen, kann zumindest eine Haftung mit dem Nachlaß nicht ausgeschlossen werden. Es wäre ein unbilliges Ergebnis, wenn der Erbe sich der Altgläubiger so einfach entledigen könnte.

**§ 28 HGB**

*Haftung*

## Eintritt in das Geschäft eines Einzelkaufmanns

(1) Tritt jemand als persönlich haftender Gesellschafter oder als Kommanditist in das Geschäft eines Einzelkaufmanns ein, so haftet die Gesellschaft, auch wenn sie die frühere Firma nicht fortführt, für alle im Betriebe des Geschäfts entstandenen Verbindlichkeiten des früheren Geschäftsinhabers. Die in dem Betriebe begründeten Forderungen gelten den Schuldnern gegenüber als auf die Gesellschaft übergegangen.

(2) Eine abweichende Vereinbarung ist einem Dritten gegenüber nur wirksam, wenn sie in das Handelsregister eingetragen und bekanntgemacht oder von einem Gesellschafter dem Dritten mitgeteilt worden ist.

*Gründung einer Handelsgesellschaft, § 28 HGB*
*Haftung des Teilhabers für alte Verbindlichkeiten:*

- voll- oder minderkaufmännisches Geschäft eines Einzelkaufmanns
- Aufnahme eines Teilhabers (Gründung einer Gesellschaft)
- Entstehung eine Handelsgesellschaft (OHG oder KG), spätestens mit dem Zeitpunkt des Eintritts, keine BGB-Gesellschaft vgl. § 4 II HGB
- Übernahme des Geschäfts durch die Gesellschaft (die Firmenfortführung ist unerheblich)
- kein Haftungsausschluß, § 28 II HGB (unverzügliche Eintragung und Bekanntmachung oder Mitteilung)

↳ Gesetzlicher Schuldbeitritt

Mit der Aufnahme eines Teilhabers in das Geschäft eines Einzelkaufmanns entsteht eine OHG; bei Haftungsbeschränkung des Eintretenden eine KG

Entsteht durch den Beitritt eines Teilhabers in das Geschäft eines Einzelkaufmanns eine OHG bzw. eine KG, so haftet diese fortan für die alten Verbindlichkeiten des früheren Geschäftsinhabers. Diese Vorschrift hat große Bedeutung für das Gesellschaftsrecht.

*Beispiel: Frau von Haagen gründet mit Herrn Klump die OHG »Büchergilde von Haagen & Co.«. Herr Klump bringt sein Handelsgeschäft in die OHG ein.*

Gemäß § 28 HGB wird die OHG haftbar für die Geschäftsverbindlichkeiten des Klump. Frau von Haagen haftet nach § 128 HGB (Haftung der Gesellschafter) für Klumps Verbindlichkeiten. Im Unterschied zu § 25 HGB haftet Frau von Haagen auch dann, wenn die OHG die Firma des Klump nicht weiterführt.

## 3.4. Eintragungen der Firma

### Anmeldung der Firma

**§ 29 HGB**

Jeder Kaufmann ist verpflichtet, seine Firma und den Ort seiner Handelsniederlassung bei dem Gericht, in dessen Bezirke sich die Niederlassung befindet, zur Eintragung in das Handelsregister anzumelden; er hat seine Firma zur Aufbewahrung bei dem Gerichte zu zeichnen.

### Änderung oder Erlöschen der Firma

**§ 31 HGB**

(1) Eine Änderung der Firma oder ihrer Inhaber sowie die Verlegung der Niederlassung an einen anderen Ort ist nach den Vorschriften des § 29 zur Eintragung in das Handelsregister anzumelden.

(2) Das gleiche gilt, wenn die Firma erlischt....

Die §§ 29 ff HGB sind Ordnungsvorschriften. Bei Nichtbeachtung dieser Regelungen können die Registergerichte die Zahlung eines Zwangsgeldes festsetzen (§ 14 HGB).

### Konkurs

**§ 32 HGB**

Wird über das Vermögen eines Kaufmanns der Konkurs eröffnet, so ist dies von Amts wegen in das Handelsregister einzutragen. Das gleiche gilt von der Aufhebung des Eröffnungsbeschlusses sowie von der Einstellung und Aufhebung des Konkurses. Eine öffentliche Bekanntmachung der Eintragungen findet nicht statt...

Der Konkurs ist eine Gesamtvollstreckung und betrifft das ganze Vermögen des Schuldners, soweit es der Zwangsvollstreckung unterliegt. Das Konkursverfahren wird am Amtsgericht / Konkursgericht idR. auf Antrag (eines Gläubigers) eröffnet und im Handelsregister eingetragen und bekanntgemacht.

Im Konkursfall gelten die Vorschriften der Konkursordnung

Mit der Eröffnung des Konkurses verliert der Schuldner die Befugnis, über sein zur Konkursmasse gehörendes Vermögen selbst zu verfügen. Diese Rechte sind allein dem Konkursverwalter vorbehalten; er hat ebenso die Aufgaben des Arbeitgebers, insbesondere die Erstellung eines Sozialplans wahrzunehmen.

## 4. Vertretung des Kaufmanns

»Läuft der Laden«, dann braucht der Kaufmann bald einen Vertreter. Die Aufgaben, die der Inhaber eines Handelsgeschäftes auf seine Vertreter übertragen kann, bedürfen einer mehr oder weniger weitreichenden Vertretungsmacht.

Und das heißt: Dritte müssen mit dem Vertreter des Kaufmanns Geschäfte genauso sicher und schnell abschließen können, wie mit dem Inhaber des Handelsgeschäftes selbst. Dies ist nur dann möglich, wenn sie sich auf das Bestehen und auf den Umfang seiner Vertretungsmacht verlassen können.

| Vertretungsmacht zu Rechtsgeschäften | | | |
|---|---|---|---|
| Vertretungs macht im Allgemeinen | Vertretungsmacht im Handelsrecht | Vertretungsmacht gesetzlich | Vertretungsmacht der Organe |
| Bevollmächtigte<br><br>Anscheinsvollmacht<br><br>Duldungsvollmacht | Prokura<br><br>Handlungsvollmacht<br><br>Ladenangestellte | Konkursverwalter<br><br>Eltern<br><br>Vormund | Gesellschafter der OHG, KG<br><br>Geschäftsführer der GmbH<br><br>Vorsitzender der AG<br><br>Vorstand des Vereins |

Man unterscheidet vier Arten der Vertretung

Die Übersicht stellt die verschiedenen Arten der Vertretungsmacht dar. Der Kaufmann kann daher vertreten werden aufgrund von: gewöhnlicher Vollmacht §§ 164 ff BGB, handelsrechtlicher Vollmacht §§ 49 ff HGB, organschaftlicher Vertretungsmacht oder gesetzlicher Vertretungsmacht.

Die beiden ersten bezeichnet man auch als »gewillkürte« Vertretungsmacht, weil sie unter Einhaltung bestimmter Vorschriften willkürlich erteilt und auch wieder entzogen werden können.

Die Vorschriften des BGB über Vertretung (§§ 164-181 BGB) sind auch für die speziellen Vorschriften im HGB grundlegend. Vertretung ist rechtsgeschäftliches Handeln im fremden Namen mit unmittelbarer Wirkung für den Vertretenen.

Vollmacht ist eine durch Rechtsgeschäft erteilte Vertretungsmacht, § 166 II BGB. Inhalt und Umfang einer Vollmacht richten sich nach der Art der Bevollmächtigung, die meist durch Auftrag erteilt wird. Es ist jedoch scharf zu trennen zwischen Vollmacht (§§ 164 ff BGB) und Auftrag (§§ 662 ff BGB). Die Vollmacht betrifft die Rechte des Bevollmächtigten gegenüber Dritten (Außenverhältnis), der Auftrag das Schuldverhältnis zwischen Auftraggeber und Beauftragten (Innenverhältnis).

Nicht verwechseln: Vollmacht und Auftrag

Vollmacht betrifft das Außenverhältnis, Auftrag betrifft das Innenverhältnis

Handelsrechtlichen Vollmachten sind die Prokura (§ 49 ff HGB), die Handlungsvollmacht (§ 54 ff HGB) und die Vertretungsmacht der Ladenangestellten (§ 56 HGB).

Im Kapitel Gesellschaftsrecht finden sich später die besonderen Bestimmungen für die organschaftliche Vertretung, also die Vertretungsmacht der Gesellschafter einer Personengesellschaft, der Geschäftsführers einer GmbH und des Vorstandes einer AG wieder. Gerade für Gesellschaften ist die Frage nach der wirksamen Vertretung von größter Bedeutung, weil sie selbst nicht rechtsgeschäftlich handeln, sprich nur vertreten werden kann.

*Vertragliche Erfüllungsansprüche bei Gesellschaften:*

Die Vertretungsmacht hat zentrale Bedeutung für das Zustandekommen von Verträgen

- Bestehen einer Gesellschaft?
- Kann die Gesellschaft als solche verpflichtet werden?
- Wurde die Gesellschaft wirksam vertreten?
- Inhalt und Wirksamkeit der vertraglichen Einigung

↳ Verschiedene Rechtsfolgen je nach Art der Gesellschaft:

- BGB-Gesellschaft (nicht rechtsfähig): Verpflichtung der Gesellschafter §§ 427, 421 BGB mit ihren Gesellschaftsvermögen §§ 718 f BGB und mit ihrem Privatvermögen
- OHG, KG (teilrechtsfähig): Verpflichtung der Gesellschaft §§ 124 I bzw. 161 II HGB und der Gesellschafter mit ihren Privatvermögen §§ 128 bzw. 171 HGB
- GmbH, AG (als juristische Person voll rechtsfähig): Verpflichtung der Gesellschaft mit ihrem Gesellschaftsvermögen § 13 I, II GmbHG bzw. § 1 I AktG

## 4.1. Bestehen der Vertretungsmacht

Entscheidend für das Bestehen einer rechtsgeschäftlichen Vertretungsmacht ist, daß diese erstens wirksam erteilt wurde und zweitens nicht zwischenzeitlich wieder erloschen ist.

**§ 164 BGB**

### Wirkung der Erklärung des Vertreters

(1) Eine Willenserklärung, die jemand innerhalb der ihm zustehenden Vertretungsmacht im Namen des Vertretenen abgibt, wirkt unmittelbar für und gegen den Vertretenen....

(2) Tritt der Wille, in fremdem Namen zu handeln, nicht erkennbar hervor, so kommt der Mangel des Willens, im eigenen Namen zu handeln, nicht in Betracht....

Die Willenserklärung des berechtigten Vertreters wirkt unmittelbar für und gegen den Vertretenen

*Wirkung der Vertretung nach § 164 I BGB:*

- Eigene Willenserklärung des Vertreters
- Abgabe erkennbar in fremdem Namen
- Vertretungsmacht wirksam erteilt (§ 167 BGB)
- Vertretungsmacht nicht erloschen (§ 168 BGB)

↳ Die Wirkungen des Rechtsgeschäfts treffen allein und unmittelbar den Vertretenen

Eine wirksame Vertretung setzt voraus, daß die Willenserklärung erkennbar im Namen des Vertretenen abgegeben wird.

**§ 167 BGB**

### Erteilung der Vollmacht

(1) Die Erteilung der Vollmacht erfolgt durch Erklärung gegenüber dem zu Bevollmächtigenden oder dem Dritten, dem gegenüber die Vertretung stattfinden soll.

(2) Die Erklärung bedarf nicht der Form, welche für das Rechtsgeschäft bestimmt ist, auf das sich die Vollmacht bezieht.

Eine Vollmacht muß wirksam erteilt und zwischenzeitlich nicht wieder erloschen sein

Die Vollmacht wird durch eine einseitige empfangsbedürftige Willenserklärung begründet (Bevollmächtigung). Sie muß nicht angenommen werden und ist grundsätzlich formfrei. Tritt jemand für einen anderen wie ein Vertreter auf, ohne dazu bevollmächtigt zu sein, so können unter bestimmten Umständen die Grundsätze der Duldungs- oder der Anscheinsvollmacht zum Tragen kommen.

## 4.2. Fehlen der Vertretungsmacht

Für den Fall, daß ein Vertreter ohne Vertretungsmacht handelte oder seine Vertretungsmacht überschritten hat, müssen die Rechte der Parteien dennoch gewahrt bleiben.

### Vertrag durch Vertreter ohne Vertretungsmacht

**§ 177 BGB**

> (1) Schließt jemand ohne Vertretungsmacht im Namen eines anderen einen Vertrag, so hängt die Wirksamkeit des Vertrags für und gegen den Vertretenen von dessen Genehmigung ab....

Der Vertretene kann nach §§ 177 I, 184 BGB den Vertrag genehmigen. Verweigert er die Zustimmung, so ist der Vertreter entweder zur Erfüllung oder zu Schadensersatz verpflichtet, § 179 I BGB.

### Haftung des Vertreters ohne Vertretungsmacht

**§ 179 BGB**

*Haftung*

> (1) Wer als Vertreter einen Vertrag geschlossen hat, ist, sofern er nicht seine Vertretungsmacht nachweist, dem anderen Teile nach dessen Wahl zur Erfüllung oder zum Schadensersatze verpflichtet, wenn der Vertretene die Genehmigung des Vertrags verweigert.
>
> (2) Hat der Vertreter den Mangel der Vertretungsmacht nicht gekannt, so ist er nur zum Ersatze des »Vertrauensschadens« vepflichtet ...
>
> (3) Der Vertreter haftet nicht, wenn der andere Teil den Mangel der Vertretungsmacht kannte oder kennen mußte...

*Anspruch Dritter gegen den Vertreter nach § 179 BGB:*

- Vertretung ohne Vertretungsmacht, § 179 I BGB
- Der Vertretene verweigert die Gemehmigung, § 177 II BGB
- keine Kenntnis des Dritten, § 179 III BGB

↳ Erfüllung des Vertrags, § 179 I BGB oder
↳ Schadensersatz, § 179 I,II BGB

Bei fehlender Vertretungsmacht kann der »Vertretene« wählen zwischen Zustimmung oder Ablehnung. Bei Ablehnung haftet der Vertreter

Die Vertreterhaftung des § 179 BGB ist sowohl bei der gewillkürten Vertretung, als auch bei der gesetzlichen und organschaftlichen Vertretung anwendbar. Der § 179 BGB wurzelt in dem Gedanken, daß der Vertreter ohne Vertretungsmacht ein Vertrauen veranlaßt und enttäuscht hat.

## 4.3. Prokura

Der Prokurist ist die rechte Hand des Kaufmanns

Prokura ist eine handelsrechtliche Vollmacht, also eine durch Rechtsgeschäft erteilte Vertretungsmacht. Prokura erteilen können nur Vollkaufleute. Dritte, die mit dem Prokuristen Geschäfte abschließen, können sich nicht nur auf das Bestehen der Prokura verlassen, sondern auch auf den sehr weiten Umfang seiner Vollmacht, der vom Gesetz zwingend festgelegt ist. Dies dient dem gesteigerten Vertrauensschutz im Handelsverkehr.

**§ 48 HGB**

Vollmacht, § 167 BGB
Eintragung, § 53 I HGB

### Erteilung der Prokura

(1) Die Prokura kann nur von dem Inhaber des Handelsgeschäfts oder seinem gesetzlichen Vertreter und nur mittels ausdrücklicher Erklärung erteilt werden.
(2) Die Erteilung kann an mehrere Personen gemeinschaftlich erfolgen (Gesamtprokura).

*Erteilung der Prokura § 48 HGB:*

- ausdrücklich (eindeutig, nicht konkludent!)
- persönlich durch den Inhaber eines vollkaufmännischen Handelsgeschäftes, also nur von einem Vollkaufmann
- durch Erklärung gegenüber dem Prokuristen oder gegenüber Dritten oder gegenüber der Öffentlichkeit (z.B. über das Handelsregister)
- Prokurist kann nur eine natürliche, zumindest beschränkt geschäftsfähige Person sein
- Die Erteilung der Prokura ist zur Eintragung ins Handelsregister anzumelden (hat deklaratorische Wirkung)

Ein Prokurist will gut ausgewählt sein

Der Kaufmann gibt durch die Bestellung eines Prokuristen fast uneingeschränkt alle unternehmerischen Entscheidungen in die Hand des Prokuristen. Das Risiko trägt grundsätzlich der vertretene Kaufmann.

Um Mißbrauch oder kaufmännische Fehlentscheidungen des einzelnen Prokuristen auszuschalten, kann der Inhaber des Handelsgeschäftes statt Einzelprokura auch Gesamtprokura erteilen, siehe dazu §§ 48 II, 53 I 2 HGB. Das bedeutet, daß mehrere Prokuristen ihn nur gemeinschaftlich vertreten können. Dabei ist es nicht notwendig, daß sie ihn gleichzeitig vertreten. Es genügt, wenn ein

Prokurist ein Rechtsgeschäft abschließt, zu dem der andere Prokurist seine Einwilligung oder Genehmigung erklärt.

### Umfang der Prokura

**§ 49 HGB**

vgl. § 164 ff BGB

(1) Die Prokura ermächtigt zu allen Arten von gerichtlichen und außergerichtlichen Geschäften und Rechtshandlungen, die der Betrieb eines Handelsgewerbes mit sich bringt.
(2) Zur Veräußerung und Belastung von Grundstücken ist der Prokurist nur ermächtigt, wenn ihm diese Befugnis besonders erteilt ist.

*Wirkung der Prokura nach § 49 HGB:*

- Sie muß wirksam erteilt sein, § 48 HGB und
- darf nicht erloschen sein, § 52 HGB
- Beschränkungen nur soweit im HGB bestimmt

↳ Der Prokurist hat unbeschränkbare Vertretungsmacht gemäß §§ 49 I, 50 HGB

↳ Wirksamkeit von Beschränkungen: Nach außen erlaubt sind nur die gesetzliche Gesamtprokura, § 48 II HGB; Filialprokura, § 50 II HGB

↳ Erkennbarer Mißbrauch der Vertretungsmacht als Ausnahme von § 50 I HGB (z.B. Der Vertragspartner des Prokuristen schließt mit diesem vorsätzlich zum Schaden des vertretenen Kaufmanns ab)

Die Prokura ist die umfangreichste, gesetzlich geregelte Vertretungsmacht

Der Prokurist ist zu Geschäften jeder Art ermächtigt, die der Betrieb eines Handelsgewerbes mit sich bringt. Der Prokurist darf: Verträge schließen, Prozesse führen, Personal einstellen, Vollmachten einräumen, Kredite aufnehmen, Filialen errichten (bzw. schließen), Unternehmen und Beteiligungen erwerben.

Der Prokurist darf nicht: Das Handelsgeschäft einstellen oder veräußern, den Betrieb »an sich« ändern (aus dem Designer-Einrichtungshaus wird ab sofort ein Fischereigroßhandel), Gesellschafter aufnehmen oder Konkurs beantragen sowie Grundstücke veräußern oder belasten.

### Beschränkung des Umfanges

**§ 50 HGB**

(1) Eine Beschränkung des Umfanges der Prokura ist Dritten gegenüber unwirksam.

Gegenüber Dritten bleibt der in § 49 HGB definierte Umfang der Prokura immer gleich. Es darf aber kein Mißbrauch vorliegen. Nur im geschäftsinternen Verhältnis zwischen Prokuristen und Kaufmann sind Beschränkungen möglich. Überschreitet sie der Prokurist, führt dies zu einer internen Schadensersatzpflicht.

**§ 52 HGB**

## Erlöschen der Prokura

(1) Die Prokura ist ohne Rücksicht auf das der Erteilung zugrunde liegende Rechtsverhältnis jederzeit widerruflich, unbeschadet des Anspruchs auf die vertragsmäßige Vergütung.

(2) Die Prokura ist nicht übertragbar.

(3) Die Prokura erlischt nicht durch den Tod des Inhabers des Handelsgeschäfts.

*Erlöschen der Prokura nach § 52 I HGB:*

- jederzeit formlos durch Widerruf des Geschäftsinhabers gegenüber dem Prokuristen oder Dritten
- insbesondere durch Eintragung im Handelsregister und Bekanntmachung § 53 III HGB. Bei Nichteintragung gilt Gutglaubensschutz gem. § 15 I HGB
- bei Einstellung oder Veräußerung des Handelsgeschäftes
- bei Tod des Prokuristen
- wenn der Prokurist zum Inhaber des Handelsgeschäftes wird

Das Erlöschen der Prokura muß immer ins Handelsregister eingetragen werden

**§ 53 HGB**

## Anmeldung der Erteilung und des Erlöschens

(1) Die Erteilung der Prokura ist von dem Inhaber des Handelsgeschäfts zur Eintragung in das Handelsregister anzumelden. Ist die Prokura als Gesamtprokura erteilt, so muß auch dies zur Eintragung angemeldet werden...

(3) Das Erlöschen der Prokura ist in gleicher Weise wie die Erteilung zur Eintragung anzumelden.

Beachten Sie die Publizität des Handelsregisters (§ 15 HGB)

Die Eintragung in das Handelsregister wirkt deklaratorisch, ist also keine Wirksamkeitsvoraussetzung. Probleme gibt es immer dann, wenn die Erteilung oder (noch schlimmer) der Widerruf der Prokura nicht oder falsch eingetragen werden. Dann genießt der Vertragsgegner den Vertrauensschutz mit Hinweis auf § 15 HGB. Konstellationen dieser Art sind beliebte Problemstellungen in Prüfungsaufgaben.

## 4.4. Handlungsvollmacht

Die Handlungsvollmacht ist wie die Prokura eine besondere Art der rechtsgeschäftlichen Vertretungsmacht. Anders als die Prokura kann die Handlungsvollmacht verschiedenen Inhalt haben.

### Handlungsvollmacht

**§ 54 HGB**

vgl. § 164 ff BGB

(1) Ist jemand ohne Erteilung der Prokura zum Betrieb eines Handelsgewerbes oder zur Vornahme einer bestimmten zu einem Handelsgewerbe gehörigen Art von Geschäften oder zur Vornahme einzelner zu einem Handelsgewerbe gehöriger Geschäfte ermächtigt, so erstreckt sich die Vollmacht (Handlungsvollmacht) auf alle Geschäfte und Rechtshandlungen, die der Betrieb eines derartigen Handelsgewerbes oder die Vornahme derartiger Geschäfte gewöhnlich mit sich bringt.

(2) Zur Veräußerung oder Belastung von Grundstücken, zur Eingehung von Wechselverbindlichkeiten, zur Aufnahme von Darlehen und zur Prozeßführung ist der Handlungsbevollmächtigte nur ermächtigt, wenn ihm eine solche Befugnis besonders erteilt ist.

(3) Sonstige Beschränkungen der Handlungsvollmacht braucht ein Dritter nur dann gegen sich gelten zu lassen, wenn er sie kannte oder kennen mußte.

*Wirkung der Handlungsvollmacht nach § 54 HGB:*

- Wirksam erteilt durch einen Kaufmann (auch durch Minderkaufmann möglich) oder eines dazu Bevollmächtigten und
- nicht erloschen (nach allgemeinen Regeln des BGB)

↳ Der Handlungsbevollmächtigte hat Vertretungsmacht im Rahmen des vom Vollmachtgeber rechtsgeschäftlich bestimmten Umfangs

↳ Zugunsten des gutgläubigen Dritten gilt die gesetzliche Vermutung, das die Vertretungsmacht gemäß § 54 HGB die branchenüblichen Geschäfte umfaßt

Eine Handlungsvollmacht ist jede von einem Kaufmann erteilte Vollmacht, die keine Prokura ist. Sie kann persönlich oder durch einen Bevollmächtigten erteilt werden. Die Erteilung kann ausdrücklich, aber auch konkludent erfolgen.

Die Handlungsvollmacht ist jede von einem Kaufmann erteilte Vertretungsmacht, die keine Prokura ist

Die Handlungsvollmacht ist auf jede nach §§ 167, 171 BGB zulässige Weise, auch über eine Duldungs- oder Anscheinsvollmacht möglich. Der Umfang einer Handlungsvollmacht wird per Gesetz über die in § 49 II HGB für die Prokura geltenden Beschränkungen weiter durch § 54 II HGB eingeschränkt. Sie bezieht sich meist auf eine bestimmte Art von rechtsgeschäftlichem Tätigwerden.

**§ 55 HGB**

vgl. § 54 HGB

**Vollmacht des Abschlußvertreters**

(1) Die Vorschriften des § 54 finden auch Anwendung auf Handlungsbevollmächtigte, die Handelsvertreter sind oder die als Handlungsgehilfen damit betraut sind, außerhalb des Betriebes des Prinzipals Geschäfte in dessen Namen abzuschließen.

(2) Die ihnen erteilte Vollmacht zum Abschluß von Geschäften bevollmächtigt sie nicht, abgeschlossene Verträge zu ändern, insbesondere Zahlungsfristen zu gewähren.

(3) Zur Annahme von Zahlungen sind sie nur berechtigt, wenn sie dazu bevollmächtigt sind.

(4) Sie gelten als ermächtigt, die Anzeige von Mängeln einer Ware sowie ähnliche Erklärungen, durch die ein Dritter seine Rechte aus mangelhafter Leistung geltend macht oder sie vorbehält, entgegenzunehmen; sie können die dem Unternehmer (Prinzipal) zustehenden Rechte auf Sicherung des Beweises geltend machen.

Handelsvertreter oder im Außendienst eines Betriebes Tätige

*Wirkung der Abschlußvollmacht:*

- Selbständiger Abschlußvertreter, §§ 55 I, 54 I HGB oder im Außendienst tätiger Handlungsbevollmächtigter
- kein Vertreter ohne Abschlußvollmacht, §§ 91 II 1,2 HGB oder Vermittlungsgehilfe, § 75g HGB

↳ Die gesetzliche Vermutung des Mindestumfangs der Vertretungsmacht gilt gemäß § 54 I HGB

↳ Beschränkungen aber durch § 54 II, III HGB

Die Abschlußvollmacht umfaßt auch die Durchführung abgeschlossener Geschäfte, wie Mahnungen schreiben, Fristen setzen, Mängelrügen erheben. Ebenso die Entgegennahme von Erklärungen, z.B. Rücktritt, Wandelung oder Schadensersatzverlangen wegen Schlechterfüllung etc.. Nicht von der Vollmacht getragen, wird die Änderung von Verträgen, § 55 II HGB.

## 4.5. Ladenangestellte

Ladenangestellte besitzen eine Vollmacht, die ihnen aufgrund ihrer Tätigkeit per Gesetz gegeben wird. Diese Anscheinsvollmacht begründet zum Schutz, des gutgläubigen Kunden, die Vermutung, daß eine Vollmacht mit bestimmtem Umfang besteht. Indem der Inhaber seinem Angestellten im Laden eine Stellung gibt, die verkehrstypisch bestimmte Vollmachten beinhaltet, schafft er einen Rechtsschein.

**§ 56 HGB**

vgl. § 164 ff BGB
vgl. Anscheinsvollmacht
vgl. Duldungsvollmacht

### Vertretungsmacht von Ladenangestellten

Wer in einem Laden oder in einem offenen Warenlager angestellt ist, gilt als ermächtigt zu Verkäufen und Empfangnahmen, die in einem derartigen Laden oder Warenlager gewöhnlich geschehen.

Ladenangestellte sind »automatisch« mit gewissen Vollmachten ausgestattet

*Vertretungsmacht des Ladenangestellten § 56 HGB:*

- Es ist keine Handlungsvollmacht i.S.d. § 54 HGB erteilt
- Es handelt sich um einen Laden oder ein offenes Warenlager (Verkaufsstätten, zu denen Kunden freien Eintritt haben)
- Die Person, die dem Kunden gegenüber auftritt, muß mit Wissen und Wollen des Inhabers im Verkauf arbeiten
- Es muß sich um Tätigkeiten handeln, die in solchen Verkaufsstätten typisch sind (z.B. Auslieferung, Kaufpreiszahlung, Mängelanzeigen)
- Ein örtlicher Zusammenhang zwischen Laden und Tätigkeit muß vorliegen
- Der Dritte muß gutgläubig sein

↳ Die angestellte Person hat Vertretungsmacht aufgrund des Rechtsscheins

*Beispiel: Der gutgläubige Käufer kann mit dem Ladenangestellten Geschäfte abwickeln und beim Kauf einer Sache den Kaufpreis mit »befreiender« Wirkung gegenüber dem Geschäftsinhaber bezahlen.*

Neben der gesetzlichen Anscheinsvollmacht des § 56 HGB gibt es noch andere Formen anerkannter, nicht rechtsgeschäftlich erteilter Vollmachten (Duldungsvollmacht, Anscheinsvollmacht).

## 5. Schuldhaftes Verhalten

»Wo gehobelt wird, da fallen Späne«, gilt mitunter als Rechtfertigung dafür, daß hin und wieder auch Fehler gemacht werden. Wird aber dabei einem anderen schuldhaft ein Schaden zugefügt, so ist zu klären, wer dafür aufzukommen hat.

Ansprüche auf Schadensersatz setzen i.d.R. ein schuldhaftes Verhalten voraus

Verhält sich eine Hilfsperson des Kaufmanns, der Inhaber eines Geschäftsbetriebs selbst oder ein Gesellschafter schuldhaft gegenüber Dritten, so stellt sich die Frage: Auf wen kann dieses Verhalten zugerechnet werden? Zum einen könnte das die handelnde Person selbst sein, zum anderen aber auch der Kaufmann, in dessen Bereich sie tätig geworden ist.

Gerade für Gesellschaften ist die Frage nach der Zurechenbarkeit eines schuldhaften Verhaltens von größter Bedeutung, weil diese selbst keinen Schaden anrichten können, sondern nur die für sie handelnden Personen.

*Schadensersatzansprüche gegen Gesellschaften:*

- Bestehen einer Gesellschaft?
- Kann die Gesellschaft als solche verpflichtet werden?
- Handlung die zum Schadensersatz verpflichtet?
- Zurechenbarkeit des Handelns auf die Gesellschaft:

- Organhaftung § 31 BGB: analoge Anwendung auf die GmbH bzw. AG; auch auf die OHG bzw. KG; keine Anwendung auf die BGB-Gesellschaft
- Haftung für den Erfüllungsgehilfen § 278 BGB
- Haftung für den Verrichtungsgehilfen § 831 BGB (eigene Anspruchsgrundlage)

↳ Verschiedene Rechtsfolgen je nach Art der Gesellschaft:

- BGB-Gesellschaft (nicht rechtsfähig): Verpflichtung der Gesellschafter, §§ 427, 421 BGB mit ihrem Gesellschaftsvermögen §§ 718 f BGB und mit ihrem Privatvermögen
- OHG, KG (teilrechtsfähig): Verpflichtung der Gesellschaft §§ 124 I bzw. 161 II HGB und der Gesellschafter mit ihren Privatvermögen §§ 128 bzw. 171 HGB
- GmbH, AG (als juristische Person voll rechtsfähig): Verpflichtung der Gesellschaft mit ihrem Gesellschaftsvermögen § 13 I, II GmbHG bzw. § 1 I AktG

**Zurechnung schuldhaften Verhaltens**

Schadensersatzansprüche aus Vertrag

Schadensersatzansprüche aus unerlaubter Handlung

| § 278 BGB | § 31 BGB | § 831 BGB |
|---|---|---|
| Schädigung durch Erfüllungsgehilfen (Erfüllungsgehilfe ist jeder, der mit Wissen und Wollen für den Schuldner tätig wird) | Schädigung durch ein Organ (z.B. Vorstand einer AG, Geschäftsführer einer GmbH, vollhaftende Gesellschafter einer OHG bzw. KG) | Schädigung durch Verrichtungsgehilfen (Verrichtungsgehilfe ist, wer weisungsgebunden in einem Abhängigkeitsverhältnis steht) |
| Haftung für fremdes Verschulden (Zurechnungsnorm) | Haftung der GmbH, AG, (auch OHG, KG) für ihre Organe (Zurechnungsnorm) | Haftung für eigenes Verschulden bei Überwachung und Auswahl (Anspruchsgrundlage) |
| Kein Entlastungsbeweis des Geschäftsherrn möglich | Kein Entlastungsbeweis für Schäden auch aus unerlaubter Handlung möglich | Entlastungsbeweis des Geschäftsherrn ist möglich |

Für schuldhaftes Verhalten hat meist sowohl der Handelnde selbst, als auch der Kaufmann, für den gehandelt wurde, »gerade zu stehen«

Grundsätzlich hat jeder für Schäden, die er Dritten zufügt, selbst gerade zu stehen. Ein Dritter kann daher gegen den Verursacher selbst wegen unerlaubter Handlung § 823 BGB vorgehen und Schadensersatz verlangen. Die Vorschrift über unerlaubte Handlungen schützt den Einzelnen gegen widerrechtliche Eingriffe in seinen Rechtskreis. Dies ist in der Praxis vor allem wichtig, wenn Schmerzensgeld verlangt wird, da der Anspruch auf Schmerzensgeld §§ 847, 253 BGB nur aufgrund unerlaubter Handlung besteht.

Für den Geschädigten ist es insbesondere dann, wenn es um große Beträge geht, von Interesse, auch gegen den Kaufmann selbst einen Anspruch auf Schadensersatz zu haben.

## 5.1. Zurechnung auf den Kaufmann

Für einen Dritten ist es von zentraler Bedeutung, daß er einen Schaden, den ihm eine Person in Ausübung seiner Tätigkeit für einen Kaufmann zufügt, gegenüber dem Unternehmen des Kaufmanns geltend machen kann.

**§ 278 BGB**

*Haftung*

### Haftung für den Erfüllungsgehilfen

> Der Schuldner hat ein Verschulden seines gesetzlichen Vertreters und der Personen, deren er sich zur Erfüllung seiner Verbindlichkeiten bedient, in gleichem Umfange zu vertreten wie eigenes Verschulden. Die Vorschrift des § 276 Abs. 2 findet keine Anwendung.

Erfüllungsgehilfe ist, wer mit Willen des Geschäftsherrn bei der Erfüllung dessen vertraglicher Pflichten tätig wird

*Haftung für den Erfüllungsgehilfe nach § 278 BGB:*

- Bestehendes Schuldverhältnis (zwischen Geschädigtem und Geschäftsherrn)
- Handeln mit Wissen und Wollen des Geschäftsherrn
- sachlicher Zusammenhang
- Verschulden § 276 (Vorsatz oder Fahrlässigkeit)

↳ Das Verschulden des Erfüllungsgehilfen wird dem Schuldner (Geschäftsherrn) »wie« eigenes Verschulden zugerechnet

**§ 31 BGB**

*Haftung*

### Haftung für Organe

> Der Verein ist für den Schaden verantwortlich, den der Vorstand, ein Mitglied des Vorstandes oder ein anderer verfassungsmäßig berufener Vertreter durch eine in Ausführung der ihm zustehenden Verrichtungen begangene, zum Schadensersatze verpflichtende Handlung einem Dritten zufügt.

Organe sind die gesetzlichen Vertreter oder andere verfassungsmäßig berufene Vertreter einer juristischen Person

*Haftung für Handlungen der Organe nach § 31 BGB (Ausdruck der Organtheorie):*

- Verfassungsmäßiger Vertreter
- Handlung, die zum Schadensersatz verpflichtet

↳ Der Verein haftet »wie« für eigenes Verschulden

Der § 31 BGB ist bei jeder Handlung anzuwenden, die eine Schadensersatzpflicht begründet (unerlaubte Handlung, Gefährdungshaftung, Haftung aus CIC und Vertragsverletzungen).

Die Organhaftung gilt unmittelbar nur für eingetragene Vereine, findet aber auch auf sonstige juristische Personen wie die GmbH, AG, Genossenschaft sowie die Personengesellschaften OHG und KG analoge Anwendung.

### Haftung für den Verrichtungsgehilfen

**§ 831 BGB**

Haftung

(1) Wer einen anderen zu einer Verrichtung bestellt, ist zum Ersatze des Schadens verpflichtet, den der andere in Ausführung der Verrichtung einem Dritten widerrechtlich zufügt. Die Ersatzpflicht tritt nicht ein, wenn der Geschäftsherr bei der Auswahl der bestellten Person und, sofern er Vorrichtungen oder Gerätschaften zu beschaffen oder die Ausführung der Verrichtung zu leiten hat, bei der Beschaffung oder der Leitung die im Verkehr erforderliche Sorgfalt beobachtet oder wenn der Schaden auch bei Anwendung dieser Sorgfalt entstanden sein würde.

(2) Die gleiche Verantwortlichkeit trifft denjenigen, welcher für den Geschäftsherrn die Besorgung eines der im Absatz 1 Satz 2 bezeichneten Geschäfte durch Vertrag übernimmt.

*Haftung für den Verrichtungsgehilfen nach § 831 BGB (Gesetzliche Verschuldensvermutung):*

Verrichtungsgehilfe ist, wem nach Weisungen des Geschäftsherrn, bestimmte Tätigkeiten übertragen worden sind

- Verrichtungsgehilfe (weisungsgebunden)
- Schaden in Ausführung der Verrichtung
- Handlung liegt im Rahmen des Aufgabenkreises
- unmittelbarer innerer Zusammenhang zwischen Verrichtung und schädigender Handlung
- Verschulden nicht notwendig, Widerrechtlichkeit genügt
- kein Ausschluß der Haftung nach § 831 I 2 BGB

↳ Schadensersatz nach §§ 249 ff BGB

Verrichtungsgehilfe ist derjenige, dem vom Geschäftsherrn eine Tätigkeit übertragen worden ist, und der von den Weisungen des Geschäftsherrn abhängig ist. Grundsätzlich muß sich der Geschäftsherr das Verschulden seines Verrichtungsgehilfen selbst zurechnen lassen.

Von der Verschuldensvermutung aus § 831 I 1 BGB kann sich jedoch der Geschäftsherr entlasten (exkulpieren), wenn er bei der Auswahl und Überwachung des Verrichtungsgehilfen die im Verkehr erforderliche Sorgfalt beachtet hat.

## 5.2. Interne Ausgleichspflichten

Wer als Angestellter, Geschäftsführer oder sonstiger Beauftragter handelt, hat die Aufgabe, die Interessen des Geschäftsherrn wahrzunehmen. In einer von ihm gewollten Art und Weise soll das Geschäft ausgeführt werden.

Hier kommt es in der Praxis häufig zu Problemen, wenn z.B. ein Handelnder »übereifrig« tätig wird oder gar eigene, persönliche Interessen in den Vordergrund stellt.

Wer unberechtigt seine Befugnisse überschreitet, soll gegenüber dem, der dafür aufzukommen hat, ausgleichspflichtig sein. Diese Ausgleichspflicht betrifft das Innenverhältnis zwischen Auftraggeber und Auftragnehmer.

**§ 662 BGB**

### Wesen des Auftrages

Durch die Annahme des Auftrages verpflichtet sich der Beauftragte, ein ihm von dem Auftraggeber übertragenes Geschäft für diesen unentgeltlich zu besorgen.

Ein Beauftragter hat sich prinzipiell an die Weisungen des Autraggebers zu halten

Der Beauftragte ist grundsätzlich an die Weisungen des Auftraggebers gebunden und darf nur ausnahmsweise, wenn er glauben darf, daß der Auftraggeber es billigen würde, von ihnen abweichen (§ 665).

Wer jedoch den Umfang des erteilten Auftrages überschreitet, oder erst gar nicht beauftragt worden ist, wird als Geschäftsführer ohne Auftrag (kurz GoA) bezeichnet. Der Geschäftsführer ohne Auftrag führt eigenmächtig ein Geschäft für einen anderen aus, weil er glaubt, damit dessen Interessen zu dienen. Das Vorgehen des Handelnden kann für den Betroffenen erwünscht und dienlich sein, andererseits kann es aber auch nicht gewollte Lasten und Risiken auf den Geschäftsherrn verlagern.

Wer ohne dazu beauftragt zu sein ein Geschäft für einen anderen ausführt, den nennt man Geschäftsführer ohne Auftrag

Zu unterscheiden ist also, ob der Geschäftsführer ohne Auftrag das Geschäft im Sinne des Geschäftsherrn ausführt, oder ob er gegen den Willen des Geschäftsherrn handelt. Ersteres nennt man berechtigte GoA, zweiteres unberechtigte GoA. Daneben gibt es noch die sogenannte irrtümliche und die angemaßte Eigengeschäftsführung.

### Pflichten des »Handelnden«

**§ 677 BGB**

Wer ein Geschäft für einen anderen besorgt, ohne von ihm beauftragt oder ihm gegenüber sonst dazu berechtigt zu sein, hat das Geschäft so zu führen, wie das Interesse des Geschäftsherrn mit Rücksicht auf dessen wirklichen oder mutmaßlichen Willen es erfordert.

Der »berechtigte« Geschäftsführer ohne Auftrag ist verpflichtet, dem Geschäftsherrn das Erlangte herauszugeben; im Gegenzug kann er für seine Aufwendungen Ersatz verlangen.

### »Handlungen« gegen den Willen des Geschäftsherrn

**§ 678 BGB**

Steht die Übernahme der Geschäftsführung mit dem wirklichen oder dem mutmaßlichen Willen des Geschäftsherrn in Widerspruch und mußte der Geschäftsführer dies erkennen, so ist er dem Geschäftsherrn zum Ersatze des aus der Geschäftsführung entstehenden Schadens auch dann verpflichtet, wenn ihm ein sonstiges Verschulden nicht zur Last fällt.

Wer gegen den Willen des Geschäftsherrn handelt, hat dessen Schaden zu ersetzen

Der »unberechtigte« Geschäftsführer ohne Auftrag ist dem Geschäftsherrn zum Ersatz, des durch sein Handeln entstandenen Schadens, verpflichtet.

### Positive Vertragsverletzung

**pVV**

Früher hatte man für Schadensersatzansprüche als Anspruchsgrundlage § 678 BGB herangezogen. Heute stützt man sich jedoch auf die ungeschriebene, aber anerkannte Regelung der postiven Vertragsverletzung (pVV), weil man davon ausgeht, daß der Handelnder seine im Gesellschaftsvertrag, bzw. im Dienstvertrag geregelten Befugnisse überschreitet. Hat ein handelnder Gesellschafter oder Angestellter schuldhaft seine Pflichten verletzt, ist er dem Unternehmen zum Schadensersatz verpflichtet.

*Ansprüche auf Schadensersatz aus pVV:*

- Schuldverhältnis zwischen Schädiger und Geschädigtem: Gesellschaftsvertrag oder Dienstvertrag
- Pflichtverletzung, die in kausalem Zusammenhang mit dem Schaden steht

↳ Schadensersatz

Fehlverhalten von Gesellschaftern und Angestellten werden durch pVV ausgeglichen

## 6. Selbständige Hilfspersonen

Der Kaufmann braucht sachkundige Vertreter, die ihm abschlußreife oder bereits abgeschlossene Verträge bringen, und auch Makler, die ihm günstige Gelegenheiten vermitteln. Der Handelsvertreter ist wie der Handelsmakler ein Vermittler im Handelsverkehr. Beide sind Kaufleute, § 1 II Nr.7 HGB.

HILFSPERSONEN

Handelsvertreter und Handelsmakler sind selbständige Hilfspersonen. Sie handeln in fremden Namen

Der Handelsvertreter ist als selbständiger Gewerbetreibender ständig damit betraut, für einen anderen Rechtsgeschäfte abzuschließen oder zu vermitteln. Dem Vertretervertrag liegt ein Dienstvertrag zugrunde, der die Besorgung von Geschäften zum Gegenstand hat (§§ 611 ff, 675 BGB). Abgerundet wird der Vertrag durch die Sonderregelungen des HGB, durch Handelsbrauch und freie Vertragsgestaltung. Der Handelsvertreter ist gegen Entgelt tätig und zur Tätigkeit verpflichtet.

Der Handelsmakler vermittelt ebenfalls gewerbsmäßig Geschäfte, ohne aber einer Partei ständig gebunden zu sein. Er schuldet den Vertragsparteien weder Tätigkeit noch Erfolg. Er muß eine Linie zwischen dem Interesse des Verkäufers und dem entgegengesetzten Interesse des Käufers finden, wobei er den Vertragsparteien den letztendlichen Vertragsabschluß überläßt.

## 6.1. Handelsvertreter

Der Handelsvertreter vermittelt Geschäfte des Unternehmers mit Dritten. Nicht ausreichend ist bloßes Schaffen von Geschäftsbeziehungen oder bloßes Nachweisen der Gelegenheit zu Geschäften. Es genügt nicht die reine Werbungstätigkeit ohne Vermittlung oder Abschluß von Geschäften. Als typischen Handelsvertreter kannte man in den sechziger Jahren den »Staubsaugervertreter«.

### Begriff des Handelsvertreters

**§ 84 HGB**

Kaufmann gemäß
§ 1 II Nr.7 HGB
vgl. §§ 611, 675 BGB

(1) Handelvertreter ist, wer als selbständiger Gewerbetreibender ständig damit betraut ist, für einen anderen Unternehmer Geschäfte zu vermitteln oder in dessen Namen abzuschließen. Selbständig ist, wer im wesentlichen frei seine Tätigkeit gestalten und seine Arbeitszeit bestimmen kann.

(2) Wer, ohne selbständig im Sinne des Absatzes 1 zu sein, ständig damit betraut ist, für einen Unternehmer Geschäfte zu vermitteln oder in dessen Namen abzuschließen, gilt als Angestellter...

*Handelsvertreter gem. § 84 I HGB ist wer:*

- selbständig (Kaufmann gem. § 1 II Nr.7 HGB)
- mit der Vermittlung oder dem Abschluß eines Vertrages als Vertreter für ein anderes Unternehmen
- ständig (auch für die Zeit einer Messe, Ausstellung oder während der Saison)
- aufgrund eines Dienstvertrags (in Form des Geschäftsbesorgungsvertrags, §§ 611ff ,675 BGB) betraut ist.

Vermittlungsvertreter
oder Abschlußvertreter

### Pflichten des Handelvertreters

**§ 86 HGB**

(1) Der Handelsvertreter hat sich um die Vermittlung oder den Abschluß von Geschäften zu bemühen; er hat hierbei das Interesse des Unternehmers wahrzunehmen.

(2) Er hat dem Unternehmer die erforderlichen Nachrichten zu geben, namentlich ihm von jeder Geschäftsvermittlung und von jedem Geschäftsabschluß unverzüglich Mitteilung zu machen.

(3) Er hat seine Pflichten mit der Sorgfalt eines ordentlichen Kaufmanns wahrzunehmen...

Die Pflicht zur Wahrung des Interesses des Unternehmers unterscheidet den Handelsvertreter vom Makler, der unparteiisch die Interessen beider Parteien zu wahren hat.

§ 86a HGB

### Pflichten des Unternehmers

(1) Der Unternehmer hat dem Handelsvertreter die zur Ausübung seiner Tätigkeit erforderlichen Unterlagen, wie Muster, Zeichnungen, Preislisten, Webedrucksachen, Geschäftsbedingungen, zur Verfügung zu stellen.

(2) Der Unternehmer hat dem Handelsvertreter die erforderlichen Nachrichten zu geben. Er hat ihm unverzüglich die Annahme oder Ablehnung eines vom Handelsvertreter vermittelten oder ohne Vertretungsmacht abgeschlossenen Geschäfts und die Nichtausführung eines von ihm vermittelten oder abgeschlossenen Geschäfts mitzuteilen...

Der Unternehmer hat eine Treuepflicht gegenüber dem Vertreter, er muß dessen Arbeit unterstützen. Ansonsten kann der Handelsvertreter Schadensersatzansprüche geltend machen.

§ 87 HGB

### Provisionspflichtige Geschäfte

(1) Der Handelsvertreter hat Anspruch auf Provision für alle während des Vertragsverhältnisses abgeschlossenen Geschäfte, die auf seine Tätigkeit zurückzuführen sind oder mit Dritten abgeschlossen werden, die er als Kunden für Geschäfte der gleichen Art geworben hat. Ein Anspruch auf Provision besteht für ihn nicht, wenn und soweit die Provision nach Absatz 3 dem ausgeschiedenen Handelsvertreter zusteht.

(2) Ist dem Handelsvertreter ein bestimmter Bezirk oder ein bestimmter Kundenkreis zugewiesen, so hat er Anspruch auf Provision auch für die Geschäfte, die ohne seine Mitwirkung mit Personen seines Bezirkes oder seines Kundenkreises während des Vertragsverhältnisses abgeschlossen sind....

Der Provisionsanspruch wird im Vertretervertrag vereinbart. Ist keine Vereinbarung getroffen worden, ist »der übliche Satz als vereinbart anzusehen«, § 87b I HGB. Weitere Ansprüche des Handelsvertreters sind: Unterstützung seiner Tätigkeiten, Entschädigung für Wettbewerbsverbote und Ersatz seiner Aufwendungen.

## 6.2. Handelsmakler

Der Handelsmakler vermittelt Verträge über Gegenstände des Handelsverkehrs ohne ständige Betrauung. Er schuldet keiner Vertragspartei die Herbeiführung eines Vertragsabschlusses mit Dritten. Der Maklervertrag ist daher kein gegenseitiger Vertrag. Lediglich der Auftraggeber verpflichtet sich, dem Makler bei Abschluß des gewünschten Vertrages die Provision (Courtage) zu zahlen. Die bekanntesten anerkannten Makler sind die Börsenmakler und Versicherungsmakler.

### Begriff des Handelsmaklers

**§ 93 HGB**

Kaufmann gemäß § 1 II Nr.7 HGB

(1) Wer gewerbsmäßig für andere Personen, ohne von ihnen auf Grund eines Vertragsverhältnisses ständig damit betraut zu sein, die Vermittlung von Verträgen über Anschaffung oder Veräußerung von Waren oder Wertpapieren, über Versicherungen, Güterbeförderungen, Schiffsmiete oder sonstige Gegenstände des Handelsverkehrs übernimmt, hat die Rechte und Pflichten eines Handelsmaklers.

(2) Auf die Vermittlung anderer als der bezeichneten Geschäfte, insbesondere auf die Vermittlung von Geschäften über unbewegliche Sachen, finden, auch wenn die Vermittlung durch einen Handelsmakler erfolgt, die Vorschriften dieses Abschnitts keine Anwendung.

*Handelsmakler gem. § 93 HGB ist wer:*

- gewerbsmäßig (Abgrenzung Zivilmakler, §§ 652 ff BGB)
- die Vermittlung von Verträgen, die Gegenstände des Handelsverkehrs betreffen
- nicht ständig für eine Vertragspartei tätigt

### Lohnanspruch gegen beide Parteien

**§ 99 HGB**

Ist unter den Parteien nichts darüber vereinbart, wer den Maklerlohn bezahlen soll, so ist er in Ermangelung eines abweichenden Ortsgebrauchs <u>von jeder Partei zur Hälfte</u> zu entrichten.

Der Anspruch auf Abschlußprovision setzt voraus, daß ein Vertrag zwischen den Parteien zustande gekommen ist, und, daß die Tätigkeit des Maklers dazu (mit)beigetragen hat.

## 7. Wiederholungsfragen

- ❍ 1. Was bedeutet: Das BGB ist gegenüber dem HGB subsidiär? Lösung S. 4
- ❍ 2. Welche Charakteristika kennzeichnen ein Gewerbe im allgemeinen? Lösung S. 28
- ❍ 3. Welche Art von Gewerbe betreibt der: Muß-, Soll- und Kannkaufmann? Lösung S. 27, 30 ff
- ❍ 4. Minderkaufmann kann nur derjenige sein, der unter § 1 II HGB fällt. Weshalb? Lösung S. 34
- ❍ 5. Was kennzeichnet einen: Fiktiv-, Schein und Formkaufmann? Lösung S. 27, 35 ff
- ❍ 6. Was versteht man unter einer einzutragenden Tatsache ins Handelsregister? Was ist mit deklaratorischer und konstitutiver Wirkung gemeint? Lösung S. 40
- ❍ 7. Was ist unter »negativer Publizität« und »positiver Publizität« des Handelsregisters zu verstehen? Lösung S. 45, 46
- ❍ 8. Was bedeutet der Begriff: Firma. Welche Prinzipien gelten für die Bildung und Fortführung einer Firma? Lösung S. 50, 53
- ❍ 9. Wer haftet für alte Verbindlichkeiten bei rechtsgeschäftlichem Wechsel des Geschäftsinhabers bei Firmenfortführung? Lösung S. 55
- ❍ 10. Welche Rechtsform entsteht, wenn in das Geschäft eines Einzelkaufmanns ein Teilhaber hinzutritt? - Lösung S. 58
- ❍ 11. Welche generellen Arten der Vertretung unterscheidet man? Lösung S. 60
- ❍ 12. Ein Kaufmann sollte das Erlöschen einer Prokura umgehend zur Eintragung ins Handelsregister anmelden. Weshalb? Lösung S. 66
- ❍ 13. Welche Zurechnungsnormen für schuldhaftes Verhalten der Hilfspersonen gibt es? Lösung S. 71
- ❍ 14. Welche Möglichkeiten hat der Kaufmann gegen Hilfspersonen, die ihre Befugnisse überschreiten? Lösung S. 74
- ❍ 15. Was unterscheidet einen Handelsvertreter von einem Handelsmakler? Lösung S. 76

# Die Geschäfte der Kaufleute

# 1. Allgemeine Vorschriften

HANDELSGESCHÄFTE

Das Handelsrecht gibt dem Kaufmann mehr Bewegungsfreiheit beim Tätigen seiner Geschäfte

Handelsverkehr heißt: Es sind Profis am Werk. Hier werden berufsmäßig Geschäfte abgeschlossen. Für seine Geschäfte braucht der Kaufmann also Bewegungsfreiheit, mehr, als das BGB mit seinen abstrakten Konstruktionen mitunter zuläßt.

*Beispiel: Wenn ein Inhaber eines Handelsgeschäftes oder sein Vertreter Waren kaufen, geschieht das einerseits innerhalb eines zuvor aufgestellten Wirtschafts- und Umsatzplanes: »Wir kaufen im Februar 10.000 Ballen Torf für maximal DM 2,50 pro Einheit und verkaufen diesen Posten bis Juli zu mindestens DM 3,80«. Wird Torf im Februar zu DM 2,10 angeboten, so muß der Unternehmer andererseits rasch zugreifen.*

Der Handel muß den besonderen Bedürfnissen und Interessenlagen der Geschäftsleute gerecht werden. Gekennzeichnet sind diese Geschäfte durch einen oft ziemlich großen Umfang, Einsatz von viel Kapital und die immer gleichbleibenden formalen Bedingungen. Die Regelungen über Handelsgeschäfte sind besondere Vorschriften, die den Erfordernissen der Kaufleute im Handelsverkehr angepaßt sind. Die im HGB geregelten Handelsgeschäfte tragen dem Rechnung. Diese Normen sind lebendiges Kaufmannsrecht, das anwendbar, klar und eindeutig ist.

| Regeln für allgemeine Handelsgeschäfte | |
|---|---|
| Handelsgeschäfte<br>§§ 343, 344, 345 ff HGB | Alle Geschäfte eines Kaufmanns, die zum Betriebe eines Handelsgewerbes gehören. Grundsätzlich ist die Minderkaufmannseigenschaft ausreichend. Besonderheiten gelten für Vollkaufleute in §§ 348 - 351 HGB und für beiderseitige Handelsgeschäfte in §§ 369, 377 ff HGB |
| Handelsbräuche<br>§ 346 HGB | Alle zwischen Kaufleuten verbindlichen Verkehrssitten.<br>Sie gelten, auch wenn sie nicht ausdrücklich vereinbart wurden oder nicht bekannt waren. Hierher gehören auch Handelsklauseln (übliche Abkürzungen) |
| Sorgfaltspflichten<br>§ 347 HGB | Vom ordentlichen Kaufmann wird die, für Handelsgeschäfte übliche Sorgfältigkeit und Gewissenhaftigkeit erwartet.<br>Das betrifft z.B. die Kenntnisnahme von Geschäftsbriefen und Änderungen im Handelsregister sowie besondere Verhaltenspflichten gegenüber Geschäftspartnern etc. |
| Selbstverantwortlichkeit<br>§§ 348 - 351 HGB | Für Vollkaufleuten (nicht für Minderkaufleute) gilt ein erhöhter Maßstab für verantwortungsbewußtes Handeln. Möglich sind z.B. Vereinbarungen über »hohe« Vertragsstrafen, selbstschuldnerische Bürgschaften und deren formlose Erklärung |
| Entgeltlichkeit<br>§ 354 HGB | Die Regelungen des BGB, wonach eine Vergütung ausdrücklich nur bei Dienst-, Werk-, und einigen anderen Verträgen zu erwarten ist, wird zugunsten der Kaufleute auf jede Geschäftsbesorgung oder sonstigen Dienste in ihrem Gewerbe erweitert |
| Kontokorrentverhältnis<br>§ 355 HGB | Durch einen Kontokorrent (laufende Rechnung) werden mehrere gegenseitige Ansprüche auf eine einzige Forderung reduziert, z.B. Bankkontokorrent (Giro) |
| »Schweigen« als Antwort<br>§ 362 HGB | Handelsgeschäfte können auch zustandekommen durch: Schweigen auf ein kaufmännisches Bestätigungsschreiben, oder durch Schweigen auf ein Angebot zur Geschäftsbesorgung. |
| Gutgläubiger Erwerb<br>§ 366 HGB | Erweiterter Schutz des guten Glaubens an die Verfügungsbefugnis des Kaufmanns |
| Zurückbehaltungsrecht<br>§§ 369 - 371 | Unter Kaufleuten gilt ein erweitertes Zurückbehaltungsrecht. Anspruch und Gegenanspruch müssen im Gegensatz zu § 273 BGB ist nicht denselben Rechtsgrund (Konnexität) haben |

## 1.1. Handelsgeschäfte

Handelsgeschäfte sind alle Geschäfte eines Kaufmanns, die zum Betrieb seines Handelsgewerbes gehören.

*Beispiel: Verkauft der Teppichhändler einem Dritten (nicht notwendigerweise einem Kaufmann) einen Perserteppich, so hat er damit ein Handelsgeschäft getätigt.*

Das Handelsrecht ist also dann anwendbar, wenn an einem rechtsgeschäftlichen Vorgang mindestens ein Kaufmann beteiligt ist (einseitiges Handelsgeschäft). Nur gewisse Sondervorschriften setzen die Beteiligung von zwei Kaufleuten und den Betrieb eines Handelsgewerbes auf beiden Seiten voraus (beiderseitiges Handelsgeschäft). Die allgemeinen Regeln für Handelsgeschäfte sind in den §§ 343 - 372 zu finden.

**§ 343 HGB**

### Begriff des Handelschäfts

(1) Handelsgeschäfte sind alle Geschäfte eines Kaufmanns, die zum Betriebe seines Handelsgewerbes gehören.

(2) Die in § 1 Abs. 2 bezeichneten Geschäfte sind auch dann Handelsgeschäfte, wenn sie von einem Kaufmann im Betriebe seines gewöhnlich auf andere Geschäfte gerichteten Handelsgewerbes geschlossen werden.

*Ein Handelsgeschäft ist gemäß § 343 HGB:*

- Ein Geschäft, an das Rechtsfolgen geknüpft sind
- bei dem entweder auf einer Seite §§ 345 ff HGB (einseitiges Handelsgeschäft)
- oder auf beiden Seiten §§ 369, 377 ff HGB (beiderseitiges Handelsgeschäft)
- ein Voll- oder Minderkaufmann steht und
- es zum Betrieb eines Handelgewerbes gehört (Vermutung des § 344 I HGB; keine klare Privatangelegenheit)

Ein Handelsgeschäft liegt bereits dann vor, wenn einer der Beteiligten Kaufmann ist

Ein Geschäft im Sinne des § 343 I HGB ist jedes Verhalten, an das Rechtsfolgen geknüpft sind. Rechtsgeschäfte sind z.B. der Abschluß von Verpflichtungsverträgen, Verfügungsgeschäfte, einseitige Rechtsgeschäfte wie Wandlung, Rücktritt und geschäftsähnliche Handlungen wie Mahnung und auch die Geschäftsführung ohne Auftrag (GoA).

Je nachdem, ob bei einem Geschäft eine Partei oder beide Parteien Kaufleute sind, spricht man von einseitigem oder beiderseitigem Handelsgeschäft. Grundsätzlich gelten die Vorschriften über Handelsgeschäfte für beide Parteien, auch wenn es sich nur um ein einseitiges Handelsgeschäft handelt. Wenn bei einem Handelsgeschäft eine bestimmte Partei Kaufmann sein muß, wird dies im Gesetz ausdrücklich verlangt.

Das Rechtsgeschäft muß im Bereich eines Handelsgewerbes getätigt worden sein. Dabei kann es sich aber auch um ein ungewöhnliches Geschäft handeln. Hauptsache ist, daß das Geschäft dem Interesse des Handelsgewerbes entspricht.

*Beispiel: Kauft der Teppichhändler Aktien, wird darin ein Handelsgeschäft vermutet. Stiftet der Teppichhändler einen Perser für einen wohltätigen Zweck, so ist diese Schenkung ebenfalls ein Handelsgeschäft.*

Eindeutige Privatgeschäfte des Kaufmanns gelten nicht als Handelsgeschäfte

Nur die Geschäfte eines Kaufmanns, die eindeutig seinen privaten Angelegenheiten zuzurechnen sind, scheiden aus.

*Beispiel: Der Teppichhändler kauft für seine bevorstehende Hochzeit Ringe bei Cartier.*

Um zwischen Handelsgeschäft und Privatgeschäft eines Kaufmanns klare Verhältnisse zu schaffen, bestimmt § 344 I HGB, daß im Zweifel die vorgenommenen Rechtsgeschäfte zum Betrieb des Handelsgewerbes zugehören.

### Vermutung für ein Handelsgeschäft — § 344 HGB

(1) Die von einem Kaufmanne vorgenommenen Rechtsgeschäfte gelten im Zweifel als zum Betriebe seines Handelsgewerbes gehörig...

Diese Vermutung greift ein, wenn zweifelhaft ist, ob der Kaufmann im Handelsgewerbe oder privat gehandelt hat. Der Gegenbeweis obliegt dem Kaufmann.

### Einseitiges Handelsgeschäft — § 345 HGB

Auf ein Rechtsgeschäft, das für einen der beiden Teile ein Handelsgeschäft ist, kommen die Vorschriften über Handelsgeschäfte für beide Teile gleichmäßig zur Anwendung, soweit nicht aus diesen Vorschriften sich ein anderes ergibt.

## 1.2. Handelsbräuche, Sorgfaltspflichten

»Sitte ist stärker als Recht«, sagt das Sprichwort. Verkehrssitten im Handelsverkehr sind die geltenden Gewohnheiten und Gebräuche, auf die die Kaufleute Rücksicht zu nehmen haben.

**§ 346 HGB**

vgl. §§ 133, 157 BGB

### Handelsbräuche

Unter Kaufleuten ist in Ansehung der Bedeutung und Wirkung von Handlungen und Unterlassungen auf die im Handelsverkehre geltenden Gewohnheiten und Gebräuche Rücksicht zu nehmen.

Der § 346 HGB ist das kaufmännische Pendant im Handelsrecht zu der allgemeinen Verkehrssitte des BGB (§§ 157, 242). Er bezieht sich sowohl auf die Auslegung von Willenserklärungen als auch auf ihre Rechtsfolgen, auf Handlungen wie auch auf Unterlassungen. Die Formulierung in § 346 HGB »Unter Kaufleuten« begründet, daß Handelsbräuche nur bei beiderseitigen Handelsgeschäften zur Anwendung kommen. Zwischen Kaufleuten gelten Handelsbräuche gemäß § 346 HGB auch dann verbindlich, wenn sie nicht vertraglich vereinbart oder wenn sie einem der Beteiligten unbekannt sind.

Handelsklauseln sind: Abkürzungen, die im Handelsverkehr für bestimmte Vereinbarungen verwendet werden

Oft begnügen sich die Parteien zur Begründung von Rechten und Pflichten mit der Angabe bestimmter Handelsklauseln; dies sind Abkürzungen, die im Handelsverkehr für bestimmte Vereinbarungen benützt werden. Werden jedoch die Handelsklauseln von den Parteien unterschiedlich verstanden, so sind im Zweifel die am Erfüllungsort herrschenden Gewohnheiten maßgebend.

*Beispiele für Handelsklauseln:*

- Angebot »freibleibend« - der Anbieter drückt damit aus, daß seine Erklärung unverbindlich ist
- Lieferung »frei Haus« - der Verkäufer bzw. Hersteller übernimmt die Kosten der Versendung der Ware sowie die Gefahr für deren Untergang oder Beschädigung
- Zahlung »rein netto« - der Käufer hat seiner Zahlungsverpflichtung ohne Abzug (Skonto, Rabatt) nachzukommen
- Übergabe »wie gesehen« - Ausschluß der Haftung für Mängel, die bei der Besichtigung der Ware erkennbar waren

Neben dem Wissen um die Handelsbräuche wird an Kaufleute auch ein strengerer Sorgfaltsmaßstab im Geschäftsverkehr gestellt.

### Sorgfaltspflichten

**§ 347 HGB**

vgl. Verschulden §§ 276, 278 BGB

(1) Wer aus einem Geschäfte, das auf seiner Seite ein Handelsgeschäft ist, einem anderen zur Sorgfalt verpflichtet ist, hat für die Sorgfalt eines ordentlichen Kaufmanns einzustehen.

(2) Unberührt bleiben die Vorschriften des Bürgerlichen Gesetzbuches, nach welchen der Schuldner in bestimmten Fällen nur grobe Fahrlässigkeit zu vertreten oder nur für diejenige Sorgfalt einzustehen hat, welche er in eigenen Angelegenheiten anzuwenden pflegt.

Von einem Kaufmann wird erhöhte Sorgfalt im Geschäftsverkehr erwartet

Das bürgerliche Recht besagt, daß ein Schuldner gem. § 276 I BGB Vorsatz und Fahrlässigkeit zu vertreten hat. Fahrlässig handelt, wer die im Verkehr erforderliche Sorgfalt außer acht läßt. Diese Vorschrift wird im Handelsrecht durch § 347 HGB, wonach an die Sorgfalt eines ordentlichen Kaufmanns ein strengerer Maßstab anzulegen ist, ergänzt. Der § 347 HGB regelt wie § 276 BGB nur den Sorgfaltsmaßstab, nicht aber die Verantwortlichkeit des Kaufmanns.

*Beispiele für die Sorgfaltsplichten des Kaufmanns:*

- Notiznahme von Veränderungen im Handelsregister
- gewissenhafte Kenntnisnahme der geschäftlicher Korrespondenz (Briefe, Bestätigungen, Mitteilungen, Faxe)
- besondere Verhaltenspflichten gegenüber Dritten
- sorgfältige Auswahl der Erfüllungsgehilfen

Im Geschäftsverkehr ist jeder für sein Tun selbst verantwortlich. Gegenüber Kaufleuten besteht zwar keine Aufklärungspflicht, abzuwägen ist aber, inwieweit die berufliche Sachkunde des einen und die Aufklärungsbedürftigkeit des anderen dennoch einer Aufklärung bedürfen. Grundsätzlich hat der Kaufmann die Pflicht zur Wahrheit. Er darf keine Informationen geben, von denen er positiv weiß, daß sie nicht stimmen. Bei schuldlos unrichtigen Angaben hat er die Pflicht, für deren Richtigstellung zu sorgen. Ist das Verhalten des Kaufmanns kausal für die Entstehung eines Schadens, muß der Kaufmann den Schaden ersetzen (in der Regel den Vertrauensschaden).

## 1.3. Besonderheiten für Vollkaufleute

Von Vollkaufleuten erwartet man ein erhöhtes Maß an Selbstverantwortlichkeit für ihr Handeln. Die Regelungen der §§ 348-350 HGB setzen bestimmte Schutzvorschriften des BGB außer Kraft. Dies gilt aber nur für Vollkaufleute, weil davon ausgegangen werden kann, daß diese über die weitreichenden Konsequenzen einer vereinbarten Vertragsstrafe bzw. einer Bürgschaftserklärung wissen und daher weniger unbedacht handeln als ein Minderkaufmann oder gar ein Nichtkaufmann.

**§ 348 HGB**

nur für Vollkaufleute
vgl. § 343 BGB

### Keine Herabsetzung einer Vertragsstrafe

Eine Vertragsstrafe, die von einem Kaufmann im Betriebe seines Handelsgewerbes versprochen ist, kann nicht auf Grund der Vorschriften des § 343 des BGB herabgesetzt werden.

Der Zweck von Vertragsstrafen ist es, den Kaufmann dazu anzuhalten, stets einwandfrei seine Pflichten zu erfüllen

Eine Vertragsstrafe, besser bekannt unter dem Begriff »Konventionalstrafe«, liegt vor, wenn zwischen dem Schuldner und dem Gläubiger eine entsprechende Vereinbarung getroffen wurde: Der Schuldner verspricht darin, bei Nicht- oder Schlechterfüllung seiner Verbindlichkeiten eine bestimmte Geldsumme zu bezahlen.

Das Versprechen einer Vertragsstrafe soll den Kaufmann dazu anhalten, stets einwandfrei seine Pflichten zu erfüllen. Für den Gläubiger bedeutet das, daß er sich im Falle einer Vertragsverletzung durch den Vollkaufmann ohne Einzelnachweis schadlos halten kann. Während nach § 343 BGB Vertragsstrafen nicht übermäßig hoch angesetzt werden, kennen die Kaufleute entsprechend § 348 HGB keine Grenzen nach oben. In jedem Fall bedarf die Vertragsstrafe einer besonderen vertraglichen Vereinbarung.

**§ 349 HGB**

nur für Vollkaufleute
vgl. § 771 BGB

### Keine Einrede der Vorausklage des Bürgen

Dem Bürgen steht, wenn die Bürgschaft für ihn ein Handelsgeschäft ist, die Einrede der Vorausklage nicht zu. Das gleiche gilt unter der bezeichneten Voraussetzung für denjenigen, welcher aus einem Kreditauftrag als Bürge haftet.

Die Bürgschaft ist ein Vertrag zwischen dem Bürgen und dem Gläubiger, durch den der Bürge gegenüber dem Gläubiger eines Dritten für die Erfüllung der Verbindlichkeit einsteht.

Keine Einrede der Vorausklage bedeutet, daß der Bürge die Zahlung der Bürgschaftssumme auch ohne Zwangsvollstreckung gegen den Schuldner nicht verweigern darf.

*Die wichtigsten Bürgschaften sind:*

- Selbstschuldnerische Bürgschaft, § 773 Nr.1 BGB (Verzicht auf die Einrede der Vorausklage)
- Kreditbürgschaft (Bürgschaft für einen Kredit, der einem Dritten zu gewähren ist)
- Ausfallbürgschaft (der Bürge haftet nur für den Fall des endgültigen Vollstreckungsverlustes des Gläubigers)
- Mitbürgschaft, §§ 769, 774 II, 426 BGB (Mehrere haften gleichzeitig für eine Verbindlichkeit)

### Erleichterte Formvorschriften

**§ 350 HGB**

nur für Vollkaufleute
vgl. Schriftform der Bürgschaft und Schuldversprechen
§§ 766, 782 BGB

Auf eine Bürgschaft, ein Schuldversprechen oder ein Schuldanerkenntnis finden, sofern die Bürgschaft auf der Seite des Bürgen, das Versprechen oder das Anerkenntnis auf der Seite des Schuldners ein Handelsgeschäft ist, die Formvorschriften des § 766 Satz 1, des § 780 und des § 781 Satz 1 des Bürgerlichen Gesetzbuchs keine Anwendung.

Für das Bürgerliche Recht und das Handelsrecht gilt, daß Rechtsgeschäfte grundsätzlich formfrei sind. Wo das BGB aber eine Form vorschreibt, muß diese auch im Handelsrecht gewahrt werden. Als Spezialregelung enthält § 350 HGB davon eine Ausnahme.

*Der Schriftform bedürfen nach § 350 HGB nicht:*

- Bürgschaftserklärung, § 766 BGB
- Schuldversprechen, § 780 BGB
- Schuldanerkenntnis, § 781 BGB

Die Schriftform des § 766 BGB ist für Vollkaufleute nicht erforderlich, § 350 HGB, ebenso entfällt beim Vollkaufmann gemäß § 349 HGB die Einrede der Vorausklage, § 771 BGB.

### »Minderkaufleute ausgenommen«

**§ 351 HGB**

Minderkaufmann
§ 4 HGB

Die Vorschriften der §§ 348 bis 350 finden auf die in § 4 bezeichneten Gewerbetreibenden keine Anwendung.

## 1.4. Leistungen des Kaufmanns

Wie ein Kaufmann seine Leistungen zu erbringen hat bzw. von einem anderen verlangen darf, unterscheidet sich von den Regelungen des BGB in einigen Punkten.

**§ 352 HGB**

vgl. §§ 246, 288 BGB

### Gesetzlicher Zinssatz

(1) Die Höhe der gesetzlichen Zinsen, mit Einschluß der Verzugszinsen, ist bei beiderseitigen Handelsgeschäften fünf vom Hundert für das Jahr ...

**§ 353 HGB**

vgl. §§ 284 BGB

### Fälligkeitszinsen

Kaufleute untereinander sind berechtigt, für ihre Forderungen aus beiderseitigen Handelsgeschäften vom Tage der Fälligkeit an Zinsen zu fordern. Zinsen von Zinsen können auf Grund dieser Vorschrift nicht gefordert werden.

*Forderung von Fälligkeitszinsen nach § 353 HGB:*

- Auf beiden Seiten muß ein Kaufmann stehen; Vorliegen der Kaufmannseigenschaft bei Entstehen der Forderung
- es muß sich um eine Geldforderung handeln
- die Forderung muß ihren Rechtsgrund in einem Handelsgeschäft haben (§§ 343, 344 HGB)
- die Forderung muß fällig sein; Verzug ist nicht erforderlich

↳ Es können Zinsen gefordert werden

**§ 354 HGB**

vgl. Beauftragung §§ 662, 675 BGB

### Provision

(1) Wer in Ausübung seines Handelsgewerbes einem anderen Geschäfte besorgt oder Dienste leistet, kann dafür auch ohne Verabredung Provision fordern...

(2) Für Darlehen, Vorschüsse, Auslagen und andere Verwendungen kann er vom Tage der Leistung an Zinsen berechnen.

Eine Vergütung gilt als stillschweigend vereinbart, wenn die Leistung den Umständen nach nur gegen Vergütung zu erwarten ist (Dienstvertrag; Werkvertrag; Maklervertrag; Verwahrungsvertrag). Der § 354 erweitert diese Annahme auf jede Geschäftsbeziehung und jede Dienstleistung, die Kaufleute für Dritte bei der Ausübung ihres Gewerbes tätigen.

*Ein Anspruch auf Entgelt aus § 354 HGB besteht, wenn:*

- ein Kaufmann tätig war (Minderkaufmann genügt)
- eine Rechtsgrundlage vorliegt; kein eigenmächtiges Handeln ohne Wissen und Wollen des »Auftraggebers«
- keine Vereinbarung über die Vergütung getroffen wurde
- der Handelsbrauch nicht von unentgeltlichem Tun ausgeht z.B. bei Kostenvoranschlägen
- die Besorgung der Geschäfte oder die Dienstleistungen im Interesse des anderen getätigt wurden

↳ Anspruch auf Provision bzw. Lagergeld

## Kontokorrent

**§ 355 HGB**

vgl. Zinsen
§§ 246 ff BGB

(1) Steht jemand mit einem Kaufmanne derart in Geschäftsverbindung, daß die aus der Verbindung entspringenden beiderseitigen Ansprüche und Leistungen nebst Zinsen in Rechnung gestellt und in regelmäßigen Zeitabschnitten durch Verrechnung und Feststellung des für den einen oder anderen Teil sich ergebenden Überschusses ausgeglichen werden (laufende Rechnung, Kontokorrent), so kann derjenige, welchem bei dem Rechnungsabschluß ein Überschuß gebührt, von dem Tage des Abschlusses an Zinsen von dem Überschusse verlangen, auch soweit in der Rechnung Zinsen enthalten sind.

Unter Kontokorrent ist ein laufendes Konto zu verstehen, auf das alle Forderungen der Geschäftspartner gutgeschrieben und am Ende einer Rechnungsperiode aufsaldiert werden. Das Kontokorrent reduziert damit eine Mehrzahl gegenseitiger Ansprüche auf eine einzige Schuld bzw. Forderung. Häufigster Fall ist der Bankkontokorrent (Girokonto).

Das Konto rennt....
in die roten Zahlen!

*Das Kontokorrentverhältnis aus § 355 I HGB*

- Mindestens einer der Beteiligten ist Kaufmann
- Zwischen den Parteien besteht eine Geschäftsverbindung, aus der beiderseitige Forderungen existieren
- Vorliegen einer Kontokorrent- (Verrechnungs-) abrede

↳ Die Einzelforderungen verlieren mit der Einbringung in das Kontokorrentverhältnis ihre Selbständigkeit

↳ Die Saldierung erfolgt am Ende einer Geschäftsperiode

↳ Durch Errechnung und Anerkennung des Saldos wird eine »neue« Forderung begründet

## 1.5. »Schweigende« Annahme

»Reden ist Silber, Schweigen ist Gold« - gilt für Kaufleute sicher nicht. Vielmehr kann es schwerwiegende Folgen haben, in Situationen, die Handlungsbedarf erfordern, untätig zu sein.

**§ 362 HGB**

Zustandekommen von Verträgen §§ 146 ff BGB

### Schweigen des Kaufmanns auf Anträge

(1) Geht einem Kaufmanne, dessen Gewerbebetrieb die Besorgung von Geschäften für andere mit sich bringt, ein Antrag über die Besorgung solcher Geschäfte von jemand zu, mit dem er in Geschäftsverbindung steht, so ist er verpflichtet, unverzüglich zu antworten; sein Schweigen gilt als Annahme des Antrags. Das gleiche gilt, wenn einem Kaufmann ein Antrag über die Besorgung von Geschäften von jemand zugeht, dem gegenüber er sich zur Besorgung solcher Geschäfte erboten hat.

(2) Auch wenn der Kaufmann den Antrag ablehnt, hat er die mitgesendeten Waren auf Kosten des Antragstellers, soweit er für diese Kosten gedeckt ist, und soweit es ohne Nachteil für ihn geschehen kann, einstweilen vor Schaden zu bewahren.

Schweigen kann die Annahmeerklärung ersetzen

*Schweigen auf ein Angebot zur Geschäftsbesorgung:*

- Der Antragsempfänger ist Kaufmann
- Angebot zur Besorgung von Geschäften, § 675 BGB
- Die Besorgung von Geschäften für andere ist im Betrieb des Antragsempfängers üblich
- Zwischen Antragendem und Empfänger müssen zum Angebotszeitpunkt Geschäftsbeziehungen bestehen
- Das Angebot bezieht sich auf gewöhnliche Geschäfte
- Schweigen des Antragsempfängers

↳ Der Vertrag kommt mit Inhalt des Antrags zustande, § 326 I 1 HGB

*Beispiel: Der Teppichhändler beauftragt seine Hausbank, Schecks einzulösen und Überweisungsaufträge zu erledigen.*

Nach den allgemeinen Bestimmungen des Bürgerlichen Gesetzbuches kommen Verträge durch Antrag und Annahme zustande. Die Annahme muß dem Antragenden gegenüber erklärt werden, außer er hat darauf verzichtet, oder sie ist unüblich.

Der Wille, den Antrag anzunehmen, muß erkennbar sein. Gibt der Empfänger eines Angebotes weder eine Erklärung ab, noch läßt sein Verhalten auf eine solche Erklärung schließen, kommt es nach dem BGB zu keinem Vertragsschluß. »Pures« Stillschweigen bedeutet nämlich stets eine Ablehnung.

Dazu bildet § 362 HGB eine gesetzliche Ausnahme, die besagt, daß ein Handelsgeschäft zum Zwecke des Vertrauensschutzes auch durch Schweigen auf einen Antrag zustande kommen kann.

Ähnliches gilt für das Schweigen auf ein kaufmännisches Bestätigungsschreiben. Nimmt der Empfänger diese Beweisurkunde widerspruchslos entgegen, so läßt damit dessen Inhalt als richtig gelten. Die Vertrauenshaftung des § 346 HGB tritt jedoch nicht ein, wenn der Absender des Bestätigungsschreibens arglistig von dem vorher Besprochenen abweicht oder wenn sich der Inhalt des Bestätigungsschreiben davon so weit unterscheidet, daß mit dem Einverständnis des Empfängers nicht zu rechnen ist.

*Schweigen auf ein kaufmännisches Bestätigungsschreiben:*

Wer schweigt, erkennt den Inhalt der Bestätigung an

- Der Empfänger des Bestätigungsschreibens muß Kaufmann sein oder diesem ähnlich am Geschäftsleben teilnehmen
- Vertragsverhandlungen müssen bereits stattgefunden haben (mit mündlichem oder vermeintlichem Vertragsabschluß)
- Es muß sich um ein echtes Bestätigungsschreiben handeln also keine Auftragsbestätigung
- Unmittelbar nach den Vertragsverhandlungen geht das Bestätigungsschreiben ein
- kein unverzüglicher Widerspruch

Unverzüglich: ohne schuldhaftes Zögern

↳ Vertrag erhält den Inhalt des Bestätigungsschreibens; das ist Gewohnheitsrecht auf der Grundlage eines Handelsbrauchs, § 346 HGB

*Beispiel: Der Teppichhändler einigt sich mit einem neuen Lieferanten über den Kauf neuer Perser. Tags darauf bestätigt der Teppichhändler per Fax, daß die Ware »frei Haus« zu liefern sei. Der Lieferant reagiert nicht; deshalb hat er die Frachtkosten zu tragen, auch wenn er sonst nur »ab Werk« ausliefert.*

Nicht zu verwechseln ist das Bestätigungsschreiben mit der sog. Auftragsbestätigung, durch die der Kaufmann ein ihm gemachtes Angebot (umgangssprachlich oft Auftrag genannt) annimmt.

## 1.6. Erweiterte Verfügungsbefugnis

Die Verfügungsbefugnis des Kaufmann betrifft auch bewegliche fremde Sachen

Das BGB schützt denjenigen, der gutgläubig vom vermeintlichen Eigentümer eine bewegliche Sache zu Eigentum erwirbt oder als Pfand nimmt (§§ 932 - 934, 1207 BGB). Nicht geschützt wird im BGB jedoch derjenige, der sicher weiß, daß der Veräußerer oder Verpfänder nicht Eigentümer der Sache ist, ihn aber für befugt hält, die Sache zu verkaufen oder zu verpfänden. Im Geschäftsleben kommt es aber oft vor, daß fremde Sachen veräußert werden (z. B. Verkaufskommission). In der Regel liegt dazu die Einwilligung vor; fehlt sie jedoch, wird sie im Handelsrecht durch den guten Glauben des Erwerbers gem. § 366 HGB ersetzt.

**§ 366 HGB**

vgl. Erwerb von Sachen §§ 932 ff BGB, Pfand § 1207 BGB

### Gutgläubiger Erwerb von beweglichen Sachen

(1) Veräußert oder verpfändet ein Kaufmann im Betriebe seines Handelsgewerbes eine ihm nicht gehörige bewegliche Sache, so finden die Vorschriften des Bürgerlichen Gesetzbuchs zugunsten derjenigen, welche Rechte von einem Nichtberechtigten herleiten, auch dann Anwendung, wenn der gute Glaube des Erwerbers die Befugnis des Veräußerers oder Verpfänders, über die Sache für den Eigentümer zu verfügen, betrifft...

*Erwerb vom nichtberechtigten Kaufmann, § 366 I HGB:*

- Veräußerung oder Verpfändung einer fremden beweglichen Sache im eigenen Namen, § 366 I HGB
- im Gewerbebetrieb eines Kaufmanns (Scheinkaufmann ist nicht ausreichend)
- guter Glaube an die Verfügungsbefugnis
- keine abhanden gekommene (z.B. gestohlene) Sache
- Vorliegen der sonstigen Voraussetzungen der §§ 932 ff BGB

↳ Dinglicher Erwerb nach §§ 932 ff, 1207 BGB

↳ Bei Unwirksamkeit des schuldrechtlichen Vertrages jedoch Rückabwicklung nach §§ 812 ff BGB

*Beispiel: Frau Bolte erwirbt bei dem Teppichhändler eine teure Brücke, die jedoch einem Teppichsammler gestohlen wurde.*

Über gestohlene Sachen kann auch ein Kaufmann nicht verfügen

Im erweiterten guten Glauben an die Verfügungsbefugnis gemäß § 366 I HGB ist jedoch der Erwerb abhanden gekommener Sachen nicht eingeschlossen. Der § 935 BGB bleibt unberührt.

## 1.7. Kaufmännisches Zurückbehaltungsrecht

Zurückbehaltungsrechte üben »sanften« Druck auf die Bereitschaft zur Gegenleistung

Das gesetzliche Zurückbehaltungsrecht des § 273 BGB gibt dem Schuldner das Recht, seine Leistung so lange zu verweigern, bis er die ihm zustehende Leistung erhalten hat. Der Anspruch des Gläubigers und der Gegenanspruch des Schuldners müssen jedoch auf demselben rechtlichen Verhältnis beruhen (Konnexität).

*Zurückbehaltungsrechte:*

- Zurückbehaltungsrecht im allgemeinen, § 273 BGB
  nur bei konnexen (gleichartigen) Ansprüchen
- Zurückbehaltungsrecht des Besitzers, §§ 1000, 1003 BGB
  bei Aufwendungsersatzansprüchen
- Zurückbehaltungsrecht bei beiderseitigen Handelsgeschäften, §§ 369 ff HGB bei ausstehenden Forderungen (Konnexität ist nicht erforderlich)

*Beispiel: Der Teppichhändler verkauft fünf Seidenteppiche an das Einrichtungshaus »Chez nous«. Für eine Vernissage stellt »Chez nous« dem Teppichhändler eine Ming-Vase zur Verfügung. Das Einrichtungshaus fordert nach Beendigung der Vernissage die Vase zurück. Der Teppichhändler, dessen fällige Forderung bezüglich der Teppiche noch nicht beglichen wurde, weigert sich, die Vase aus der Ming-Dynastie zurückzugeben. Er droht, seine Forderungen aus dem Verkauf der Vase (Verwertung) zu begleichen.*

Durch § 273 BGB wäre das Verhalten des Teppichhändlers nicht gedeckt. Die Kaufpreisforderung und die Herausgabe haben nichts miteinander zu tun (fehlende Konnexität). Die Befugnis zur Verwertung (durch Pfandrecht) ist ebenfalls nicht gegeben.

Beim kaufmännischen Zurückbehaltungsrecht ist Konnexität nicht erforderlich

Im Handelsverkehr wird aber ständig Kredit gewährt, Forderungen werden nicht sofort beglichen. Der Gläubiger einer Geldforderung gelangt im Gegenzug oft in den Besitz von Waren oder Wertpapieren, die dem Schuldner gehören.

Nach kaufmännischer Gepflogenheit dienen diese Sachen dem Gläubiger als Sicherheit, ohne daß dazu eine besondere Abrede getroffen wird. Dem trägt § 369 HGB Rechnung. Der Gläubiger erhält damit ein Leistungsverweigerungsrecht und ein Verwertungsrecht bei Vorliegen eines vollstreckbaren Titels.

**§ 369 HGB**

vgl. § 273 BGB

## Kaufmännisches Zurückbehaltungsrecht

(1) Ein Kaufmann hat wegen der fälligen Forderungen, welche ihm gegen einen anderen Kaufmann aus den zwischen ihnen geschlossenen beiderseitigen Handelsgeschäften zustehen, ein Zurückbehaltungsrecht an den beweglichen Sachen und Wertpapieren des Schuldners, welche mit dessen Willen auf Grund von Handelsgeschäften in seinen Besitz gelangt sind, sofern er sie noch im Besitze hat, insbesondere mittels Konnossements, Ladescheins oder Lagerscheins darüber verfügen kann....

(2) Einem Dritten gegenüber besteht das Zurückbehaltungsrecht insoweit, als dem Dritten die Einwendungen gegen den Anspruch des Schuldners auf Herausgabe des Gegenstandes entgegengesetzt werden können.

(3) Das Zurückbehaltungsrecht ist ausgeschlossen, wenn die Zurückbehaltung des Gegenstandes der von dem Schuldner vor oder bei der Übergabe erteilten Anweisung oder der von dem Gläubiger übernommenen Verpflichtung, in einer bestimmten Weise mit dem Gegenstande zu verfahren, widerstreitet.

(4) Der Schuldner kann die Ausübung des Zurückbehaltungsrechts durch Sicherheitsleistung abwenden. Die Sicherheitsleistung durch Bürgen ist ausgeschossen.

*Kaufmännisches Zurückbehaltungsrecht § 369 HGB:*

- Gilt nur unter Kaufleuten bei Forderungen aus beiderseitigen Handelsgeschäften (Konnexität ist nicht erforderlich)
- Fälligkeit einer Geldforderung (Ausnahme § 370 I HGB)
- selbständig verwertbare beweglichen Sachen oder Wertpapiere die im Besitz des Gläubigers sind
- der Besitz ist mit Willen des Schuldners, aufgrund eines Handelsgeschäftes erlangt worden
- die Sachen müssen bei Entstehen des Zurückbehaltungsrechts Eigentum des Schuldner sein
- kein vertraglicher Ausschluß der Zurückbehaltung § 369 III HGB (Ausnahme § 370 II HGB)

↳ Wirkung des Zurückbehaltungsrechts: Leistungsverweigerungsrecht gegenüber dem Schuldners (§ 274 BGB), gegenüber Dritten (§ 369 II HGB)

↳ Verwertungsrecht, § 371 HGB bei Vorliegen eines vollstreckbaren Titels

Für die besonderen Verkehrssitten im Handelsverkehr gewährt der § 369 HGB dem Kaufmann ein gesetzliches Zurückbehaltungsrecht, das erstens keine Konnexität der Ansprüche voraussetzt und zweitens über die Leistungsverweigerung hinaus ein Verwertungsrecht zuläßt.

*Der Teppichhändler aus dem vorigen Beispiel kann sich demnach auf § 369 HGB berufen. Er muß die Vase nicht herausgeben und darf sie auch verwerten. Das Befriedigungsrecht, das »Wie«, ergibt sich aus § 371 HGB; meist durch eine Versteigerung.*

### Außerordentliches Zurückbehaltungsrecht

**§ 370 HGB**

(1) Das Zurückbehaltungsrecht kann auch wegen nicht fälliger Forderungen geltend gemacht werden:

1. wenn über das Vermögen des Schuldners der Konkurs eröffnet ist oder der Schuldner seine Zahlungen eingestellt hat;
2. wenn eine Zwangsvollstreckung in das Vermögen des Schuldners ohne Erfolg versucht ist...

Bei dem Notzurückbehaltungsrecht sind die Voraussetzungen noch geringer als bei § 369 HGB. Die Forderungen müssen noch nicht fällig sein, wenn erkennbar ist, daß der Schuldner zur Bezahlung der Geldschulden voraussichtlich dauernd unfähig sein wird. In diesem Fall hindert gem. § 370 II auch ein vertraglicher Ausschluß nicht das Recht auf Zurückbehaltung.

### Befriedigungsrecht

**§ 371 HGB**

vgl. § 273 BGB

(1) Der Gläubiger ist kraft des Zurückbehaltungsrechts befugt, sich aus dem zurückbehaltenen Gegenstande für seine Forderung zu befriedigen. Steht einem Dritten ein Recht an dem Gegenstande zu, gegen welches das Zurückbehaltungsrecht nach § 369 Abs 2 geltend gemacht werden kann, so hat der Gläubiger in Ansehung der Befriedigung aus dem Gegenstande den Vorrang.

(2) Die Befriedigung erfolgt nach den für das Pfandrecht geltenden Vorschriften des Bürgerlichen Gesetzbuchs....

Durch das Befriedigungsrecht, § 371 I HGB, gestaltet sich das kaufmännische Zurückbehaltungsrecht ähnlich wie das Pfandrecht. Die Verwertung erfolgt gemäß §§ 1228 ff BGB.

## 2. Der Handelskauf

Kaufen und Verkaufen ist das tägliche Brot des Kaufmanns (nicht umsonst auch seine Bezeichnung). Für den »normalen« Handelskauf genügt die Beteiligung eines Kaufmanns; dabei muß zumindest ein einseitiges Handelsgeschäft im Sinne der §§ 343, 344 HGB vorliegen. In besonderen Fällen müssen auf beiden Seiten Kaufleute stehen.

Der im BGB geregelte Kauf ist ein gegenseitiger Vertrag, der auf den Umsatz von (beweglichen oder unbeweglichen) Sachen oder Rechten gegen Geld gerichtet ist. Beim Handelskauf muß es sich bei der Kaufsache immer um bewegliche Sachen, z.B. Nahrungsmittel, Gebrauchsgegenstände, Kunstwerke, Halb- und Fertigfabrikate oder um Wertpapiere handeln. Grundstücke, Wohnungen, Häuser und Rechte fallen jedoch nicht unter die Regelungen des Handelskaufes.

Der Handelskauf begünstigt die Rechte des Verkäufers und verschärft die Pflichten des Käufers gegenüber den Vorschriften des BGB

Das HGB definiert den Handelskauf nicht. Es füllt nur durch ergänzende oder verdrängende Vorschriften die Lücken der hier anzuwendenden Vorschriften über den Kauf (§§ 433 ff BGB), die durch die Besonderheiten des Handelsverkehrs auftreten. Um die im Handel notwendige Klarheit und Schnelligkeit hinsichtlich der Klärung eines Rechtsverhältnisses zu schaffen, wird im Handelskauf der Verkäufer begünstigt; die Pflichten des Käufers werden verschärft.

*Unter den Handelskauf fallen:*

- Kaufvertrag, §§ 433 ff BGB über handelbare bewegliche Sachen oder Wertpapiere (§ 381 I HGB)
- Werklieferungsvertrag § 651 I BGB über vertretbare bewegliche Sachen (§ 91 BGB) oder unvertretbare bewegliche Sachen (§ 381 II HGB)
- Tausch, § 515 BGB von handelbaren beweglichen Sachen

*Beispiel: Der zehnjährige Tobias kauft sich von seinem Taschengeld am Kiosk eine Tüte Bonbons.*

*Ein Handelskauf liegt vor, wenn zumindest ein Kaufmann, und sei es nur ein Minderkaufmann, daran beteiligt ist. Unbedeutend ist in diesem Zusammenhang die Minderjährigkeit des Tobias.*

| Regeln für den Handelskauf | |
|---|---|
| Besonderheiten zu §§ 433 ff, 651 BGB | Der Handelskauf ist ein Handelsgeschäft, das einen Kaufvertrag, § 433 BGB über Waren oder Wertpapiere oder einen Werklieferungsvertrag, § 651 BGB über nicht vertretbare Sachen (vgl. § 381 II HGB), zum Inhalt hat.<br>Für alle einseitigen wie beiderseitigen Handelskäufe gelten die Besonderheiten: Annahmeverzug des Käufers, §§ 373 ff HGB; Spezifikationskauf, § 375 HGB und Fixhandelskauf, § 376 HGB.<br>Die unverzügliche Untersuchungs- und Rügepflicht sowie die Aufbewahrungspflicht des Käufers bei nicht ordnungsgemäßer Lieferung, §§ 377 ff HGB gilt nur beim beiderseitigen Handelskauf |
| Annahmeverzug § 373 HGB | Die Rechte des Verkäufers erweitert das Handelsrecht, wenn der Käufer im Annahmeverzug ist. D.h. wenn der Käufer die bestellte Kaufsache nicht wie vereinbart abholt oder annimmt:<br>- erweitertes Hinterlegungsrecht, § 373 I HGB<br>- erweitertes Recht zum Selbsthilfeverkauf, § 373 II-IV HGB |
| Bestimmungskauf § 375 HGB | Bei Vertragsschluß hat der Käufer noch keine vollständigen Bestimmungen (Maße, Form, Farbe etc.) über die Kaufsache getroffen, § 375 HGB. Spezifiziert der Käufer die Kaufsache nicht termingerecht, so hat der Verkäufer folgendes Wahlrecht:<br>- Schadensersatz oder Rücktritt vom Vertrag wegen Verzugs<br>- Selbstspezifikation (unter bestimmten Voraussetzungen kann der Verkäufer selbst nähere Bestimmungen vornehmen) |
| Fixhandelskauf § 376 HGB | Ein Fixhandelskauf liegt vor, wenn sich beide Vertragsparteien einig sind, daß die Verpflichtung zur rechtzeitigen Lieferung elementarer Bestandteil des Vertrages ist. Bei verspäteter Lieferung hat die Leistung für den Käufer i.d.R. keinen Nutzen mehr. Die Rechtsfolgen aus § 376 I HGB sind:<br>- grundsätzliches Rücktrittsrecht<br>- Schadensersatz wegen Nichterfüllung (Fristsetzung und Ablehnungsdrohung nicht erforderlich)<br>- Erfüllungsanspruch bei sofortiger Anzeige |
| Rügepflicht §§ 377, 378 HGB | Bei nicht ordnungsgemäßer Lieferung trifft den Käufer aus einem beiderseitigen Handelskauf die Pflicht zur unverzüglichen Beanstandung (besondere Rügepflicht). Dies betrifft:<br>- Qualitätsmängel, § 377 HGB<br>- Falschlieferung (genehmigungsfähige Abweichungen), § 378 HGB<br>- Mengenfehler, § 378 HGB<br><br>Bei nicht unverzüglicher Untersuchung und Rüge verliert der Käufer regelmäßig seine Gewährleistungsansprüche sowie die Rechte wegen der fehlerhaften Lieferung |
| Aufbewahrungspflicht § 379 HGB | Der Käufer aus einem beiderseitigen Handelskauf hat die Pflicht, bei Beanstandung der Waren für deren ordnungsgemäße Aufbewahrung zu sorgen, § 379 HGB |

## 2.1. Allgemeines zum Handelskauf

**§ 373 HGB**

Verzug des Käufers
vg. §§ 293 ff BGB
Hinterlegung
vgl. § 372 BGB
Selbsthilfeverkauf
vgl. § 383 BGB

### Annahmeverzug des Käufers

(1) Ist der Käufer mit der Annahme der Ware im Verzuge, so kann der Verkäufer die Ware auf Gefahr und Kosten des Käufers in einem öffentlichen Lagerhaus oder sonst in sicherer Weise hinterlegen.

(2) Er ist ferner befugt, nach vorgängiger Androhung die Ware öffentlich versteigern zu lassen;...

*Rechte des Verkäufers bei Annahmeverzug:*

- Hinterlegungsrecht, § 373 I HGB
- Selbsthilfeverkaufsrecht, § 373 II, IV, V HGB

Annahmeverzug bedeutet, daß der Käufer seiner Pflicht, die bestellte Ware entgegenzunehmen, nicht nachkommt

Der § 373 HGB regelt die Rechtsfolgen bei Annahmeverzug des Käufers nur unvollständig. Die Voraussetzungen des Annahmeverzuges bestimmen sich allgemein nach §§ 293 ff BGB. Annahmeverzug bedeutet, daß der Käufer seiner Pflicht, die bestellte Ware entgegenzunehmen, nicht nachkommt. In diesem Fall darf der Verkäufer die Ware auf Gefahr und Kosten des Käufers an einem Ort hinterlegen. Dabei hat er jedoch zu beachten, daß die Belange des Käufers bestmöglich gewahrt bleiben.

*Beispiel: Frau Bult kauft nach langer und ausgiebiger Beratung einen Schurwollteppich beim Teppichhändler. Als dieser den Teppich am Tag darauf bei der Familie Bult anliefern möchte, verweigert Herr Bult die Annahme, denn für den »Teppichwahn« seiner Frau habe er kein Verständnis.*

Der Teppichhändler hat ein Hinterlegungsrecht gem. § 373 I HGB, da sich die Familie Bult in Annahmeverzug bezüglich des gekauften Teppiches befindet. Behält der Teppichhändler die Ware in eigener Verwahrung, haftet er im Falle der Verschlechterung oder des Untergangs nur für Vorsatz und grobe Fahrlässigkeit. Nach § 304 BGB hat er einen Anspruch gegen die Bults auf Ersatz seiner Aufwendungen.

Der § 373 II HGB konkretisiert zwar das »Wie« des Selbsthilfeverkaufs: Als Verkäufer handelt er immer in berechtigter Geschäftsführung (§ 677 BGB) für den Käufer. Er kann die Ware daher auch in anderer Weise als nach § 373 II HGB verkaufen lassen. Er muß den Verkauf lediglich so durchführen, wie das Interesse des

Geschäftsherrn mit Rücksicht auf dessen wirklichen oder mutmaßlichen Willen es erfordert. Der Verkäufer muß den Selbsthilfeverkauf vorher androhen. Der Selbsthilfeverkauf unterscheidet sich vom Deckungsverkauf dadurch, daß er auf Rechnung des Käufers geht.

## Bestimmungskauf

**§ 375 HGB**

Verzug des Käufers vgl. § 326 BGB

Bestimmung der Leistung vgl. §§ 315 BGB

(1) Ist bei dem Kaufe einer beweglichen Sache dem Käufer die nähere Bestimmung über Form, Maß oder ähnliche Verhältnisse vorbehalten, so ist der Käufer verpflichtet, die vorbehaltene Bestimmung zu treffen.

(2) Ist der Käufer mit der Erfüllung dieser Verpflichtung im Verzuge, so kann der Verkäufer die Bestimmung statt des Käufers vornehmen oder gemäß § 326 des Bürgerlichen Gesetzbuchs Schadensersatz wegen Nichterfüllung fordern oder vom Vertrage zurückteten. Im ersteren Falle hat der Verkäufer die von ihm getroffene Bestimmung dem Käufer mitzuteilen und ihm zugleich eine angemessene Frist zur Vornahme einer anderweitigen Bestimmung zu setzen. Wird eine solche innerhalb der Frist von dem Käufer nicht vorgenommen, so ist die von dem Verkäufer getroffene Bestimmung maßgebend.

*Beispiel: Der Teppichhändler kauft zwanzig Mir-Teppiche für 15.000,- DM. Der Großhändler aus Afghanistan kann dem Teppichhändler die genauere Bestimmung von Alter, Größe, Farbe, Knoten etc. noch für eine gewisse Zeit überlassen.*

Der Käufer bestimmt erst später, was er will

Beim Bestimmungskauf wird der Kaufvertrag so geschlossen, daß die Ware nur grob bestimmt wird. Die aufgeschobene Bestimmung regelt sich gemäß §§ 315 ff BGB. Die Bestimmung ist eine Pflicht des Schuldners. Kommt er dieser nicht nach, hat der Verkäufer wahlweise mehrere Rechte.

*Die Rechte des Verkäufers bei fehlender Bestimmung:*

- Klage auf Erfüllung der Bestimmungspflicht
- Selbständiges Treffen der Bestimmung, sofern der Käufer sie nicht vornimmt
- Rücktritt vom Vertrag
- Schadensersatz wegen Nichterfüllung

## § 376 HGB

vgl. § 361 BGB

## Fixhandelskauf

(1) Ist bedungen, daß die Leistung des einen Teiles genau zu einer festbestimmten Zeit oder innerhalb einer festbestimmten Frist bewirkt werden soll, so kann der andere Teil, wenn die Leistung nicht zu der bestimmten Zeit oder nicht innerhalb der bestimmten Frist erfolgt, von dem Vertrage zurücktreten oder, falls der Schuldner im Verzug ist, statt der Erfüllung Schadensersatz wegen Nichterfüllung verlangen. Erfüllung kann er nur beanspruchen, wenn er sofort nach dem Ablaufe der Zeit oder der Frist dem Gegner anzeigt, daß er auf Erfüllung bestehe.

(2) Wird der Schadensersatz wegen Nichterfüllung verlangt und hat die Ware einen Börsen- oder Marktpreis, so kann der Unterschied des Kaufpreises und des Börsen- oder Marktpreises zur Zeit und am Orte der geschuldeten Leistung gefordert werden...

Fixgeschäft bedeutet, daß die Leistung des einen Teils genau zu einer festbestimmten Zeit zu bewirken ist

Nach § 361 BGB liegt ein Fixgeschäft vor, wenn die Leistung des einen Teils genau zu einer festbestimmten Zeit oder innerhalb einer festgesetzten Frist bewirkt werden soll. Die Parteien müssen sich darüber einig sein, daß die Fristeinhaltung elementarer Bestandteil des Vertrages ist. Hält der Schuldner die Leistungszeit nicht ein, ergibt sich als Rechtsfolge, daß der Gläubiger ohne Rücksicht auf Verschulden und ohne Fristsetzung zum Rücktritt berechtigt ist. Der § 376 HGB erweitert insofern die Bestimmungen der §§ 286 II, 326 BGB zugunsten des Gläubigers.

Daneben kann der Gläubiger bei Verzug, ohne Nachfristsetzung, Schadensersatz wegen Nichterfüllung verlangen. Verlangt der Gläubiger Schadensersatz, so hat er zwei Möglichkeiten.

*Wahlmöglichkeiten des Gläubigers zwischen der:*

- Abstrakten Berechnung (§ 376 II HGB):
  Der Gläubiger braucht nicht nachzuweisen, daß er im Zusammenhang mit dem Fixgeschäft ein anderweitiges Geschäft abgeschlossen hat
- Konkreten Berechnung (§ 376 III HGB):
  Der Gläubiger kann sich auf ein nach der Leistungszeit vorgenommenes Deckungsgeschäft berufen

## 2.2. Der beiderseitige Handelskauf

Kaufleute sind untereinander an einer schnellen Klärung interessiert, ob eine Ware oder eine Lieferung beanstandet wird oder nicht. Das HGB fordert daher bei beiderseitigen Handelsgeschäften vom Käufer, daß er die gelieferte Ware unverzüglich untersucht und einen Mangel gegebenenfalls unverzüglich rügt.

### Untersuchungs- und Rügepflicht

**§ 377 HGB**

vgl. Sachmangel §§ 459 ff, 477 BGB

(1) Ist der Kauf für beide Teile ein Handelsgeschäft, so hat der Käufer die Ware unverzüglich nach der Ablieferung durch den Verkäufer, soweit dies nach ordnungsmäßigem Geschäftsgange tunlich ist, zu untersuchen und, wenn sich ein Mangel zeigt, dem Verkäufer unverzüglich Anzeige zu machen.

(2) Unterläßt der Käufer die Anzeige, so gilt die Ware als genehmigt, es sei denn, daß es sich um einen Mangel handelt, der bei der Untersuchung nicht erkennbar war.

(3) Zeigt sich später ein solcher Mangel, so muß die Anzeige unverzüglich nach der Entdeckung gemacht werden; andernfalls gilt die Ware auch in Ansehung dieses Mangels als genehmigt.

(4) Zur Erhaltung der Rechte des Käufers genügt die rechtzeitige Absendung der Anzeige.

(5) Hat der Verkäufer den Mangel arglistig verschwiegen, so kann er sich auf diese Vorschriften nicht berufen.

Der Käufer muß die Waren bei Empfang sofort auf Richtigkeit, Menge und Qualität untersuchen

Ein Mangel ist hier jede Abweichung der Beschaffenheit des beim Käufer Abgelieferten von dem vertraglich Vereinbarten oder der aus Gesetz und Handelsbrauch folgenden Norm. Schwierig ist die Frage von krasser Abweichung des Gelieferten gegenüber dem Bestellten. In diesem Fall würde die Rügepflicht entfallen, § 378 HGB. Durch § 377 HGB wird der Verkäufer geschützt.

*Beispiel (Artabweichung): Der Teppichhändler bestellt einen Container mit 4000 Seidenteppichen aus Marokko. Als diese bei ihm angeliefert werden, untersucht er die Teppiche sofort und stellt fest, daß es sich dabei um weniger farbenprächtige Exemplare aus Ägypten handelt. Diese Lieferung eines sogenannten qualitativen Aliuds muß er unverzüglich rügen.*

*Beispiel (Mengenabweichung): Rügen muß er auch, wenn die Teppiche zwar aus Marokko sind, aber anstatt der 4000 Stück nur 3800 geliefert wurden (quantitatives Aliud).*

Steht jedoch die Qualität oder die Quantität in einem auffälligen Mißverhältnis zu der Bestellung, so erübrigt sich die Rügepflicht, da es sich dann um kein genehmigungsfähiges Aliud handelt.

*Beispiel (Fehlerhaftigkeit): Der Teppichhändler bestellt marokkanische Seidenteppiche. Er bekommt zwar diese Seidenteppiche, die allerdings total verwanzt sind (Sachmangel, § 377 HGB). Er muß unverzüglich rügen.*

*Rügepflichten bei Mängeln §§ 377, 378 HGB*

- Beiderseitiger Handelskauf
- Vorliegen eines Mangels:
  - Sachmangel, §§ 459 ff BGB
  - Artabweichung, § 378 HGB
  - Mengenabweichung, § 378 HGB
- Unverzügliche (§ 121 BGB) Untersuchung der Waren und unverzügliche Rüge, wenn Mängel festgestellt werden

Unverzüglich: ohne schuldhaftes Zögern

↳ Bei ordnungsgemäßer Rüge: Gewährleistungsanspruch bzw. Erfüllungsanspruch des Käufers

↳ Bei nicht ordnungsgemäßer Rüge gilt die Lieferung als genehmigt, § 377 II HGB: Verlust aller Gewährleistungsansprüche und Pflicht zur Zahlung des Kaufpreises

↳ Das Versäumen der Rüge ist schadlos, wenn der Verkäufer den Mangel arglistig verschwiegen hat

**§ 378 HGB**

vgl. Sachmangel §§ 459 ff, 477 BGB

## Falschlieferung oder Mengenfehler

Die Vorschriften des § 377 finden auch dann Anwendung, wenn eine andere als die bedungene Ware oder eine andere als die bedungene Menge von Waren geliefert ist, sofern die gelieferte Ware nicht offensichtlich von der Bestellung so erheblich abweicht, daß der Verkäufer die Genehmigung des Käufers als ausgeschlossen betrachten mußte.

Der § 378 HGB erweitert die Rügepflicht bei Vorliegen eines Sachmangels auf die Lieferung eines qualitativen und quantitativen Aliuds. Die Rügepflicht ist nur dann entbehrlich, falls das Aliud nicht genehmigungsfähig ist.

| Die Folgen der verspäteten Rüge | |
|---|---|
| Schlecht-lieferung | Es liegt ein Fehler an der Kaufsache vor. Der Käufer verliert alle Gewährleistungs-ansprüche aus §§ 459 ff, sofern nicht ein versteckter Mangel vorlag, § 377 II HGB oder der Mangel vom Verkäufer arglistig verschwiegen wurde, § 377 V HGB. Die Pflicht zur vollen Kaufpreiszahlung besteht |
| Falsch-lieferung | Falschlieferung bedeutet keine völlig anderen, sondern Sachen ähnlicher Güte, die als genehmigungsfähig gelten. Für solche Artabweichungen gilt: Bei minderwertigerer Lieferung muß der vereinbarte Kaufpreis bezahlt werden. Ist die Ware dagegen hochwertiger, so ist der entsprechend höhere Kaufpreis zu zahlen. Ansprüche auf »Richtiglieferung« bestehen nicht |
| Mengen-fehler | Bei Zuweniglieferung hat der Käufer den vereinbarten Kaufpreis zu zahlen, ohne Nach-lieferung fordern zu können. Außer bei offensichtlichen Mengenfehlern. Bei Mehrlieferung ist der Preis der höheren Stückzahl zu bezahlen |

Die Rechtsfolgen einer verspäteten Rüge sind: Bei Fehlern an der Kaufsache hat fast immer der Käufer das Nachsehen, der Verkäufer wird privilegiert.

Verständlich, daß alle größeren Betriebe eine Wareneingangskontrolle besitzen, die alle eingehenden Waren und Lieferscheine auf ihre Richtigkeit und Übereinstimmung zur Bestellung überprüfen. Bei Beanstandungen wird unverzüglich gerügt und für die Aufbewahrung der fehlerhaften Ware gesorgt.

### Einstweilige Aufbewahrung

**§ 379 HGB**

(1) Ist der Kauf für beide Seiten ein Handelsgeschäft, so ist der Käufer, wenn er die ihm von einem anderen Orte übersendete Ware beanstandet, verpflichtet, für ihre einstweilige Aufbewahrung zu sorgen.

(2) Er kann die Ware, wenn sie dem Verderb ausgesetzt und Gefahr im Verzug ist, unter Beobachtung der Vorschriften des § 373 verkaufen lassen.

## 3. Besondere Hilfsgeschäfte

Wo wäre der Handel, gäbe es nicht selbstständige Hilfspersonen, die ihn in professioneller Weise ermöglichen. Er bliebe wohl auf der Strecke, wenn nicht besondere Unternehmen den Transport von Waren, ihre Aufbewahrung und ihre Verteilung auf eigene Rechnung (und auf eigene Faust) übernehmen würden.

*Die für die Praxis wichtigen Hilfspersonen sind:*

- Kommissionär, § 383 HGB
- Spediteur, § 407 HGB
- Lagerhalter, § 416 HGB
- Frachtführer, § 425 HGB

Der Kommissionär und der Spediteur, ebenso auch der Frachtführer und der Lagerhalter sind selbständige Kaufleute, die stets im eigenen Namen handeln. Dies unterscheidet sie vom Handelvertreter bzw. Handelsmakler, die immer »nur« in fremden Namen tätig werden. Der Kommissionär und Spediteur handeln jedoch für Rechnung eines anderen (sog. mittelbare Stellvertretung).

Zwischen dem Kommissionär und dem Auftraggeber wird meist ein entgeltlicher Geschäftsbesorgungsvertrag abgeschlossen.

Beim Speditions- und Frachtvertrag handelt es sich um einen Werkvertrag. Als vertragliche Hauptleistungspflicht gilt die Herbeiführung eines Erfolges, § 631 II BGB. Während aber der Frachtführer tatsächlich die Güter befördert, besteht die Aufgabe des Spediteurs lediglich darin, die Güterversendung zu organisieren.

Das Lagergeschäft ist ein entgeltlicher Verwahrungsvertrag gemäß § 688 BGB über lagerfähige Güter.

Die Hilfspersonen haben alle die Pflicht, bei ihrer Ausführung der übernommenen Geschäfte die Sorgfalt eines ordentlichen Kaufmanns anzuwenden, § 384 HGB, und dabei die Interessen des Auftraggebers wahrzunehmen. Sie haben immer die Weisungen des Auftraggebers zu befolgen (§ 665 BGB). Als vertragliche Hauptgegenleistung hat der Auftraggeber das vereinbarte Entgelt zu zahlen.

## 3.1. Kommissionsgeschäft

### Begriff des Kommissionärs

**§ 383 HGB**

Kaufmann gemäß
§ 1 II Nr. 6 HGB
Geschäftsbesorgung
§§ 662, 675 BGB

Kommissionär ist, wer es gewerbemäßig übernimmt, Waren oder Wertpapiere für Rechnung eines anderen (des Kommittenten) in eigenem Namen zu kaufen oder verkaufen.

*Kommissionär ist, wer:*

- als Kaufmann gewerbsmäßig
- für Rechnung eines anderen (des Kommitenten)
- im eigenen Namen
- fremde Waren oder Wertpapiere kauft oder verkauft (Einkaufskommission, Verkaufskommission)

Der Kommisionär verkauft im eigenen Namen fremde Waren

Der Kommissionsvertrag ist jeder von einem Kaufmann im Betrieb seines Handelsgewerbes geschlossene Vertrag (meist über eine Geschäftsbesorgung, § 675 BGB; bei längerfristiger Verbindung kann auch ein Dienstvertrag, § 611 BGB, vorliegen), in dem der Kaufmann sich verpflichtet, für Rechnung eines anderen in eigenem Namen ein Geschäft abzuschließen.

Zweifaches Rechtsverhältnis: Zwischen dem Kommissionär und dem Kommittenten wird ein Kommissionsvertrag abgeschlossen. Zwischen dem Kommissionär und dem Dritten wird der Kaufvertrag, also das Ausführungsgeschäft, geschlossen. Die Rechte und Pflichten, die sich aus dem Vertrag ergeben, erwachsen nur ihnen. Der Kommissionär wickelt den Kaufvertrag mit dem Dritten als dessen Gläubiger (der Geldforderung) und Schuldner (der Sachforderung) ab.

*Beispiel: Frau Bolte bittet den Teppichhändler, einen wertvollen Vorleger für sie zu verkaufen. Für »gute Kunden« macht der Teppichhändler dies gerne.*

*Selbst wenn der Teppichhändler solche Geschäfte nur gelegentlich tätigt, hat er gem. § 383 HGB einen Kommissionsvertrag mit Frau Bolte (Kommittent) abgeschlossen. Der Kommisionär kann aufgrund der Einwilligung wirksam über den Vorleger verfügen (§ 185 I BGB), also das Eigentum daran an einen möglichen Käufer übertragen. Die Kaufpreisforderung könnte dann Frau Bolte durch Abtretung (§ 398) seitens des Teppichhändlers gegen den Käufer geltend machen. Siehe auch § 392 HGB.*

**§ 384 HGB**

**Pflichten des Kommissionärs**

(1) Der Kommissionär ist verpflichtet, das übernommene Geschäft mit der Sorgfalt eines ordentlichen Kaufmanns auszuführen; er hat hierbei das Interesse des Kommittenten wahrzunehmen und dessen Weisungen zu befolgen.

(2) Er hat dem Kommittenten die erforderlichen Nachrichten zu geben, insbesondere von der Ausführung der Kommission unverzüglich Anzeige zu machen; er ist verpflichtet, dem Kommittenten über das Geschäft Rechenschaft abzulegen und ihm dasjenige herauszugeben, was er aus der Geschäftsbesorgung erlangt hat.

*Ansprüche des Kommittenten:*

- Herausgabepflicht des Erlangten, § 384 II HGB
- Treuepflicht der Kommissionärs, §§ 384 I, 385, 387 HGB

**§ 392 HGB**

**Forderungen aus dem Kommissionsgeschäft**

(1) Forderungen aus einem Geschäfte, das der Kommissionär abgeschlossen hat, kann der Kommittent dem Schuldner gegenüber erst nach der Abtretung geltend machen.

(2) Jedoch gelten solche Forderungen, auch wenn sie nicht abgetreten sind, im Verhältnisse zwischen dem Kommittenten und dem Kommissionär oder dessen Gläubigern als Forderungen des Kommittenten.

**§ 396 HGB**

**Provision des Kommisionärs**

(1) Der Kommissionär kann die Provision fordern, wenn das Geschäft zur Ausführung gekommen ist. Ist das Geschäft nicht zur Ausführung gekommen, so hat er gleichwohl den Anspruch auf die Auslieferungsprovision, sofern eine solche ortsgebräuchlich ist; auch kann er die Provision verlangen, wenn die Ausführung des von ihm abgeschlossenen Geschäfts nur aus einem in der Person des Kommittenten liegenden Grunde unterblieben ist....

*Ansprüche des Kommissionärs § 396:*

- Provision, §§ 396 I, 354 I HGB bei Ausführung des Geschäftes. Ggf. auch bei Nichtausführung § 396 I 2
- Aufwendungsersatz, § 396 II HGB, §§ 670, 675 BGB

## 3.2. Speditionsgeschäft

### Begriff des Spediteurs

**§ 407 HGB**

Kaufmann gemäß § 1 II Nr. 6 HGB

Geschäftsbesorgung §§ 662, 675 BGB

(1) Spediteur ist, wer es gewerbsmäßig übernimmt, Güterversendungen durch Frachtführer oder durch Verfrachter von Seeschiffen für Rechnung eines anderen (des Versenders) in eigenem Namen zu besorgen.

(2) Auf die Rechte und Pflichten des Spediteurs finden, soweit dieser Abschnitt keine Vorschriften enthält, die für den Kommissionär geltenden Vorschriften, insbesondere die Vorschriften der §§ 388 bis 390 über die Empfangnahme, die Aufbewahrung und die Versicherung des Gutes Anwendung.

*Spediteur ist, wer:*

Der Spediteur organisiert den Transport von Waren

- als Kaufmann gewerbsmäßig
- die Beförderung von fremden Gütern besorgt (er schließt z.B. einen Frachtvertrag mit dem LKW-Unternehmen ab)
- für Rechnung eines anderen (des Versenders)
- und in eigenem Namen handelt (der Spediteur wird aus dem Frachtvertrag berechtigt und verpflichtet)

### Pflichten des Spediteurs

**§ 408 HGB**

(1) Der Spediteur hat die Versendung, insbesondere die Wahl der Frachtführer, Verfrachter und Zwischenspediteure, mit der Sorgfalt eines ordentlichen Kaufmanns auszuführen; er hat hierbei das Interesse des Versenders wahrzunehmen und dessen Weisungen zu befolgen.

(2) Der Spediteur ist nicht berechtigt, dem Versender eine höhere als die mit dem Frachtführer oder dem Verfrachter bedungene Fracht zu berechnen.

Der Spediteur hat genauso wie der Kommissionär eine Interessenwahrungspflicht gegenüber dem Versender.

*Anspruch des Versenders auf:*

- sorgfältige Auswahl des Frachtführers
- übliches »in die Wegeleiten« der Beförderung (dazu gehören alle Papiere für den Zoll; die Wertangabe der Sendung und die Zwischenlagerung der Ware)

## 3.3. Lagergeschäft

**§ 416 HGB**

Kaufmann gemäß § 1 II Nr. 6 HGB
Geschäftsbesorgung §§ 662, 675 BGB

### Begriff des Lagerhalters

Lagerhalter ist, wer gewerbsmäßig die Lagerung und Aufbewahrung von Gütern übernimmt.

Das Lagergeschäft ist ein entgeltlicher Verwahrungsvertrag gem. § 688 BGB über lagerfähige Güter.

Der Lagerhalter übernimmt die Aufbewahrung lagerfähiger Güter

*Beispiel: Der Pirat Hook kommt zum Lagerhalter und übergibt ihm seine Golddukaten in einer damit reich gefüllten Schatztruhe zum Lagern und Aufbewahren. Ein Lagergeschäft liegt nicht vor, weil die Golddukaten ein Zahlungsmittel darstellen. Geld ist nicht lagerfähig, sondern gehört auf die Bank. Ärgerlich geht Hook mit den Dukaten und kauft davon einen Elefanten. Jetzt bringt er diesen zum Lagerhalter. Wieder klappt das Geschäft nicht, weil Tiere ebenfalls nicht lagerfähig sind.*

**§ 417 HGB**

### Rechte und Pflichten des Lagerhalters

(1) Auf die Rechte und Pflichten des Lagerhalters in Ansehung der Empfangnahme, Aufbewahrung und Versicherung des Gutes finden die für den Kommissionär geltenden Vorschriften der §§ 388 bis 390 Anwendung.

(2) Treten Veränderungen an dem Gute ein, welche dessen Entwertung befürchten lassen, so hat der Lagerhalter den Einlagerer hiervon unverzüglich zu benachrichtigen. Versäumt er dies, so hat er den daraus entstehenden Schaden zu ersetzen.

*Aus dem Lagervertrag ergibt sich als:*

- Hauptpflicht die ordnungsgemäße Aufbewahrung der Güter (§§ 490 I, 390 HGB)
- Nebenpflicht, die Anzeige bei Veränderung des Gutes, § 417 II HGB (eingelagerte Bleche beginnen zu rosten)
- Nebenpflicht zur Duldung von Eingriffen des Einlageres, § 418 HGB (z.B.: Erhaltungsmaßnahmen, Besichtigung)
- bei Verletzung schuldet der Lagerhalter Schadensersatz (ggf. auch aus unerlaubter Handlung, §§ 823 ff BGB)

## 3.4. Frachtgeschäft

### Begriff des Frachtführers

**§ 425 HGB**

Frachtführer ist, wer es gewerbsmäßig übernimmt, die Beförderung von Gütern zu Lande oder auf Flüssen oder sonstigen Binnengewässern auszuführen.

Kaufmann gemäß § 1 II Nr. 5 HGB

Geschäftsbesorgung §§ 662, 675 BGB

Im Gegensatz zum Spediteur, der die Versendung von Gütern durch Dritte besorgt, übernimmt der Frachtführer die Beförderung selbst. Der Frachtvertrag ist auf Güterbeförderung gegen Entgelt gerichtet. Er ist ein Werkvertrag, §§ 631 ff BGB. Der Frachtführer verspricht die Güterbeförderung an einen bestimmten Ort, also einen Erfolg. Wesentliches Merkmal ist, daß der Frachtführer das Gut in seine Obhut nimmt.

Die Güterbeförderung auf See und in der Luft sind gesondert geregelt (Seehandel Kap. V des HGB, bzw. LuftVG)

Typisch für den Frachtvertrag ist die Beteiligung von drei Personen: Absender, Frachtführer, Empfänger. Auch wenn der Frachtvertrag nur zwischen Absender und Frachtführer geschlossen ist, stehen dem Empfänger bestimmte Rechte zu. Insoweit ist der Frachtvertrag ein Vertrag zugunsten Dritter, § 328 BGB. Durch die Annahme des Gutes wird der Empfänger aber zur Zahlung nach Maßgabe des Frachtbriefes verpflichtet, § 436 HGB.

Der Frachtführer transportiert Waren zu ihrem Bestimmungsort

### Haftung des Frachtführers

**§ 429 HGB**

(1) Der Frachtführer haftet für den Schaden, der durch Verlust oder Beschädigung des Gutes in der Zeit von der Annahme bis zur Ablieferung oder durch Versäumung der Lieferzeit entsteht, es sei denn, daß der Verlust, die Beschädigung oder die Versäumung auf Umständen beruht, die durch die Sorgfalt eines ordentlichen Frachtführers nicht abgewendet werden konnten.

(2) Für den Verlust oder die Beschädigung von Kostbarkeiten, Kunstgegenständen, Geld und Wertpapieren haftet der Frachtführer nur, wenn ihm diese Beschaffenheit oder der Wert des Gutes bei der Übergabe zur Beförderung angegeben worden ist.

Die Haftung des Frachtführers ist allgemein verbindlich und unabdingbar. Sie ist gegenüber § 276 BGB verschärft für Schäden aus Verlust oder Beschädigung des Gutes zwischen Annahme und Ablieferung oder aus Versäumung der Lieferzeit. Dem Frachtführer obliegt die Entlastung nach § 429 I HGB.

*Fall: Der Inhaber Z des Zulieferbetriebes beauftragt per Fax seinen Stammspediteur S den Transport von zehn Gitterboxen mit Gußteilen an den Rüstungsbetrieb R zu veranlassen. Die Gitterboxen seien in der Warenauslieferung seines Betriebes abzuholen und innerhalb einer Woche bei R anzuliefern. Obwohl S gewöhnlich alle Aufträge des Z gewissenhaft ausführt, weigert er sich in diesem Fall kommentarlos, den Transport zu erledigen. Drei Tage später wird Z von seinem Warenausgang darüber informiert, daß die Gitterboxen immer noch nicht abgeholt wurden. Kann Z die sofortige Erledigung und ggf. von S einen Eiltransport auf dessen Kosten verlangen?*

Fall: Zustandekommen von Verträgen zwischen Kaufleuten

*Gewöhnlich kommen Verträge durch Angebot und Annahme zustande. Eine ausdrückliche Annahme ist jedoch entbehrlich, wenn die Beteiligten Kaufleute sind die in ständiger Geschäftsverbindung stehen und das Angebot (Auftrag) eine übliche Geschäftsbesorgung bezweckt. Aus dem Schweigen des S muß Z entnehmen können, daß gem. § 362 I HGB ein Vertrag mit dem Inhalt seines Faxes zustande gekommen ist. Wollte S den Auftrag ablehnen, so hätte er dies unverzüglich und ausdrücklich tun müssen. Daher ist Eile geboten, um den Liefertermin noch einzuhalten.*

*Fall: Der Antiquitätenhändler A verkauft und übereignet im eigenen Namen dem Käufer K eine wertvolle Standuhr, die er von S in Kommission hatte. Tags zuvor rief aber S bei A an, er wolle die Uhr doch selbst behalten. Als S im Laufe der Woche die Uhr wieder abholen möchte, erfährt er jedoch, daß diese bereits im Besitz des K ist. Ist K auch Eigentümer der Uhr geworden?*

Fall: Guter Glaube an die Verfügungsbefugnis des Kaufmanns

*Nach den Vorschriften des BGB ist K nicht Eigentümer der Uhr geworden, denn der in Frage kommende § 932 schützt nur den guten Glauben an das Eigentum, nicht aber an die Verfügungsmacht. Anderes gilt für Handelsgeschäfte i.S.d. § 343 f HGB. Hier wird nach § 366 I HGB der gute Glaube des K an die Verfügungsmacht des A geschützt. K ist gem. § 932 I BGB und § 366 HGB Eigentümer der Uhr geworden.*

*Fall: Der KFZ-Händler H hat gegen den Kaufmann M noch eine alte und bereits längst fällige Rechnung in Höhe von DM 2000.- offen. Daß M seinen Geschäftswagen zur Inspektion zu H bringt, kommt H gerade recht. Er will den Wagen so lange bei sich behalten bis die alte Rechnung beglichen ist. Zu Recht?*

*Ein Zurückbehaltungsrecht gem. § 273 BGB ist nicht gegeben, da der Herausgabeanspruch des M nichts mit dem Zahlungsanspruch des H über DM 2000.- zu tun hat (fehlende Konnexität). Nach § 369 I 1 HGB jedoch ist ein Zurückbehaltungsrecht gegeben, weil es sich um eine fällige Geldforderung handelt; beide Beteiligten Kaufleute sind; der Wagen Eigentum des Schuldners M und mit Willen des M aufgrund eines Handelsgeschäfts in den Besitz des H gelangt ist. Die Voraussetzungen des kaufmännischen Zurückbehaltungsrechtes sind damit gegeben.*

Fall: Kaufmännisches Zurückbehaltungsrecht

*Fall: Der Modedesigner M (Kaufmann) vereinbart mit Tina T, sie für ihre kommende Tournee mit entsprechenden Kostümen auszustatten. In dem Vertrag weist T extra darauf hin, daß die Kostüme am ersten Tourneetag fertig sein müssen. Dennoch kann M nicht rechtzeitig liefern.*

*Zwischen M und T wurde ein Werklieferungsvertrag, § 651 BGB, geschlossen, auf den gem. § 381 II HGB die Regelungen über den Handelskauf Anwendung finden. Es hahndelt sich darüberhinaus um einen Fixhandelskauf (§ 376 HGB), weil die Kostüme nur für die Tournee (und danach nicht mehr) benötigt werden.*
*Aufgrund der nicht rechtzeitigen Lieferung hat N wahlweise folgende Rechte: Rücktritt vom Vertrag, Schadensersatz wegen Nichterfüllung oder bei sofortiger Geltendmachung weiterhin Erfüllungsanspruch.*

Fall: Fixgeschäft

*Fall: Der Inhaber I einer SB-Drogerie bestellt beim Großhändler G 500 Stück Seife einer bestimmten Marke. Als die Lieferung eintrifft, bemerkt I nicht, daß versehentlich die doppelte Menge einer teureren Seifenmarke geliefert wurde. Erst als er Wochen später den Rechnungsbetrag sieht, kontrolliert er die Lieferung und bemerkt die Fehler. Was kann I noch unternehmen?*

*Anders als nach dem BGB, wonach Falschlieferungen in Art und Menge so behandelt werden, als wäre gar nicht oder nur teilweise geliefert, macht § 378 HGB keinen Unterschied zwischen Sachmangel, Art- und Mengenabweichungen. Da es sich um einen beiderseitigen Handelskauf handelt, greift § 377 HGB.*
*Danach hätte I die Ware unverzüglich untersuchen und rügen müssen. Dies hat er nicht getan und dadurch die Lieferung genehmigt. I muß die doppelte Menge der teureren Seife bezahlen.*

Fall: Untersuchungs- und Rügepflicht beim beiderseitigen Handelskauf

## 4. Wiederholungsfragen

- ❍ 1. Was versteht man unter Handelsgeschäften? Lösung S. 84
- ❍ 2. Wie ist die Abgrenzung von Privatgeschäften und Handelsgeschäften des Kaufmanns geregelt? Lösung S. 85
- ❍ 3. Was ist unter Handelsklauseln zu verstehen? Welchen Sinn haben sie? Lösung S. 86
- ❍ 4. Welche besonderen Sorgfaltspflichten hat ein Kaufmann? Lösung S. 87
- ❍ 5. Aus welchem Grunde gelten die §§ 349-350 HGB über Vertragsstrafen und Bürgschaftserklärungen nicht für Minderkaufleute? Lösung S. 88
- ❍ 6. Welche Arten der Bürgschaft gibt es? Welche Sonderregelungen trifft das HGB gegenüber dem BGB? Lösung S. 89
- ❍ 7. Hat ein Kaufmann Anspruch auf Vergütung seiner Tätigkeit, wenn darüber nichts vereinbart wurde? Lösung S. 90
- ❍ 8. Was versteht man unter Kontokorrent? Lösung S. 91
- ❍ 9. In welchen Fällen kommt durch Schweigen ein Vertrag zustande? Lösung S. 92
- ❍ 10. Inwieweit wird im Handelsrecht der gutgläubige Erwerb gegenüber dem BGB erweitert? Lösung S. 94
- ❍ 11. Was unterscheidet das kaufmännische von dem im BGB geregelten Zurückbehaltungsrecht? Lösung S. 95
- ❍ 12. Welche Geschäfte fallen unter den Handelskauf? Lösung S. 98
- ❍ 13. In welchen HGB-Regelungen spielt der Verzug beim Handelskauf eine Rolle? Lösung S. 100 ff
- ❍ 14. Welche Arten von Fehlern sind beim beiderseitigen Handelskauf unverzüglich zu rügen? Lösung S. 104
- ❍ 15. Wodurch sind die Tätigkeiten der Kommissionäre, Spediteure, Frachtführer und Lagerhalter gekennzeichnet? Lösung S. 106

# Die Gesellschaften im Überblick

# 1. Die Rechtsformwahl

Die Entscheidung für eine bestimmte Rechtsform richtet sich nach betriebswirtschaftlichen, steuerlichen oder auch nach ideellen Gesichtspunkten. Die Rechtsformwahl bezeichnet man in der Betriebswirtschaft ebenso wie die Standortwahl des Unternehmens als eine konstitutive (begründende, grundlegende) Entscheidung, wodurch auf längere Sicht der grundlegende Handlungsrahmen für ein Unternehmen abgesteckt wird. In der Regel wird diese Entscheidung in der Gründungsphase getroffen. Eine spätere Veränderung ist häufig mit viel Aufwand und Kosten verbunden.

Bevor man sich mit dem »für und wieder« der unterschiedlichen Rechtsformen auseinandersetzt, lohnt es sich darüber Gedanken zu machen, was einzelne Personen überhaupt dazu motiviert, unternehmerisch tätig zu werden? Befragte Unternehmer äußerten sich hierzu wie folgt: Dauerhafte Gewinnerzielung, Streben nach Wachstum und Fortschrittlichkeit, Ungebundenheit und Pflege konfliktfreier Beziehungen zu Belegschaft und Geschäftspartnern.

An erster Stelle steht die Absicht, Gewinn zu erwirtschaften. Dieses Hauptziel läßt sich dadurch verwirklichen, daß »gute Ideen« in die Tat umgesetzt und effizient vermarktet werden. Dabei heißt es: Chancen nutzen, Risiken vermeiden, Stärken ausbauen, Schwächen abbauen. Alles in allem bedeutet dies, eine geeignete Strategie »zu fahren«. Strategien sind immer ein Bündel von Maßnahmen, mit dessen Hilfe Unternehmensziele langfristig und wirkungsvoll erreicht werden sollen.

Die Entscheidung für die geeignete Rechtsform flankiert all diese Maßnahmen.

*Beweggründe für die Wahl der Rechtsform:*

- Umfang der Haftung
- Vertretungsbefugnisse
- Geschäftsführung und Mitwirkungsrechte
- Gewinn- und Verlustbeteiligung
- Flexibilität bei Änderung der Beteiligungsverhältnisse
- Finanzierungsmöglichkeiten, Kreditwürdigkeit
- Steuerbelastung
- Publizitätspflicht (Jahresabschlüsse)

Zwischen den einzelnen Entscheidungskriterien für die Wahl der Rechtsform bestehen eine Reihe von Abhängigkeiten. So beeinflußt z.B. der Umfang der Haftung den Anspruch auf Gewinnanteile sowie die Befugnisse zur Vertretung und Geschäftsführung. Die Frage der Haftung und damit das Risiko des Verlustes ist gewöhnlich das wichtigste Kriterium bei der Wahl der Rechtsform.

Wichtigstes Kriterium der Rechtsformwahl: Haftung

Den Unternehmern stehen verschiedene Möglichkeiten zur Verfügung, sich im Wirtschaftsleben zu betätigen, sei es als Einzelunternehmer, in privaten Stiftungen oder in Gesellschaften.

## Einzelunternehmen

Ein Einzelunternehmen ist dadurch charakterisiert, daß eine einzelne Person (Kaufmann) sein Unternehmen ohne Gesellschafter oder höchstens mit einem stillen Gesellschafter betreibt. Der Einzelunternehmer haftet für alle Verbindlichkeiten allein und unbeschränkt. Neben seinem in den Betrieb eingelegten Vermögen haftet er darüber hinaus mit seinem gesamten Privatvermögen. Ein Einzelunternehmen kann problemlos gegründet werden. Erfüllt der Unternehmer die Kriterien des Vollkaufmanns, hat er die Firma in das Handelsregister eintragen zu lassen. Wenngleich nur der Einzelunternehmer selbst und nicht das Unternehmen Träger von Rechten und Pflichten ist, kann er unter seiner Firma klagen und verklagt werden.

Einzelunternehmer sind Kaufleute, die ihr Unternehmen alleine oder höchstens mit einem stillen Gesellschafter betreiben

Nicht zu den Einzelunternehmungen zählen die sogenannten Einmanngesellschaften, die z.B. dadurch entstehen, daß alle Geschäftsanteile einer Kapitalgesellschaft in einer Hand liegen.

## Stiftungen (private)

Stiftungen des Privatrechts sind rechtsfähige juristische Personen, in denen ein bestimmtes Vermögen (Zweckvermögen) rechtlich verselbständigt wird. D.h. der Stifter übergibt sein Vermögen einer fremden Verwaltung, die nach seinem Willen einen bestimmten Zweck verfolgen soll. Der Zweck dient meist dem Allgemeinwohl (Medizin, Kunst, Wissenschaft oder Soziales). Für den Stiftungsakt ist die Schriftform und eine staatliche Genehmigung erforderlich. Er erfolgt in der Regel durch Schenkung mit einer Auflage oder durch letztwillige Verfügung.

Stiftungen sind Körperschaften, die einen nach Willen des Stifters bestimmten Zweck verfolgt

## Gesellschaften

Gesellschaften sind private Personenvereinigungen zur Verfolgung gemeinsamer Ziele

Gesellschaften sind private Zusammenschlüsse von Personen zur Verfolgung gemeinsamer (wirtschaftlicher) Ziele. Gesellschaften bestimmen zu einem hohen Prozentsatz die wirtschaftlichen Aktivitäten in Deutschland, in der EU und überall auf der Welt. Gerade die Schaffung eines gemeinsamen Europäischen Binnenmarktes stärkt die Position der »mächtigen« Gesellschaften weiter. Erste internationale Einflüsse hat das Gesellschaftsrecht bereits durch die neue Rechtsform der EWIV (Europäische wirtschaftliche Interessenvereinigung) erfahren.

Grundsätzlich steht es allen Personen offen, ob, mit wem und weshalb sie sich zu einer Gesellschaft zusammenschließen wollen. Einen gestalterischen Rahmen hierfür liefert das Gesellschaftsrecht. Bei der Frage, welchen Spielraum die Gesellschafter bei Abschluß und Ausgestaltung des Gesellschaftsvertrages haben, ist zu unterscheiden zwischen Personengesellschaften und Körperschaften (hierzu zählen auch die Kapitalgesellschaften und die Genossenschaft). Im besonderen sind klare Regelungen für die Außenbeziehungen (Haftung und Vertretung) der Gesellschaftsformen erforderlich, damit Außenstehende genau wissen, »mit wem sie es zu tun haben« und insofern geschützt sind.

Die wesentlichen Unterschiede zwischen den Grundtypen der Personengesellschaften und der Körperschaft werden in den folgenden Kapiteln erläutert. Zunächst aber ein kurzer Überblick über die im Wirtschaftsleben wichtigsten Gesellschaftsformen.

*Die wichtigsten Gesellschaften:*

- OHG (Personengesellschaft)
- KG (Personengesellschaft)
- GmbH & Co KG (Sonderform der Personengesellschaft)
- GmbH (Kapitalgesellschaft)
- AG (Kapitalgesellschaft)
- Genossenschaft (Mitgliederorientierte Körperschaft)

Fachleute werden oft gefragt, für welche Rechtsform sich die meisten Unternehmen in der Praxis entscheiden oder wie groß ihr Anteil an der Gesamtwirtschaft ist. Das zeigt, daß oft rein theoretisches Wissen über rechtliche Fragen allein nicht ausreicht. Oft werden nur klare Antworten auf praktische Fragen erwartet.

**Gesamtwirtschaftliche Anteile**

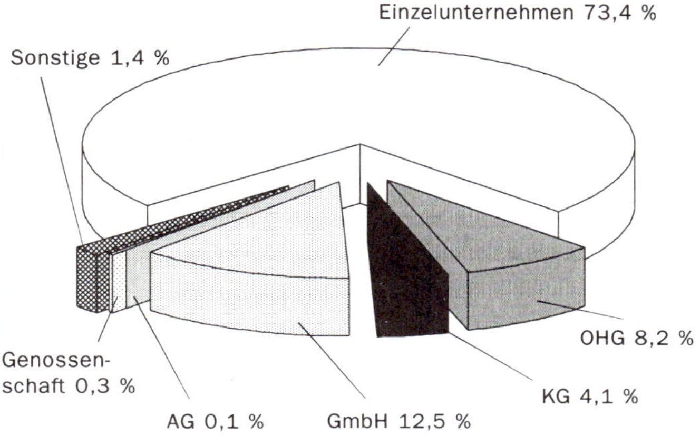


Anzahl der einzelnen Rechtsformen

Zahlen des Statistischen Bundesamtes 1990, bezogen auf das Bundesgebiet in Prozent

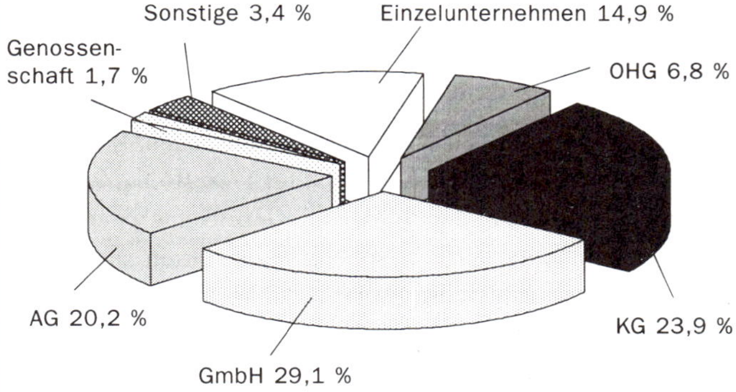


Umsätze der einzelnen Rechtsformen

(Die GmbH & Co KG wurde unter die KG eingereiht)

Auffallend ist, daß die relativ wenigen Gesellschaften (AG, GmbH, KG) den Löwenanteil der gesamtwirtschaftlichen Aktivitäten tätigen und die zahlenmäßig weit überlegenen Einzelunternehmen daran nur in geringem Umfang beteiligt sind.

## 2. Gesellschaftsrecht

Das Gesellschaftsrecht ist das Recht bestimmter privater Personenvereinigungen. Seine Regelungen finden sich im BGB und HGB, aber auch in zahlreichen Einzelgesetzen wieder. Daneben bestehen zahlreiche Wechselbeziehungen mit anderen Rechtsgebieten, etwa mit dem Arbeitsrecht und dem Unternehmensrecht.

*Das Gesellschaftsrecht enthält Regelungen über:*

- Zulässigkeit der Gesellschaftsformen
- Gründung von Gesellschaften
- Innenbeziehungen (Geschäftsführung, Gewinnbeteiligung)
- Außenbeziehungen (Vertretung, Haftung)
- Änderung und Beendigung von Gesellschaften

Im Gesellschaftsrecht unterscheidet man zwei Arten von Gesellschaftsformen, nämlich Personengesellschaften und Körperschaften (oft Kapitalgesellschaften). Der Grundtyp beider ist im BGB geregelt: Die BGB-Gesellschaft (§§ 705 ff BGB) als »Mutter aller Personengesellschaften« und der Verein (§§ 21 ff BGB) als »Vater aller Körperschaften«.

Die BGB-Gesellschaft als »Mutter aller Personengesellschaften«

Personengesellschaften sind vom Mitgliederbestand abhängig. Der verfolgte Zweck ist an die Mitglieder gebunden. Ihre Organisation ist auf die Persönlichkeiten ihrer Gesellschafter zugeschnitten. In ihrer Gesamtheit bilden die Gesellschafter eine sog. Gesamthandsgemeinschaft. Personengesellschaften sind selbst nicht - bzw. nur teilrechtsfähig. Voll rechtsfähig sind lediglich ihre Gesellschafter als natürliche Personen (§ 1 BGB).

Der Verein als »Vater aller Körperschaften«

Körperschaften sind unabhängig von ihrem Mitgliederbestand. Der verfolgte Zweck überdauert die Mitgliedschaft. Die Organisation ist durch Satzung festgelegt. Die Leitung und Vertretung der Körperschaften übernehmen die hierfür bestellten Organe. Ihre Rechtsfähigkeit als juristische Person (vgl. etwa § 21 BGB) erlangen Körperschaften durch Eintragung in ein öffentliches Register (Vereins-, Handelsregister).

Der nebenstehend abgebildete Stammbaum der Personenvereinigungen entspricht nicht der geschichtlichen Entwicklung der Gesellschaftsformen; er stellt vielmehr ihre strukturellen Gemeinsamkeiten dar.

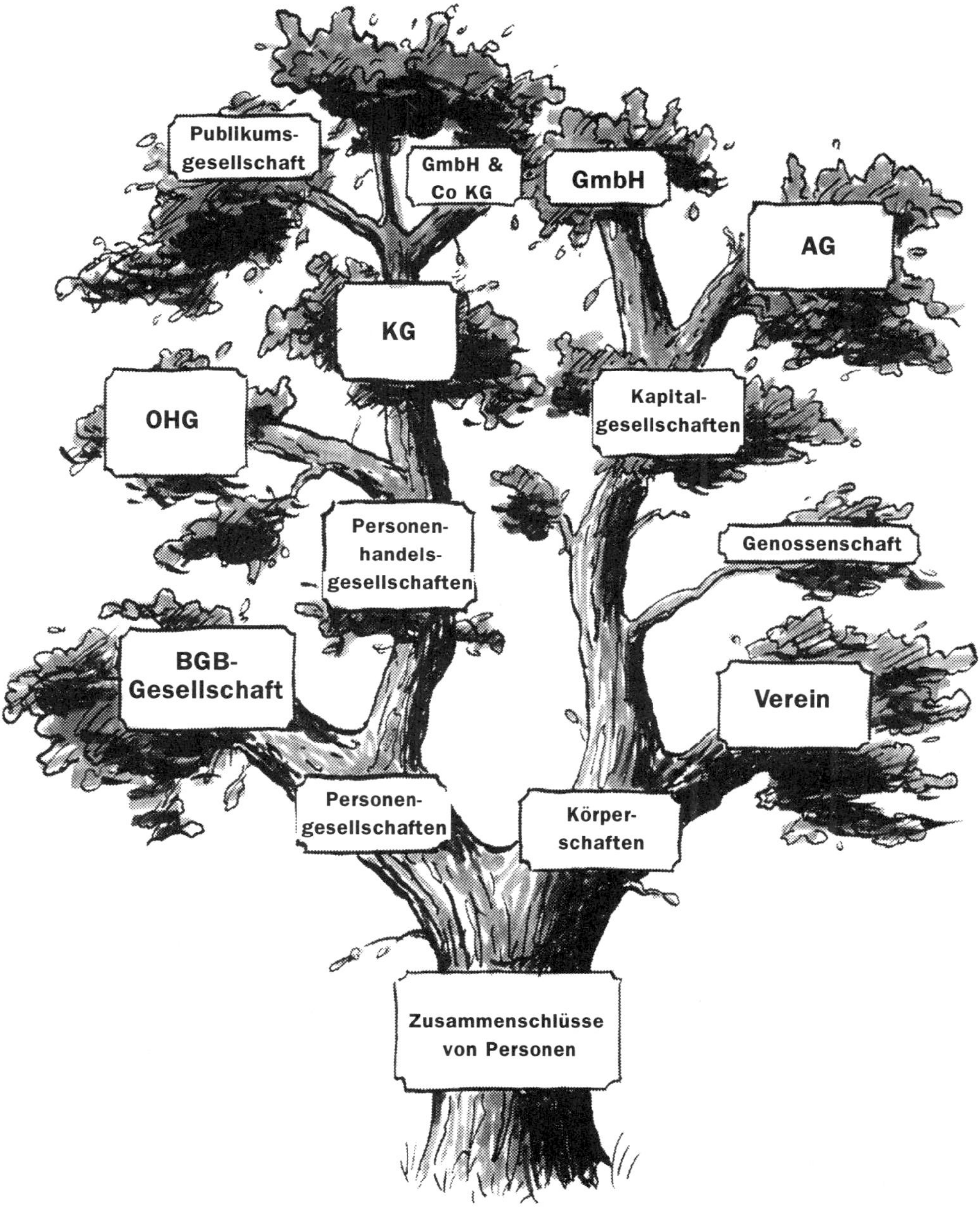


STAMMBAUM DER RECHTSFORMEN

## 3. Die BGB-Gesellschaft

Die BGB-Gesellschaft, oft auch GbR (Gesellschaft des Bürgerlichen Rechts) genannt, ist eine beliebte Gesellschaftsform, weil sie für nahezu jeden Zweck geeignet ist. Sie ist problemlos zu gründen, läßt sich flexibel ausgestalten und ist leicht an neue Gegebenheiten anzupassen. Es gibt nur wenige gesetzliche Vorschriften, die ihren gestalterischen Spielraum einengen.

Eine BGB-Gesellschaft wird häufig zur Durchführung gemeinsamer Geschäftsvorhaben oder auch nur zur Ausübung gemeinsamer Interessen gegründet. BGB-Gesellschaften können sowohl Kartelle als auch die Zusammenschlüsse freiberuflich Tätiger, bis hin zu Musikbands, sogar Lottotippgesellschaften sein.

Wird jedoch ein vollkaufmännisches Handelsgewerbe betrieben, so liegt eine Personengesellschaft in Form einer OHG vor; sofern Haftungsbeschränkungen einzelner Gesellschafter bestehen, handelt es sich dann um eine KG.

Man bezeichnet die BGB-Gesellschaft als eine Gesamthandsgemeinschaft, weil ihr Vermögen nicht verselbständigt ist, sondern allen Gesellschaftern zusteht. Die BGB-Gesellschaft ist zwar selbst nicht rechtsfähig, vor dem Fiskus gilt sie aber, was die Umsatzsteuer betrifft, als selbständiges Rechtssubjekt.

TYPISCHE BGB-GESELLSCHAFT

## Die BGB-Gesellschaft im Überblick

**1. Wesen**

- Die BGB-Gesellschaft ist eine nicht rechtsfähige Gesellschaft, §§ 705-740 BGB Träger von Rechten und Pflichten ist nicht die Gesellschaft selbst, sondern nur die Gesellschafter als Gesamthänder bzw. Gesamtschuldner
- Sie ist auf die Erreichung eines gemeinsamen Zwecks gerichtet, den jeder Gesellschafter durch aktive Beiträge unterstützt
- Sie ist der Grundtyp aller Personengesellschaften

**2. Entstehung**

- Gründung mit Abschluß des Gesellschaftsvertrages, § 705 BGB
- Wirksamwerden nach außen durch Aufnahme der Tätigkeiten im Einverständnis aller

↳ Entstehung der Gesellschaft nach innen und außen

↳ Bei Gründungsfehlern aber Vollzug gelten die Regelungen der »fehlerhafte« Gesellschaft

**3. Geschäftsführung und Vertretung**

- Geschäftsführung, § 709 I BGB (Gesamtgeschäftsführung sofern nicht anders vereinbart)
- Vertretung, § 714 (grundsätzlich an die Geschäftsführungsbefugnis gekoppelt)

**4. Die Gesellschafter**

- Gewinn- und Verlustbeteiligung, §§ 721, 722 BGB
- Beitragspflicht, jedoch keine Nachschußpflicht, § 707 BGB und Treuepflicht
- Mitspracherechte, Klagemöglichkeit einzelner Gesellschafter
- Ausgleichsansprüche gegenüber Mitgesellschaftern, § 426 I, II BGB

**5. Haftung**

- Gesellschafter haften als Gesamthänder mit dem Gesellschaftsvermögen, §§ 421, 427, 718 BGB
- Gesellschafter haften daneben gesamtschuldnerisch mit ihrem Privatvermögen, §§ 421, 427 BGB, wenn keine Haftungsbeschränkung nach außen erkennbar ist
- Ausgeschiedene Gesellschafter haften für alte (mitbegründete) Verbindlichkeiten
- Eingetretene Gesellschafter haften nicht für frühere Verbindlichkeiten

**6. Beendigung**

- Auflösung bei Vorliegen eines Grundes, §§ 723 - 728 BGB
  - Kündigung, Konkurs oder Tod einzelner Gesellschafter, sofern keine Fortsetzungsklausel
  - Beschluß der Gesamtheit
  - Zeitablauf oder Zweckerreichung

↳ Liquidation (Auseinandersetzung), §§ 730 ff BGB

## 3.1. Wesen der BGB-Gesellschaft

Der Zweck einer BGB-Gesellschaft kann auf Gewinnerzielung gerichtet oder rein ideeller Art sein

Eine Gesellschaft ist eine vertragliche Verbindung mehrerer Personen zur Erreichung eines gemeinsamen Zwecks (§ 705). Der Zweck kann auf Erzielung von Gewinn gerichtet oder ein ideeller (gesellschaftlicher, wissenschaftlicher, sozialer oder künstlerischer) sein. Hierin unterscheidet sie sich klar von der Personenhandelsgesellschaft, deren Zweck immer ein wirtschaftlicher ist.

*Kennzeichen der BGB-Gesellschaft:*

- Auf gewisse Zeit angelegter Personenzusammenschluß
- vom Gesellschafterbestand abhängig
- mit jedem beliebigen (aber gesetzlich erlaubten) Zweck
- Sie ist selbst nicht rechtsfähig

Von den Gesellschaftern wird Engagement erwartet, sowohl in finanzieller Hinsicht, als auch durch eigenes aktives Mitwirken.

| | **Abgrenzung** | | |
|---|---|---|---|
| | BGB-Gesellschaft | Mehrheit von Eigentümern | Darlehen |
| Wesen | Vorliegen eines Gesellschaftsvertrages § 705 BGB | Lediglich Vorliegen gemeinsamen Eigentums | Vorliegen eines Darlehensvertrages § 607 BGB |
| Zielsetzung | Gemeinsamer Zweck der Gesellschafter | Bloße Rechtsverbundenheit | Meist reine Fremdkapitalbeschaffung |
| Befugnisse | Erteilte oder gesetzliche Geschäftsführungsbefugnis | Grundsätzlich gemeinschaftliche Verwaltung | In der Regel keine Kontrollrechte des Darlehensgebers |
| Beispiele: | Gesellschaft die ein nichtkaufmännisches Gewerbe betreibt<br>Innengesellschaft<br>Gelegenheitsgesellschaft | Erbengemeinschaft<br>Eheliche Gütergemeinschaft<br>Miteigentümergemeinschaft | Kredit<br>Gestundete Verbindlichkeit |

Personengesellschaften grenzen sich von »reinen« Eigentumsgemeinschaften (Erbengemeinschaft, eheliche Gütergemeinschaft, Wohnungseigentümergemeinschaft, etc.) ab. Hier liegt zwar ebenso ein gemeinsames Vermögen vor, an dem jeder einen gewissen Anteil hat, über die bloße Rechtsverbundenheit hinaus besteht aber kein gemeinsamer Gesellschaftszweck.

Noch deutlicher unterscheidet sich die Personengesellschaft von einem reinen Darlehen, da hier gar nicht erst ein gemeinsames Vermögen und Handeln gegeben ist, sondern lediglich die Pflicht des Darlehensnehmers zur Rückgabe vorliegt.

Entscheidendes Kriterium für das Vorliegen einer Personengesellschaft ist immer der Wille der Beteiligten, sich rechtlich an die Gesellschaft binden zu wollen (sog. Rechtsbindungswille) und ihren Zweck zu fördern. Die BGB-Gesellschaft ist selbst nicht rechtsfähig. Schließt ein Dritter mit einer BGB-Gesellschaft einen Vertrag ab, so steht er quasi in Rechtsbeziehung zu allen Gesellschaftern gleichzeitig.

Bei einer BGB-Gesellschaft steht man »quasi« in Rechtsbeziehung zu allen Gesellschaftern gleichzeitig

*Entstehung einer Gesellschaft:*

- Gründung durch Gesellschaftsvertrag, § 705 BGB
- Wirksamwerden nach außen durch Aufnahme der Tätigkeiten (im Einverständnis aller Gesellschafter)
- ↳ Entstehung der Gesellschaft nach innen und außen
- ↳ Bei fehlerhaftem Gesellschaftsvertrag, aber Vollzug, werden angemessene Regelungen der »fehlerhaften Gesellschaft« zugrundegelegt

Dreh- und Angelpunkt für das Entstehen eine Personengesellschaft ist der zwischen den Gesellschaftern geschlossene Vertrag. Dieser sollte sorgfältig und im Einvernehmen mit allen Gesellschaftern ausgearbeitet und am besten auch schriftlich fixiert werden.

Die Ausgestaltung des Gesellschaftsvertrages bleibt den Gesellschaftern selbst überlassen

Das gilt auch für kleinste BGB-Gesellschaften. Stellen Sie sich vor, eine Lottotipp-Gesellschaft erhält tatsächlich den Gewinn für sechs Richtige mit Superzahl. Der auf dem Lottoschein Eingetragene kann sich aber, »beim besten Willen«, nicht mehr an irgendwelche Vereinbarungen erinnern. Oder aber der Verantwortliche hat vergessen, den Lottoschein abzugeben. In beiden Fällen zeigt sich, daß klare Regelungen, die von Anfang an verbindlich getroffen werden, sich im nachhinein als sehr hilfreich herausstellen können.

## 3.2. Die Gründung der Gesellschaft

§ 705 BGB

### Inhalt des Gesellschaftsvertrages

Durch den Gesellschaftsvertrag verpflichten sich die Gesellschafter gegenseitig, die Erreichung eines gemeinsamen Zwekkes in der durch den Vertrag bestimmten Weise zu fördern, insbesondere die vereinbarten Beiträge zu leisten.

*Gründung durch Gesellschaftsvertrag aus § 705:*

- Vertragsschluß (formlos, ggf. auch konkludent)
- zur Erreichung eines gemeinsamen Zwecks
- den jeder Gesellschafter durch Leistung seines Beitrages zu unterstützten verspricht
- Sinnvoll sind weitere Vereinbarungen:
  - Regelungen der Geschäftsführung und Vertretung
  - Möglichkeiten der Vertragsänderung
  - Wechsel der Gesellschafter, Beendigung

↳ Die BGB-Gesellschaft ist (nach innen) entstanden; der Vertrag begründet die Rechte und Pflichten der Gesellschafter

Der Gesellschaftsvertrag ist ein gemeinschaftsbegründender »Organisationsvertrag«

Der Gesellschaftsvertrag ist, wenngleich er von mehreren Personen geschlossen wird, kein reiner gegenseitiger Vertrag, sondern vielmehr ein Organisationsvertrag. Schließlich »sitzen alle Gesellschafter im selben Boot, wobei sich jeder verpflichtet mitzurudern, und zwar in eine gemeinsame Richtung«. Der für die Rechte und Pflichten aller Gesellschafter maßgebliche Gesellschaftsvertrag läßt sich beliebig vereinbaren, solange er nicht wegen Sittenwidrigkeit, Schutz von Minderjährigen etc. gegen gesetzliche Regelungen verstößt.

Vollends entstanden ist eine Gesellschaft nach innen und außen, sobald der Gesellschaftsvertrag geschlossen ist und die Gesellschaft nach außen in Erscheinung tritt. Solange eine Gesellschaft nicht nach außen auftritt, kann auch kein außenstehender Dritter gegenüber der Gesellschaft, oder besser gesagt gegenüber den Gesellschaftern in ihrer Gesamtheit Ansprüche geltend machen.

Problematisch ist es, wenn die Gesellschaft zwar als solche nach außen auftritt, in Wahrheit aber gar keine Gesellschaft vorliegt; z.B. wegen rechtlicher Mängel im Gesellschaftsvertrag. Dann spricht man von der sogenannten »fehlerhaften Gesellschaft«.

## 3.3. Die fehlerhafte Gesellschaft

Eine fehlerhafte Gesellschaft liegt vor, wenn bei ihrer Gründung beim Neueintritt eines Gesellschafters oder bei der Änderung des Gesellschaftsvertrages rechtliche Fehler gemacht wurden und die Gesellschaft nach außen in Vollzug gesetzt worden ist. Diese Fehler (z.B. einer der Gesellschafter war bei Abschluß des Gesellschaftsvertrages total betrunken oder aber im Irrtum über den Inhalt des Vertrages) könnten zwar dazu führen, daß der Gesellschaftsvertrag nichtig oder zumindest anfechtbar ist; inwieweit dies aber dann möglich ist, klärt die Figur der fehlerhaften Gesellschaft.

Eine fehlerhafte Gesellschaft liegt vor, wenn der Gesellschaftsvertrag rechtliche Mängel aufweist

Besonders interessant ist die Frage bezüglich der Wirkung des fehlerhaften Gesellschaftsvertrages, wenn die Gesellschaft gegenüber Dritten Rechtsbeziehungen aufgenommen hat, also in Verzug gesetzt worden ist. Nach der sog. Rechtsscheinslehre muß ein gutgläubiger Dritter, der auf die Wirksamkeit des Gesellschaftsvertrages vertraut hat, geschützt werden. Ihm gegenüber wäre es unbillig, die Gesellschaft als nichtig zu behandeln.

Schutz des gutgläubigen Dritten geht vor

Daher muß sich jeder Gesellschafter wie ein echter Gesellschafter behandeln lassen. Selbst arglistig getäuschte Gesellschafter sind zur Befriedigung der Gläubiger einer fehlerhaften Gesellschaft verpflichtet, nicht aber zur Leistung ihrer Beiträge. Ausnahmen vom Gutglaubensschutz gibt es nur, wenn einer der Gesellschafter nicht voll geschäftsfähig (§§ 104 ff BGB) ist oder soweit öffentliche Interessen (§§ 134, 138 BGB) zu schützen sind.

Eine fehlerhafte Gesellschaft wird bis zu ihrer Auflösung grundsätzlich wie eine Fehlerfreie behandelt. Bis dahin gilt die Gesellschaft als bestehend, ihre Gesellschafter als existent.

Bei einer fehlerhaften Gesellschaft besteht lediglich die Möglichkeit der Auflösung

*Folgen einer in Vollzug gesetzten fehlerhaften Gesellschaft:*

- Es besteht für die Gesellschafter lediglich die Möglichkeit der Auflösung ggf. durch Klage
- Im Außenverhältnis haften alle geschäftsfähigen Gesellschafter gegenüber gutgläubigen Dritten für die, bis zur Auflösung der Gesellschaft, entstandenen Verbindlichkeiten
- Auch im Innenverhältnis gilt die fehlerhafte Gesellschaft für die Zeit des Vollzuges als existent. Alle geschäftsfähigen Gesellschafter sind (mit Ausnahme der arglistig Getäuschten) verpflichtet, bis zur Auflösung der Gesellschaft, ihre Beiträge zu leisten.

## 3.4. Innen- und Außenverhältnis

Die Rechte und Pflichten der Gesellschafter ergeben sich aus dem Gesellschaftsvertrag und den Vorschriften der §§ 705 ff BGB. Diese regeln die Beziehungen der Gesellschafter zueinander (Innenverhältnis) sowie gegenüber Dritten (Außenverhältnis).

Während das Außenverhältnis durch das Gesetz weitgehend zwingend vorgeschrieben wird, bleibt den Gesellschaftern im Innenverhältnis ein großer Freiraum.

Innen- und Außenverhältnis sind in den §§ 705 ff BGB nicht sauber voneinander abgegrenzt, wie dies etwa für die Handelsgesellschaften im HGB oder in den speziellen Gesetzen für Kapitalgesellschaften geschehen ist.

*Der Reihenfolge des BGB folgend:*

- Beitrags- und Treuepflicht (Innenverhältnis)
- Geschäftsführung (Innenverhältnis)
- Vertretung (Außenverhältnis)
- Kontrollrechte (Innenverhältnis)
- Haftung (primär Außenverhältnis)

**§ 706 BGB**

### Beitragspflicht der Gesellschafter

(1) Die Gesellschafter haben in Ermangelung einer anderen Vereinbarung gleiche Beiträge zu leisten.

(2) Sind vertretbare oder verbrauchbare Sachen beizutragen, so ist im Zweifel anzunehmen, daß sie gemeinschaftliches Eigentum der Gesellschafter werden sollen. Das gleiche gilt von nicht vertretbaren und nicht verbrauchbaren Sachen, wenn sie nach einer Schätzung beizutragen sind, die nicht bloß für die Gewinnverteilung bestimmt ist.

(3) Der Beitrag eines Gesellschafters kann auch in der Leistung von Diensten bestehen.

Als Beiträge können gelten: Geldeinlagen, Sacheinlagen, Forderungen, Rechte oder Dienstleistungen

Die Beitragsleistung der Gesellschafter ist ein sog. Sozialanspruch der Gesellschaft. Sie dient der Förderung des, im Gesellschaftsvertrag festgelegten, Zweckes. Die Höhe der Beiträge bzw. deren Aufstockung wird in der Regel im Gesellschaftsvertrag vorgesehen oder durch Mehrheitsbeschluß der Gesellschafter entschieden. Grundsätzlich besteht gemäß § 707 BGB keine Nachschußpflicht. Dadurch soll verhindert werden, daß sich die einzelnen Gesellschafter in ein »unüberschaubares Abenteuer« stürzen.

## Treuepflicht

Unter Treuepflicht ist zu verstehen, daß die Gesellschafter alles zu tun haben, was im Interesse der Gesellschaft liegt und in gleicher Weise alles zu unterlassen haben, was für die Gesellschaft schädlich ist. Ein Wettbewerbsverbot, wie es für die OHG gilt, kommt für die BGB-Gesellschaft jedoch nicht in Betracht.

## Klagebefugnis einzelner Gesellschafter

Die Möglichkeit, bestimmte Ansprüche geltend zu machen, steht gewöhnlich nur der Gesamtheit aller Gesellschafter zu. Das gilt sowohl für Forderungen der Gesellschaft gegen Dritte, als auch für Ansprüche der Gesellschaft gegenüber Mitgesellschaftern.

Ist ein Gesellschafter jedoch der Ansicht, daß die Interessen der Gesellschaft nicht ausreichend verwirklicht werden, und verweigern die Mitgesellschafter ihre Mitwirkung bei der Beseitigung eines Mißstandes, so ist dieser zur Klage befugt. Die Befugnis zur Klage ist damit ein eigenständiges Mitgliedschaftsrecht. Dadurch kann jeder Gesellschafter Ansprüche gegen Mitgesellschafter, z.B. auf Leistung der Beiträge oder Schadenersatz wegen pflichtwidriger Geschäftsführung, geltend machen.

Werden Interessen der Gesellschaft nicht ausreichend verwirklicht, so ist ausnahmsweise jeder Gesellschafter zur Klage befugt

*Beispiel: Die Studenten A, B und C haben sich zu einer BGB-Gesellschaft zusammengeschlossen. Sie haben einen Eisstand, den sie je nach Bedarf vor Schwimmbädern aufstellen. Weil C sich nur äußerst selten am Eisverkauf beteiligt und auch keinerlei finanziellen Beitrag leistet, gibt es immer wieder Krach. A platzt schließlich der Kragen. Was kann er unternehmen?*

*Wäre A allein geschäftsführungsbefugt, so darf (und muß) er von C die Beitragsleistung an die Gesellschaft verlangen. Falls nicht, kann er nur mit B gemeinschaftlich handeln. Verweigert dieser jedoch seine Mitwirkung, kann A den Anspruch notfalls auch im Wege einer Klage (actio pro socio) geltend machen.*

*Das Recht, C aus der Gesellschaft auszuschließen, stünde A und B in jedem Fall nur gemeinschaftlich zu. Fraglich ist, ob die Gründe dafür ausreichen.*

§ 709 BGB

## Geschäftsführung

(1) Die Führung der Geschäfte der Gesellschaft steht den Gesellschaftern gemeinschaftlich zu; für jedes Geschäft ist die Zustimmung aller Gesellschafter erforderlich.

(2) Hat nach dem Gesellschaftsvertrage die Mehrheit der Stimmen zu entscheiden, so ist die Mehrheit im Zweifel nach der Zahl der Gesellschafter zu berechnen.

Grundsätzlich nehmen alle Gesellschafter an der Geschäftsführung teil, sofern nichts anderes vereinbart ist

Unter Geschäftsführung sind alle Handlungen und Tätigkeiten zu verstehen, die der Erreichung des Gesellschäftszweckes dienen. Der § 709 I BGB sieht vor, daß für alle Maßnahmen der Geschäftsführung die Zustimmung aller Gesellschafter erforderlich ist. Meist werden im Gesellschaftsvertrag hiervon abweichende Regelungen getroffen.

*Mögliche Regelungen der Geschäftsführungsbefugnis:*

- Gesamtgeschäftsführung (alle Gesellschafter nehmen gemeinschaftlich an der Geschäftsführung teil) § 709 I BGB = gesetzlicher Regelfall
- Gesamtgeschäftsführung (Mehrheitsentscheid) § 709 II BGB
- Einzelgeschäftsführung gemäß § 710 BGB durch bestimmte Gesellschafter mit Widerspruchsrecht der Mitgesellschafter nach § 711 BGB
- Notgeschäftsführung (wenn Gefahr in Verzug, durch jeden Gesellschafter) § 744 II BGB = Regelung bei Gemeinschaft

§ 710 BGB

## Übertragung der Geschäftsführung

Ist in dem Gesellschaftsvertrage die Führung der Geschäfte einem Gesellschafter oder mehreren Gesellschaftern übertragen, so sind die übrigen Gesellschafter von der Geschäftsführung ausgeschlossen....

Die Geschäftsführungsbefugnis kann einzelnen Gesellschaftern allein übertragen werden. Sie betrifft alle gewöhnlichen Geschäfte und kann, gemäß § 712 BGB durch Beschluß der Gesellschafter, jederzeit entzogen werden - insbesondere dann, wenn wichtige Gründe wie grobe Pflichtverletzung oder Unfähigkeit des Geschäftsführenden vorliegen. Bei Verletzung oder Überschreitung der Geschäftsführungsaufgaben ist der Geschäftsführer schadensersatzpflichtig, aus pVV.

Geschäftsführungs- und Vertretungsbefugnisse liegen in aller Regel in denselben Händen. Während die Geschäftsführungsaufgaben das Innenverhältnis betreffen, bezieht sich die Vertretungsmacht rein auf das Außenverhältnis.

### Vertretungsmacht

**§ 714 BGB**

> Soweit einem Gesellschafter nach dem Gesellschaftsvertrage die Befugnis zur Geschäftsführung zusteht, ist er im Zweifel auch ermächtigt, die anderen Gesellschafter Dritten gegenüber zu vertreten.

Die Vertretungsmacht ist die Befugnis, im Namen der Gesellschaft, mit Wirkung für und gegen alle Gesellschafter, rechtsgeschäftliche Erklärungen abzugeben und entgegenzunehmen.

Die Vertretungsmacht geht »Hand in Hand« mit der Geschäftsführungsbefugnis

Der § 714 BGB sieht vor, daß die Vertretungsbefugnisse dekkungsgleich mit den Geschäftsführungsbefugnissen sind. Die Vertretungsmacht wird, im Falle eines Falles, nach derselben Vorschrift wie die Geschäftsführungsbefugnis entzogen (§ 715 BGB). Die Vertretungsmacht kann auch gemäß §§ 164 ff BGB an Dritte übertragen werden (Bevollmächtigung).

*Für die Vertretung gilt:*

- die Vertretungsmacht ist grundsätzlich an die Geschäftsführungsbefugnis gekoppelt, § 714 BGB
- es gilt grundsätzlich Gesamtvertretung
- wenn entsprechend vereinbart, ist Alleinvertretung möglich
- daneben ist auch die Vertretung durch Bevollmächtigte möglich, §§ 164 ff BGB

### Kontrollrechte

**§ 716 BGB**

> (1) Ein Gesellschafter kann, auch wenn er von der Geschäftsführung ausgeschlossen ist, sich von den Angelegenheiten der Gesellschaft persönlich unterrichten, die Geschäftsbücher und die Papiere der Gesellschaft einsehen und sich aus ihnen eine Übersicht über den Stand des Gesellschaftsvermögens anfertigen.
>
> (2) Eine dieses Recht ausschließende oder beschränkende Vereinbarung steht der Geltendmachung des Rechtes nicht entgegen, wenn Grund zu der Annahme unredlicher Geschäftsführung besteht.

Große Probleme wirft regelmäßig die Frage nach der Haftung der Gesellschafter einer BGB-Gesellschaft gegenüber Dritten auf.

## Haftung für Verbindlichkeiten

Die BGB-Gesellschafter haften für Gesellschaftsschulden mit ihrem Gesellschafts- und Privatvermögen

Primär haftet für alle Verbindlichkeiten der Gesellschaft das Gesellschaftsvermögen. Daneben haben die Gesellschafter als Gesamtschuldner für Gesellschaftsverbindlichkeiten unmittelbar und persönlich zu haften. Die persönliche Haftung der Gesellschafter kann jedoch bei rechtsgeschäftlich begründeten Verbindlichkeiten eingeschränkt werden, wenn der Gesellschaftsvertrag die Vertretungsmacht des Gesellschafters in entsprechender Weise beschneidet. Diese Haftungsbeschränkung muß jedoch Dritten gegenüber erkennbar sein.

Schwieriger wird die Frage: wer haftet für Schäden, die einem Dritten durch einen Gesellschafter oder einen für die Gesellschaft Handelnden zugefügt wurden? Der § 31 BGB (Haftung für Organe) scheidet aufgrund der fehlenden Rechtspersönlichkeit der BGB-Gesellschaft aus. In Betracht zu ziehen ist daher nur die Haftung der Gesellschafter für deliktisches Verhalten § 831 BGB (Haftung für Verrichtungsgehilfen). Für vertragliches Fehlverhalten anderer ist unter Umständen die Zurechnung nach § 278 BGB (Haftung für Erfüllungsgehilfen) möglich.

*Haftung für Gesellschaftsschulden bei:*

- Vorliegen einer BGB-Gesellschaft
- Bestehen eines Anspruchs
- Zurechenbarkeit auf die Gesellschafter

↳ Haftung der Gesellschafter als Gesamthänder mit dem Gesellschaftsvermögen, §§ 421, 427, 718 BGB

↳ Haftung der Gesellschafter daneben persönlich mit ihrem Privatvermögen, §§ 421, 427 BGB

↳ Haftungsbeschränkung bei rechtsgeschäftlich begründeten Verbindlichkeiten auf das Gesellschaftsvermögen ist möglich, wenn diese Beschränkung für Dritte erkennbar ist

↳ Ausgeschiedene Gesellschafter haften für alte Verbindlichkeiten (höchstens 5 Jahre). Nur im Innenverhältnis können sie von gemeinschaftlichen Schulden befreit werden

↳ Eingetretene Gesellschafter haften nicht für frühere Verbindlichkeiten (außer bei Schuldbeitritt)

## 3.5. Vermögensverhältnisse, Gewinn

Bei der Gründung einer Personengesellschaft wird, mit den dazu erforderlichen Beiträgen der Gesellschafter, ein Gesellschaftsvermögen gebildet. Das Gesellschaftsvermögen, das sich aus Geldeinlagen, Gütern, Forderungen und Rechten zusammensetzen kann, bezeichnet man als »Gesamthandsvermögen«. Im Gegensatz zur Bruchteilsgemeinschaft kann kein Gesellschafter über seinen Anteil selbst frei verfügen. Das Recht, über das Gesamtvermögen zu verfügen, steht nur den Gesellschaftern in ihrer Gesamtheit zu.

**Gesellschaftsvermögen** **§ 718 BGB**

(1) Die Beiträge der Gesellschafter und die durch die Geschäftsführung für die Gesellschaft erworbenen Gegenstände werden gemeinschaftliches Vermögen der Gesellschafter (Gesellschaftsvermögen).
(2) Zu dem Gesellschaftsvermögen gehört auch, was auf Grund eines zu dem Gesellschaftsvermögen gehörenden Rechtes oder als Ersatz für die Zerstörung, Beschädigung oder Entziehung eines zu dem Gesellschaftsvermögen gehörenden Gegenstandes erworben wird.

**Gesamthänderische Bindung** **§ 719 BGB**

(1) Ein Gesellschafter kann nicht über seinen Anteil an dem Gesellschaftsvermögen und an den einzelnen dazu gehörenden Gegenständen verfügen; er ist nicht berechtigt, Teilung zu verlangen...

**Anteile am Gewinn und Verlust** **§ 722 BGB**

(1) Sind die Anteile der Gesellschafter am Gewinn und Verluste nicht bestimmt, so hat jeder Gesellschafter ohne Rücksicht auf die Art und die Größe seines Beitrags einen gleichen Anteil am Gewinn und Verluste....

Als eine typische Sozialverbindlichkeit gilt der Anspruch eines jeden Gesellschafters auf seinen Gewinnanteil. Es steht den Gesellschaftern frei, entgegen § 722 BGB die Gewinn- und Verlustbeteiligung nach eigenen Vorstellungen zu vereinbaren.

## 3.6. Die Änderung der Gesellschaft

Der Wechsel von Gesellschaftern gehört zu den einschneidenden Veränderungen einer Personengesellschaft. Hierzu gehören der Eintritt eines neuen Gesellschafters und der Austritt eines Gesellschafters. Der Austausch zweier Gesellschafter ist im Grunde nichts anderes als ein Eintritt und Austritt zum selben Zeitpunkt, unter Fortführung der Gesellschaft.

### Eintritt eines Gesellschafters

Der Eintritt eines neuen Gesellschafters erfordert die Zustimmung aller Altgesellschafter

Der Eintritt eines neuen Gesellschafters in eine bereits bestehende Personengesellschaft kann eine Reihe guter Gründe, z.B. Erhöhung der Kapitalkraft, Einbringung besondere Fähigkeiten in Organisation und »Know how« etc. haben. Die Aufnahme erfolgt durch einen Vertrag zwischen allen Altgesellschaftern (im Zweifel ist Einstimmigkeit notwendig) und dem neu eintretenden Gesellschafter. Dies stellt zugleich eine Änderung des Gesellschaftsvertrages dar. Dem neuen Gesellschafter steht damit ein entsprechender Anteil am Gesellschaftsvermögen zu.

### Ausscheiden eines Gesellschafters

Das Ausscheiden eines Gesellschafters führt nach den gesetzlichen Regelungen zur Auflösung der Gesellschaft, wenn nichts anderes vereinbart ist. Empfehlenswert ist es, im Gesellschaftsvertrag vorzusehen, ob mit dem Ausscheiden eines Gesellschafters die Gesellschaft als solche weiterbesteht oder aufgelöst wird.

*Gründe für das Ausscheiden eines Gesellschafters:*

- freiwilliges Ausscheiden = Kündigung, § 723 BGB
- zwangsweises Ausscheiden = Ausschließung, § 738 BGB
- Tod oder Konkurs eines Gesellschafters, §§ 727, 728 BGB

**§ 723 BGB**

### Kündigung durch Gesellschafter

(1) Ist die Gesellschaft nicht für eine bestimmte Zeit eingegangen, so kann jeder Gesellschafter sie jederzeit kündigen. Ist eine Zeitdauer bestimmt, so ist die Kündigung vor dem Ablaufe der Zeit zulässig, wenn ein wichtiger Grund vorliegt;...

Als wichtigen Grund wird in § 723 I S.2 BGB explizit genannt: »Grobe Pflichtverletzungen eines der Mitgesellschafter der im Gesellschaftsvertrag festgelegten Tätigkeiten«.

## Ausschluß eines Gesellschafters

**§ 737 BGB**

Ist im Gesellschaftsvertrage bestimmt, daß, wenn ein Gesellschafter kündigt, die Gesellschaft unter den übrigen Gesellschaftern fortbestehen soll, so kann ein Gesellschafter, in dessen Person ein die übrigen Gesellschafter nach § 723 Abs. 1 Satz 2 zur Kündigung berechtigender Umstand eintritt, aus der Gesellschaft ausgeschlossen werden. Das Ausschließungsrecht steht den übrigen Gesellschaftern gemeinschaftlich zu. Die Ausschließung erfolgt durch Erklärung gegenüber dem auszuschließenden Gesellschafter.

Die Konsequenzen aus den §§ 723 und 737 sind: Bei groben Pflichtverletzungen eines Gesellschafters kann entweder jeder Mitgesellschafter selbst ohne Einhaltung der Frist kündigen oder den schädigenden Gesellschafter, mit Zustimmung aller Mitgesellschafter, von der Gesellschaft ausschließen.

Das Ausscheiden eines Gesellschafters führt zur Auflösung, sofern nicht über das Fortbestehen der Gesellschaft beschlossen wurde

Grundsätzlich führt das Ausscheiden eines Gesellschafters, gleichgültig aus welchem Grund, zur Auflösung der Gesellschaft. Ausnahmen hiervon ermöglichen aber § 736 BGB (Fortbestehen der Gesellschaft unter den übrigen Gesellschaftern) oder Nachfolgeklauseln im Gesellschaftsvertrag und Eintritt eines neuen Gesellschafters.

Der ausscheidende Gesellschafter hat dann einen Abfindungsanspruch. Dessen Höhe richtet sich nach dem Anteil, den der Gesellschafter haben würde, wenn die Gesellschaft zum Zeitpunkt seines Ausscheidens aufgelöst würde (§§ 738-740 BGB). Danach sind dem Ausscheidenden die von ihm in die Gesellschaft eingebrachten Gegenstände zurückzugeben (§ 732 BGB) und ein entsprechender Anteil am Zugewinn auszubezahlen. Von den bereits fälligen Schulden der Gesellschaft ist der Austretende (im Innenverhältnis) zu befreien. Beteiligt bleibt er aber am Gewinn und Verlust der zum Austrittszeitpunkt schwebenden Geschäfte.

Vertraglich können aber auch andere Vereinbarungen (Abfindungsklauseln) vorgesehen werden, jedoch nur insoweit, als Gläubiger der Gesellschaft nicht benachteiligt werden.

## 3.7. Die Beendigung der Gesellschaft

Das Ende einer Gesellschaft verläuft in zwei Stufen: Die erste Stufe ist die Auflösung der Gesellschaft. Auflösung ist nicht gleichbedeutend mit dem Ende der Gesellschaft, denn dieses tritt erst mit dem Abschluß der Auseinandersetzung (Liquidation) ein.

Eine Gesellschaft wird beendet durch Auflösung und Liquidation

Die Begriffe Auflösung und Liquidation physikalisch dargestellt: Auflösung ist das Aufbrechen der Struktur der Gesellschaft, Liquidation ist die Verflüssigung des Gesellschaftsvermögens.

*Gründe für die Auflösung können sein:*

- Auflösungsbeschluß der Gesellschaft
- Erreichung bzw. Unmöglichwerden des Gesellschaftszwecks
- Zeitablauf der Gesellschaft
- Ausscheiden eines Gesellschafters (sofern keine Regelungen für das Fortbestehen getroffen wurden)

Im letzten Fall (Ausscheiden eines Gesellschafters) sieht das Gesetz für den Regelfall die Auflösung vor. Eine Rückgängigmachung kann jedoch im Einverständnis der verbleibenden Gesellschafter erfolgen.

Der Auflösung folgt die Liquidation, nach deren Abschluß die Gesellschaft vollends beendet ist. Die Beendigung einer Gesellschaft kann ein langwieriger Prozess sein; Probleme bereitet vor allem das Auseinanderteilen des Gesamthandsvermögens, weil meist auch immer noch Gesellschaftsschulden bestehen.

**§ 730 BGB**

**Auseinandersetzung**

(1) Nach der Auflösung der Gesellschaft findet in Ansehung des Gesellschaftsvermögens die Auseinandersetzung unter den Gesellschaftern statt...

*Das gewöhnliche Verfahren der Liquidation:*

- Beendigung schwebender Geschäfte (§ 730 II BGB)
- Rückgabe von Gegenständen (§ 732 BGB)
- Berichtigung gemeinsamer Schulden (§ 733 I, III BGB)
- Rückerstattung der Einlagen (§ 733 II, III BGB)
- Verteilung des Überschusses (§ 734 BGB)

*Fall: Die Juristen A, B und der Betriebswirt C sind ständig auf der Suche nach Marktlücken. Neuestes Vorhaben ist die unverbindliche Beratung bei Rechtsfragen per Telefon zum Inlandspreis von 1.15 DM / Minute. Ihr kleines Büro, bestehend aus einem Schreibtisch, einem Regal voller juristischer Nachschlagewerken und einigen Telefonen, ist rund um die Uhr besetzt. Die drei sind übereingekommen, daß C alleine das ganze Vorhaben »managt«. A und B, die lediglich den Telefondienst übernehmen, wollen dafür in keinem Fall über ihre geleistete Einlage in Höhe von jeweils DM 5000.- haften.*

*Wie ist die Rechtslage?*

Fall: Rechtslage bei einer BGB-Gesellschaft

*Es liegt eine BGB-Gesellschaft vor. Also ein auf gewisse, wenn auch nicht näher bestimmte Dauer, angelegter Personenzusammenschluß zwischen A, B, C. Ihr gemeinsamer Zweck: Rechtsberatung zu jeder Tages- und Nachtzeit für alle Anrufer mit der Absicht der Gewinnerzielung. Da kein Handelsgewerbe betrieben wird kann es sich auch in keinem Fall um eine OHG oder eine KG handeln. Zu beachten wären im übrigen die Restriktionen in §§ 1 I, 8 I Nr.1 Rechtsberatungsgesetz.*

*Im Gesellschaftsvertrag (§ 705 BGB), der auch konkludent geschlossen werden konnte, wurde folgendes festgehalten: C ist zur alleinigen Geschäftsführung (§ 710 BGB) und zur Vertretung (§§ 714, 164 ff BGB) befugt.*

*Da Juristen manchmal in eigenen Angelegenheiten etwas nachlässig sind, fehlen weitere Vereinbarungen. Es kommen alle anderen gesetzlichen Regelungen der §§ 705-740 zur Anwendung:*

*Demnach haben alle drei Gesellschafter (gem. § 722 I BGB) gleichen Anteil am Gewinn und Verlust und alle Gesellschafter können jederzeit kündigen (§ 723 I 1 BGB), was zur Auflösung der Gesellschaft führen würde.*

*Für Gesellschaftsschulden haften die Gesellschafter als Gesamtschuldner (§§ 421, 427 BGB) mit ihrem Gesellschaftsvermögen (§ 718 BGB) und daneben mit ihrem Privatvermögen. Die Haftungsbeschränkung des A und B in Höhe von 5000,- DM kommen nur dann zum Tragen, wenn dies für Dritte erkennbar ist. Dies könnte bei rechtsgeschäftlich begründeten Verbindlichkeiten durch den Verzicht auf die Vertretungsmacht ersichtlich sein.*

# 4. Der Verein

Der Zweck eines idealen Vereins ist meist ein sportlicher oder künstlerischer

Als Grundtyp aller körperschaftlich organisierten und strukturierten Personenvereinigungen kann der Verein (§§ 21 ff BGB) angesehen werden. Vereine verfolgen ebenso wie Personengesellschaften einen gemeinsamen Zweck, aber mit dem Unterschied, daß sie von ihrem Mitgliederbestand unabhängig sind, eine Satzung und Organe (Vorstand, Mitgliederversammlung) und ggf. eine eigene Rechts-persönlichkeit besitzen. Der Verein tritt unter einem eigenen Namen auf. Eine große Bedeutung hat das Vereinsrecht für den »idealen« Verein, dessen Hauptzweck meist ein sportlicher aber auch politischer, wissenschaftlicher, sozialer oder religiöser, in keinem Fall aber ein wirtschaftlicher ist.

Für die Kapitalgesellschaften GmbH, AG und die Genossenschaft ist das Wissen über die Grundlagen und Zusammenhänge des allgemeinen Vereinsrechts der §§ 21 ff BGB und der körperschaftlichen Grundstrukturen sehr hilfreich.

DAS VEREINSLEBEN

## Der eingetragene Verein im Überblick

**1. Wesen**

- Der eingetrageneVerein (e.V.) ist rechtsfähig. Er ist als juristische Person selbst Träger von Rechten und Pflichten
- Er kann als Grundtyp aller körperschaftlich strukturierten Personenvereinigungen (Kapitalgesellschaften, Genossenschaften, etc.) angesehen werden

**2. Entstehung**

- Abschluß eines Gründungsvertrages durch mindestens sieben Mitglieder, Bestimmung des Vereinszweckes und Festlegung der Satzung
- Bestellung der Organe
- Anmeldung zur Eintragung in das Vereinsregister

↳ Mit der Eintragung erlangt der eingetragene Verein (e.V.) seine Rechtsfähigkeit

↳ Gründungsfehler führen nicht zur rückwirkenden Auflösung des Verein oder zum rückwirkenden Ausscheiden eines Gründungsmitgliedes

**3. Die Organe des Vereins**

- Vorstand, §§ 26 BGB
  - Leitung und Vertretung des Vereins
  - Verteilung der Kompetenzen
  - Haftung bei Pflichtverletzung gegenüber dem Verein
- Mitgliederversammlung, § 32 BGB
  - Bestellung und Abrufung des Vorstandes
  - Beschlußfassung

**4. Die Mitglieder des Vereins**

- Mitgliedschaft nicht übertragbar, nicht vererblich, § 38 BGB
- Rechte zur Teilnahme an Veranstaltungen des Vereins, aktives und passives Wahlrecht, gegebenenfalls Sonderrechte einzelner Mitglieder
- Beitragspflicht, Treuepflicht, Pflicht zur Übernahme von Ämtern

**5. Haftung**

- Der eingetragene Verein ist aufgrund eigener Rechtspersönlichkeit, § 21 BGB selbst Anspruchsgegner; für Verbindlichkeiten haftet das Vereinsvermögen
- Bei dem nichteingetragene Verein haftet ebenso das Vereinsvermögen; daneben haften die, für den Verein handelnden Personen
- Haftung der Organe aus Delikt, nicht aus Vertrag
- Haftung der Mitglieder grundsätzlich nicht

**6. Beendigung**

- Auflösung des Vereins, § 41 BGB oder Entzug der Rechtsfähigkeit, §§ 42 ff BGB

↳ Liquidation, §§ 47 ff BGB

↳ Sperrjahr, § 51 BGB

## 4.1. Wesen des Vereins

Der eingetragene Verein ist eine juristischen Person. Die Rechtsfigur der »juristischen Person« ist ein künstliches Gebilde, das von den Gesetzgebern entwickelt wurde, vergleichbar mit dem Roboter in der Industrie. Juristische Personen werden weitgehend wie natürliche Personen behandelt: Sie besitzen eine eigene Rechtspersönlichkeit, sind daher selbst Träger von Rechten und Pflichten, können klagen und verklagt werden.

Die Rechtsfähigkeit eines Vereins steht und fällt mit dessen Eintragung im Vereinsregister

Ob ein Verein rechtsfähig ist oder nicht, steht und fällt mit seiner Eintragung in das Vereinsregister. Das BGB unterscheidet klar zwischen dem eingetragenen (rechtsfähigen) Verein §§ 21 ff BGB einerseits und dem nicht eingetragenen (nichtrechtsfähigen) Verein § 54 BGB andererseits.

| | Abgrenzung | |
|---|---|---|
| | Rechtsfähiger Verein | Nichtrechtsfähiger Verein |
| Rechtsfähigkeit | Der rechtsfähige Verein entsteht als Juristische Person mit der Eintragung in das Vereinsregister | Der nichtrechtsfähige Verein hat mangels Eintragung keine eigene Rechtspersönlichkeit |
| Wesen | Körperschaft § 21 BGB | »Zwitter« § 54 BGB zwischen Verein und Personengesellschaft |
| Haftung | Keine persönliche Haftung der Mitglieder | Persönliche Haftung der Handelnden |
| Vermögen | Vereinsvermögen | Gesamthandsvermögen |
| Beispiele | Sportverein (e.V.)<br>Kunstverein (e.V.) | Gewerkschaft<br>Partei<br>Studentenverbindung |

Ein wesentlicher Unterschied zwischen dem eingetragenen und dem nichteingetragenen Verein besteht in der rechtlichen Einordung: Rechtsfähig wird ein Verein regelmäßig nur gem. § 21 BGB.

### Rechtsfähiger Verein

§ 21 BGB

> Ein Verein, dessen Zweck nicht auf einen wirtschaftlichen Geschäftsbetrieb gerichtet ist, erlangt Rechtsfähigkeit durch Eintragung in das Vereinsregister des zuständigen Amtsgerichts.

*Kennzeichen des Vereins:*

- Ein auf Dauer angelegter Zusammenschluß von Personen
- zur Verwirklichung eines gemeinsamen Zweckes
- mit Vorstand und Mitgliederversammlung, §§ 26, 32 BGB
- vom Mitgliederwechsel unabhängig
- Erlangung der Rechtsfähigkeit, § 21 BGB mit Eintragung

Zum Teil wird aber auch wirtschaftlichen Vereinen die Rechtsfähigkeit zugesprochen, die diese jedoch nur durch staatliche Verleihung erlangen nach § 22 BGB. Zur Rechtsfähigkeit gehört auch, daß der Verein selbst Eigentümer des Vereinsvermögens ist welches durch seine Organe verwaltet wird.

### Nichtrechtsfähiger Verein

§ 54 BGB

> Auf Vereine, die nicht rechtsfähig sind, finden die Vorschriften über die Gesellschaft Anwendung. Aus einem Rechtsgeschäft, das im Namen eines solchen Vereins vorgenommen wird, haftet der Handelnde persönlich; handeln mehrere, so haften sie als Gesamtschuldner.

Für den nichtrechtsfähigen Verein kämen gem. § 54 BGB die allgemeinen Vorschriften über die Gesellschaften, §§ 705 ff BGB, zur Anwendung. Da die nichtrechtsfähigen Vereine wegen ihrer körperschaftlichen Struktur den rechtsfähigen Vereinen jedoch wesentlich näher stehen als den Personengesellschaften, ist man heute der Auffassung, daß auch auf sie weitgehend das Vereinsrecht anzuwenden ist. Nicht anzuwenden ist aber mangels Rechtsfähigkeit der § 31 BGB (Haftung für Organe). Stattdessen haftet nur der Handelnde selbst; der nichtrechtsfähige Vereine haftet allenfalls mit dem Vereinsvermögen seiner Mitglieder.

Auch auf nichtrechtsfähige Vereine wird weitgehend das Vereinsrecht angewendet

Der nichtrechtsfähige Verein nimmt daher eine »Zwitterstellung« zwischen dem Verein und Personengesellschaft ein. Bezüglich seiner Organisation ist volles Vereinsrecht anzuwenden, was die Außenbeziehungen angeht gilt weitgehend Gesellschaftsrecht.

## 4.2. Errichtung des Vereins

Die Errichtung eines rechtsfähigen Vereins verläuft in mehreren Phasen: Grob umrissen sind dies zunächst die Gründung durch den Zusammenschluß mehrerer Personen, die Ausarbeitung der Satzung und die Bestellung der Organe. Erst darauf kann die Eintragung in das Vereinsregister folgen. Dadurch wird der Verein zur juristischen Person und erlangt Rechtsfähigkeit.

*Die Phasen der Entstehung:*

- Abschluß des Gründervertrages
- Zwischenphase
- Eintragung und damit Erlangung der Rechtsfähigkeit

Der erste Schritt ist der Zusammenschluß mehrerer Personen mit der gemeinsamen Absicht, einen rechtsfähigen Verein gründen zu wollen. Bis zu diesem Zeitpunkt treten alle Personen als einzelne Privatleute auf; sind sie bis dahin schon gemeinsam tätig gewesen, so könnte zwischen ihnen allenfalls eine Personengesellschaft vorliegen. Die Gründung erfolgt in der Regel mit Abschluß eines gemeinsamen Vertrages.

*Der Gründungsvertrag eines rechtsfähigen Vereins:*

- Einigung der Gründer
- über den gemeinsamen Zusammenschluß
- Bestimmung des gemeinsamen Zwecks
- kein Verstoß gegen gesetzliche Schutzvorschriften
- Ausarbeitung der Satzung (Teil der Vereinsverfassung)

↳ Mit Abschluß des Gründungsvertrages und Inkrafttreten der Satzung ist der Verein entstanden

Zwar ist der Gründungsvertrag ein Rechtsgeschäft wie jedes andere auch; wegen der Ausarbeitung des gemeinschaftlichen Zusammenwirkens spricht man aber von einem Organisationsvertrag. Dieser regelt die körperschaftliche Organisation des Vereins, unabhängig von seinem Mitgliederbestand.

Dreh- und Angelpunkt jedes Vereins ist seine Satzung: Sie beruht zunächst auf dem, von den Gründern geschlossenen, Gründungsvertrag und bestimmt die »Lebensweise« des Vereins.

Die Satzung ist ein Bestandteil der Vereinsverfassung, die mit den gesetzlich zwingenden sowie ergänzenden Vorschriften die innere und äußere Ordnung des Vereines festlegt.

**Verfassung**

**§ 25 BGB**

> Die Verfassung eines rechtsfähigen Vereins wird, soweit sie nicht auf den nachfolgenden Vorschriften beruht, durch die Vereinssatzung bestimmt.

Die Satzung muß Namen und Sitz des Vereins sowie den gemeinsamen Zweck aufweisen. Sinnvoll ist es, weitere Bestimmungen innerhalb der Satzung vorzunehmen. Diese sollte die Aufgaben der Organe festlegen, Regelungen über die Mitgliedschaft und Möglichkeiten der Satzungsänderung enthalten. Die Satzung ist eines der wesentlichen Kriterien für die Eintragung und damit für die Rechtsfähigkeit des eingetragenen Vereins (e.V.). Hieran scheitern in der Regel eine Vielzahl der Eintragungswilligen.

Der Gründungphase folgt nun eine Zwischenphase. In dieser wird der Verein als solcher zwar »ins Leben gerufen«, vorläufig bleibt er aber in der Zwitterstellung des nichtrechtsfähigen Vereins § 54 BGB, bis zu dem Zeitpunkt der Eintragung.

*Zwischenphase im Leben des rechtsfähigen Vereins:*

- Tatsächliche Gründung wie im Vertrag vorgesehen
- Bestellung der Organe
- Anmeldung des Vereins beim Registergericht

↳ Prüfung des Registergerichts, ob die Kriterien des Vereins für dessen Eintragungsfähigkeit ausreichen. Wenn ja, wird die Eintragung veranlaßt

Erst nach der Erfüllung aller Voraussetzungen und mit dem Segen des Registergerichtes kann die Eintragung erwirkt werden. Ab dem Zeitpunkt der Eintragung wird der Verein als eigenständige juristische Person rechtsfähig.

Erst mit dem Segen des Registergerichtes kann die Eintragung erwirkt werden

Die Geburt dieses »juristischen Retortenbabys« erfolgt für Körperschaften, GmbH, AG und Genossenschaft, in ähnlicher Weise. Aufgrund ihres großen wirtschaftlich Einflusses gibt es für diese spezielle Gesetze, die sowohl zum Schutz der Mitglieder (Innenverhältnis) als auch zum Schutz Dritter (Außenverhältnis) wesentlich schärfere Bestimmungen enthalten.

## 4.3. Die Organe des Vereins

**§ 26 BGB**

### Vorstand

(1) Der Verein muß einen Vorstand haben. Der Vorstand kann aus mehreren Personen bestehen.

(2) Der Vorstand vertritt den Verein gerichtlich und außergerichtlich; er hat die Stellung eines gesetzlichen Vertreters. Der Umfang seiner Vertretungsmacht kann durch die Satzung mit Wirkung gegen Dritte beschränkt werden.

Der Vorstand ist das ausführende Organ und zugleich der Kopf des Vereins

Die Vorstandschaft besteht meist aus dem Vorstand und seinen Vertretern, denen bestimmte Aufgabengebiete zugewiesen werden. Grundsätzlich ist der Vorstand geschäftsführungsbefugt und, soweit nicht in der Satzung anders geregelt, in vollem Umfang vertretungsberechtigt.

*Aufgaben des Vorstandes:*

- Innere Leitung des Vereins
- Vertretung des Vereins
- Einberufung der Mitgliederversammlung

Der Vorstand handelt für den Verein; er kann rechtsgeschäftlich tätig werden. Durch die Satzung kann aber auch bestimmt werden, daß für bestimmte Geschäfte andere Personen zur Vertretung berechtigt sind.

Der Vorstand wird durch Wahl und Beschluß der Mitgliederversammlung bestellt, § 27 I BGB. Die Bestellung kann jederzeit widerrufen werden; insbesondere bei groben Pflichtverletzungen oder Unfähigkeit, § 27 II BGB.

**§ 31 BGB**

Haftung

### Haftung des Vereins für Organe

Der Verein ist für den Schaden verantwortlich, den der Vorstand, ein Mitglied des Vorstandes oder ein anderer verfassungsmäßig berufener Vertreter durch eine in Ausführung der ihm zustehenden Verrichtungen begangene, zum Schadenersatze verpflichtende Handlung einem Dritten zufügt.

Der § 31 BGB ist die zentrale Norm für die Zurechnung eines schuldhaften Verhaltens eines Organs. Diese Zurechnungsnorm gilt nicht nur für den eingetragenen Verein, sondern für alle juristischen Personen. Auch für die OHG und die KG wird § 31 BGB analog angewendet.

Eine entsprechende Ersatzpflicht bei Fehlverhalten der Organe gegenüber dem Verein ist in den Befugnissen des Vorstandes verankert. Ersatzansprüche ergeben sich meist aus den Vorschriften für den Auftrag vgl. § 27 III BGB.

*Haftung für Ansprüche Dritter:*

- Vorliegen des Vereins
- Bestehen eines Anspruchs
- ggf. Zurechenbarkeit:
- schuldhaften Verhaltens eines Organs, § 31 BGB
- Handeln eines Erfüllungsgehilfen, § 278 BGB

↳ Der Verein ist selbst Anspruchsgegner, § 21 BGB

↳ Haftung für Verrichtungsgehilfen, § 21 i.V.m § 831 BGB

↳ Haftung des Vorstandes / der Mitglieder nur aus Delikt

↳ Im Gründungsstadium (bei fehlender Rechtspersönlichkeit des Vereins), unmittelbare Handelndenhaftung, § 54 BGB

## Mitgliederversammlung

**§ 32 BGB**

(1) Die Angelegenheiten des Vereins werden, soweit sie nicht von dem Vorstand oder einem anderen Vereinsorgane zu besorgen sind, durch Beschlußfassung in einer Versammlung der Mitglieder geordnet. Zur Gültigkeit des Beschlusses ist erforderlich, daß der Gegenstand bei der Berufung bezeichnet wird. Bei der Beschlußfassung entscheidet die Mehrheit der erschienenen Mitglieder...

Die Mitgliederversammlung ist das beschlußfassende Organ des Vereins

Die Mitgliederversammlung entscheidet über alle Angelegenheiten des Vereins und ist somit sein oberstes Organ. Ihre Entscheidungen werden durch Beschlußfassung der Mitglieder getroffen; der Vorstand hat sie auszuführen. Grundsätzlich gilt für die Beschlußfassung die Mehrheit der erschienenen Mitglieder; lediglich bei Satzungsänderungen ist 3/4 - Mehrheit erforderlich.

*Die Einberufung der Mitgliederversammlung erfolgt:*

- im Turnus, den die Satzung vorsieht (§ 36 1.Alt. BGB)
- bei besonderem Interesse des Vereins (§ 36 2.Alt. BGB)
- bei Verlangen von mind. 10 % der Mitglieder (§ 37 I BGB)

## 4.4. Die Mitgliedschaft im Verein

Der Verein verfolgt den in seiner Satzung festgelegten Zweck; In der Regel dient dieser dem Wohle und den gemeinsamen Interessen seiner Mitglieder.

**§ 38 BGB**

### Mitgliedschaft

Die Mitgliedschaft ist nicht übertragbar und nicht vererblich. Die Ausübung der Mitgliedschaftsrechte kann nicht einem anderen überlassen werden.

*Rechte und Pflichten aus der Mitgliedschaft:*

- Teilnahme an Veranstaltungen des Vereins
- Aktives und passives Wahlrecht
- Sonderrechte (gegebenenfalls)
- Beitragspflicht
- Treuepflicht
- Verpflichtung zur Übernahme von Ämtern

Daß den Mitgliedern kein Anrecht auf Gewinnanteile zusteht, ergibt sich daraus, daß der ideale Verein im Gegensatz zum wirtschaftlichen Verein erst gar keinen Gewinn erwirtschaften darf.

Der Erwerb der Mitgliedschaft ist meist reine Formsache

Der Erwerb der Mitgliedschaft vollzieht sich dadurch, daß der Vorstand oder die von ihm dazu bestimmten Personen über die Aufnahme eines Neumitgliedes entscheidet. In Sportvereinen beispielsweise geschieht dies lediglich durch Ausfüllen des Beitrittsformulars und dessen Weiterleitung. Üblich ist auch die Zahlung einer Aufnahmegebühr und die Leistung der Beiträge für die Dauer der Mitgliedschaft.

Im allgemeinen herrscht für Vereine der Gleichheitsgrundsatz zwischen den Mitgliedern. Die Satzung kann jedoch bestimmte Bedingungen wie Alter, Religion, Beruf etc. an die Mitgliedschaft knüpfen.

Die Mitgliedschaft endet gewöhnlich mit dem Austritt, mit dem Tod des Mitgliedes oder durch Ausschluß, wenn wichtige Gründe, wie grobe Pflichtverletzung gegenüber dem Verein oder Schädigung des Vereinsansehen, vorliegen.

## 4.5. Die Beendigung des Vereins

Das Leben des Vereins endet entweder durch Auflösung, Zeitablauf oder mit dem Austritt aller Mitglieder. Der rechtsfähige Verein wird daneben durch den Verlust seiner Rechtsfähigkeit beendet. Letzterer kann jedoch als nichtrechtsfähiger Verein nach § 54 BGB fortgeführt werden. Schließlich folgt die Liquidation des Vereinsvermögens durch die dazu bestellten Personen.

**Auflösung** **§ 41 BGB**

> Der Verein kann durch Beschluß der Mitgliederversammlung aufgelöst werden. Zu dem Beschluß ist eine Mehrheit von drei Vierteilen der erschienenen Mitglieder erforderlich, wenn nicht die Satzung ein anderes bestimmt.

*Gründe für die Auflösung des Vereins:*

- Beschluß der Mitgliederversammlung, § 41 BGB
- Eintritt der Auflösungsbedingung
- Wegfall aller Mitglieder

*Gründe für den Verlust der Rechtsfähigkeit:*

- Eröffnung des Konkursverfahrens, § 42 BGB
- Wandel zum Wirtschaftsbetrieb, § 43 II BGB

Liegen diese Gründe (Auflösung oder den Verlust der Rechtsfähigkeit vor, folgt die Liquidation des Vereins. Die Liquidation erfolgt durch den Vorstand oder dazu bestellte andere Personen.

**Liquidation** **§ 49 BGB**

> (1) Die Liquidatoren haben die laufenden Geschäfte zu beendigen, die Forderungen einzuziehen, das übrige Vermögen in Geld umzusetzen, die Gläubiger zu befriedigen und den Überschuß den Anfallberechtigten auszuverantworten...

Erst nach Ablauf eines Jahres (Sperrjahr § 51 BGB) nach Bekanntmachung der Auflösung oder Entziehung der Rechtsfähigkeit darf die Verteilung des Überschußvermögens an die Berechtigten vorgenommen werden.

## 5. Wiederholungsfragen

- ❍ 1. Welche Gründe könnten für die Wahl einer bestimmten Rechtsform ausschlaggebend sein? Lösung S. 116
- ❍ 2. Als Grundtypen der Personenvereinigungen gelten die BGB-Gesellschaft und der Verein. Warum? Lösung S. 120
- ❍ 3. Wie unterscheiden sich Innenverhältnis und Außenverhältnis in einer Gesellschaft? Lösung S. 19
- ❍ 4. Was kennzeichnet eine BGB-Gesellschaft? Lösung S. 124
- ❍ 5. Warum ist der Gesellschaftsvertrag kein »reiner« gegenseitiger Vertrag? Lösung S. 126
- ❍ 6. Was versteht man unter einer sog. fehlerhaften Gesellschaft? Lösung S. 127
- ❍ 7. Warum gilt die Beitragspflicht als Sozialanspruch? Auf welchem Wege kann dieser notfalls geltend gemacht werden? Lösung S. 128
- ❍ 8. Welche Arten der Geschäftsführungsbefugnis sind möglich? Lösung S. 130
- ❍ 9. Wie ist die Vertretung in einer BGB-Gesellschaft grundsätzlich geregelt und wer wird dabei vertreten? Lösung S. 131
- ❍ 10. Haftungsfragen sind gerade bei BGB-Gesellschaften ein schwieriges Thema. Warum? Lösung S. 132
- ❍ 11. Was ist unter Gesamthandsvermögen zu verstehen? Lösung S. 133
- ❍ 12. Warum gilt der Gewinnanteil als Sozialverpflichtung? Wie ist die Gewinnverteilung mangels anderer Vereinbarungen geregelt? Lösung S. 133
- ❍ 13. Was kennzeichnet einen Verein? Welche zwei Arten von Vereinen unterscheidet man? Lösung S. 140
- ❍ 14. Wie ist ein Verein organisiert und welche Aufgaben haben seine Organe? Lösung S. 144
- ❍ 15. Auf welche Rechtsformen ist die zentrale »Haftungsnorm« § 31 BGB anwendbar; auf welche Personen und welches Handeln wird darin abgezielt? Lösung S. 144

# Die Handelsgesellschaften

# 1. Die offene Handelsgesellschaft

Die OHG ist eine spezielle Form der BGB-Gesellschaft, jedoch mit dem Zweck des Betriebes eines Handelsgewerbes

Die offene Handelsgesellschaft (OHG) ist eine Personengesellschaft, und damit eine spezielle Form der BGB-Gesellschaft, allerdings mit dem Unterschied, daß der Betrieb eines Handelsgewerbes unter einer gemeinsamen Firma bezweckt wird.

Vor allem kleine und mittlere Unternehmen (vorallem Familienbetriebe) sind häufig in der Form der OHG organisiert. Sie ist die geeignete Gesellschaftsform, wenn ihre Gesellschafter ihre volle Arbeitskraft in das Unternehmen einbringen wollen. Da die Gesellschafter auch ihr Privatvermögen dem Unternehmen als Haftungsgrundlage bereitsstellen müssen, sollen die Gesellschafter auch den erwirtschafteten Überschuß voll abschöpfen können. Die Gewinne der OHG werden »nur« über das Einkommen der Gesellschafter besteuert.

*Merkmale der OHG*

- geringere Steuerbelastung (als Kapitalgesellschaften)
- große Einflußnahme der Gesellschafter auf die Geschicke des Unternehmens
- hohe Glaubwürdigkeit gegenüber Dritten
- die Gesellschafter tragen das volle Haftungsrisiko

DIE VOLLHAFTENDEN OHG-GESELLSCHAFTER

## Die OHG im Überblick

**1. Wesen**

- Die OHG ist keine juristische Person; sie ist jedoch teilrechtsfähig, § 124 HGB. Als Personengesellschaft ist sie eine Sonderform der BGB-Gesellschaft (subsidiär §§ 705 ff BGB)
- Handelsgesellschaft, § 105 I HGB; gilt als Kaufmann, § 6 I HGB; die Gesellschafter sind Kaufleute gem. §§ 1 - 3, 5 HGB, Firma, § 19 HGB
- Im Handelsregister einzutragen sind: Anmeldung und Aufnahme neuer Gesellschafter, § 106 HGB; besondere Vertretungsbefugnisse, § 125 IV HGB; Auflösung und Ausscheiden alter Gesellschafter, § 143 I, II HGB; Erlöschen, § 157 I HGB

**2. Entstehung**

- Gründung mit Abschluß des Gesellschaftsvertrages, § 105 HGB, § 705 BGB (Zweck ist der Betrieb eines Handelsgewerbes unter gemeinsamer Firma)
- Wirksamwerden nach außen durch:
  - Eintragung in das Handelsregister § 123 I HGB
  - oder Aufnahme der Geschäfte § 123 II, § 1 II HGB (bei Grundhandelsgewerbe)

↳ Entstehung der OHG nach innen und außen

↳ bei Gründungsfehlern und Vollzug = »fehlerhafte« Gesellschaft

**3. Geschäftsführung und Vertretung**

- Geschäftsführung (durch jeden Gesellschafter für gewöhnliche Geschäfte, §§ 114 ff HGB)
- Vertretung (durch die Gesellschafter, §§ 125-127 BGB grundsätzlich Einzelvertretung)

**4. Die Gesellschafter der OHG**

- Gewinn- und Verlustbeteiligung, §§ 120 f HGB, Entnahmerechte, § 122 HGB
- Beitragspflicht, Zinsen auf Geldeinlagen, § 111 HGB; Wettbewerbsverbot, §§ 112 f HGB
- Mitspracherechte, §§ 118, 119 HGB; z.T. Klagemöglichkeit einzelner Gesellschafter
- Ausgleichsansprüche gegenüber der Gesellschaft, § 110 HGB und gegenüber Mitgesellschaftern, § 426 I, II BGB

**5. Haftung**

- Die OHG ist aufgrund der Teilrechtsfähigkeit selbst Anspruchsgegner, § 124 I HGB
- Die Gesellschafter haften für Gesellschaftsverbindlichkeiten, § 128 HGB
- Ausgeschiedene Gesellschafter haften (5 Jahre) für alte Verbindlichkeiten, §§ 128, 160 HGB
- Eingetretene Gesellschafter haften für alte Verbindlichkeiten, § 130 HGB

**6. Beendigung**

- Auflösung bei Vorliegen eines Grundes, §§ 131-137 HGB
  - durch Kündigung (mit Frist oder durch Auflösungsklage) sowie Konkurs oder Tod einzelner Gesellschafter, sofern keine Fortsetzungsklausel besteht
  - durch Beschluß der Gesamtheit
  - bei Zeitablauf oder nach Zweckerreichung

↳ Die Auflösung ist zur Eintragung ins Handelsregister anzumelden

↳ Liquidation (Auseinandersetzung), §§ 145 ff HGB

↳ Nachhaftung der Gesellschafter für Verbindlichkeiten der bereits aufgelösten Gesellschaft, § 159 HGB

## 1.1. Entstehung der OHG

Die Gesellschafter der OHG werden unter einer gemeinschaftlichen Firma tätig. Soweit die §§ 105 ff HGB keine ausdrücklichen Regelungen enthalten, gelten für die OHG die §§ 705 ff BGB, vgl. § 105 II HGB. Ähnlich zu behandeln wie eine OHG ist die neu geschaffene Rechtsform EWIV (Europäische wirtschaftliche Interessengemeinschaft), ein Zusammenschluß von Unternehmen aus verschiedenen EU-Ländern.

**§ 105 HGB**

Gesellschaftszweck ist der Betrieb eines Handelsgewerbes

vgl. Regelungen über die BGB-Gesellschaft §§ 705 ff BGB

### Begriff der OHG

(1) Eine Gesellschaft, deren Zweck auf den Betrieb eines Handelsgewerbes unter gemeinschaftlicher Firma gerichtet ist, ist eine offene Handelsgesellschaft, wenn bei keinem der Gesellschafter die Haftung gegenüber den Gesellschaftsgläubigern beschänkt ist.

(2) Auf die offene Handelsgesellschaft finden, soweit nicht in diesem Abschnitt ein anderes vorgeschrieben ist, die Vorschriften des Bürgerlichen Gesetzbuchs über die Gesellschaft Anwendung.

Betreibt eine Personengesellschaft ein Handelsgewerbe in vollkaufmännischer Weise, so wird sie dadurch zur (offenen) Handelsgesellschaft. Ihre Gesellschafter sind Kaufleute aufgrund der §§ 1-5 HGB; die OHG selbst gilt als Kaufmann gem. § 6 I HGB. Im Rechtsverkehr tritt die OHG wegen ihrer Teilrechtsfähigkeit gemäß § 124 I HGB, »wie« eine juristische Person auf.

*Entstehung der OHG:*

- Abschluß des Gesellschaftsvertrages und
- Vollzug: durch Eintragung ins Handelsregister, § 123 I HGB oder durch Aufnahme des Geschäftsbetriebes, § 123 II HGB bei Grundhandelsgewerbe § 1 II HGB
- Bei Mängeln im Gesellschaftsvertrag und Vollzug liegt eine sog. fehlerhafte Gesellschaft vor, die ebenfalls wie eine OHG zu behandeln ist

Der Gesellschaftsvertrag ist ein schuldrechtlicher Vertrag, der Bestimmungen über die Organisation der Gesellschaft enthält und die Rechte und Pflichten der Gesellschafter regelt.

Ein Rücktritt vom Vertrag ist nicht möglich; den Gesellschaftern steht nur ein Kündigungsrecht zu, das die Auflösung der OHG zur Folge hätte.

*Möglichkeiten der Gründung einer OHG:*

- Zusammenschluß mehrerer Personen mit dem Zweck, ein Handelsgewerbe zu betreiben
- Eintritt eines Teilhabers in das Geschäft eines Einzelkaufmanns, vgl. § 28 HGB
- Umwandelung aus einer anderen Gesellschaftsform

Die OHG wird durch einen Gesellschaftsvertrag gegründet. Dessen Tragweite sollte allen Gesellschaftern bewußt sein. Problematisch ist es, wenn im Namen einer »OHG« gehandelt wird, es aber an einem wirksamen Gesellschaftsvertrag mangelt (fehlerhafte Gesellschaft) oder dieser nur zum Schein geschlossen wurde (Scheingesellschaft). Ein gutgläubiger Dritter der auf das Bestehen dieser OHG vertraut hat, soll dennoch geschützt werden. Hier schützen ihn die Lehre der fehlerhaften Gesellschaft bzw. die Lehre nach den allgemeinen Rechtscheinsgrundsätzen.

*Der Gesellschaftsvertrag gemäß § 105 HGB, § 705 BGB:*

- Privatrechtlicher Vertrag von mindestens zwei Personen
- Betreiben eines vollkaufmännischen Handelsgewerbes
- unter einer gemeinsamen Firma
- keine Haftungsbeschränkungen gegenüber Dritten
- ggf. Festlegung besonderer Vereinbarungen

↳ Gründung der OHG

↳ Anmeldung zur Eintragung im Handelsregister (§ 106 HGB)

**Anmeldung zum Handelsregister** **§ 106 HGB**

(1) Die Gesellschaft ist bei dem Gericht, in dessen Bezirke sie ihren Sitz hat, zur Eintragung in das Handelsregister anzumelden.

Gem. § 106 II HGB hat die Anmeldung weiterhin zu enthalten: die Namen jedes Gesellschafters; die Firma und den Ort; den Zeitpunkt des Beginns. Die Anmeldung der OHG hat nur im Falle des § 1 II HGB deklaratorische, sonst konstitutive Wirkung.

## 1.2. Das Innenverhältnis der OHG

Das Innenverhältnis können die Gesellschafter weitgehend frei ausgestalten

Im Rahmen der Vertragsfreiheit können die Gesellschafter insbesondere das Innenverhältnis der OHG nach eigenem Wunsch gestalten und vertraglich regeln. Lediglich besondere gesetzliche Schutzvorschriften, z.B. § 138 BGB (Sittenwidrigkeit), dürfen nicht verletzt werden. Soweit im Gesellschaftsvertrag nichts besonderes vereinbart wurde, gelten gem. § 109 HGB für die Innenbeziehungen der OHG die §§ 110-122 HGB.

*Rechte und Pflichten innerhalb der Gesellschaft*

- Gewinn- und Verlustbeteiligung, §§ 120 f HGB
- Ersatz (für Aufwendungen oder bei Haftung), § 110 HGB
- Geschäftsführung, §§ 114 ff HGB
- Beitragspflicht, Treuepflicht, §§ 111 ff HGB
- Kontrollrechte, Mitspracherechte, §§ 118, 119 HGB
- ggf. Klagemöglichkeit einzelner Gesellschafter

**§ 109 HGB**

### Besonderheiten im Gesellschaftsvertrag

Das Rechtsverhältnis der Gesellschafter untereinander richtet sich zunächst nach dem Gesellschaftsvertrag; die Vorschriften der §§ 110 bis 122 finden nur insoweit Anwendung, als nicht durch den Gesellschaftsvertrag ein anderes bestimmt ist.

Im Gesellschaftsvertrag können die gesetzlichen Regelungen über die Rechtsverhältnisse der Gesellschafter untereinander (Innenverhältnis) außer Kraft gesetzt bzw. modifiziert werden. Eine Ausnahme bildet jedoch § 118 (Kontrollrecht der Gesellschafter), der ein zwingendes Recht darstellt.

**§ 110 HGB**

### Ersatz für Aufwendungen und Verluste

(1) Macht der Gesellschafter in den Gesellschaftsangelegenheiten Aufwendungen, die er den Umständen nach für erforderlich halten darf, oder erleidet er unmittelbar durch seine Geschäftsführung oder aus Gefahren, die mit ihr untrennbar verbunden sind, Verluste, so ist ihm die Gesellschaft zum Ersatze verpflichtet.

(2) Aufgewendetes Geld hat die Gesellschaft von der Zeit der Aufwendung an zu verzinsen.

*Ersatzansprüche der Gesellschafter aus § 110 HGB:*
- Erforderlichen Aufwendungen eines Gesellschafters oder
- Inanspruchnahme der persönlichen Haftung
- ➯ Aufwendungsersatz, Ausgleichsanspruch § 110 I HGB
- ➯ Anspruch auf Verzinsung für Geldleistungen § 110 II HGB

Jeder Gesellschafter der OHG kann von der Gesellschaft seine persönlichen Leistungen, die er entweder in Geschäftsangelegenheiten oder aufgrund seiner persönlichen Haftung gegenüber Gesellschaftsgläubigern erbracht hat, zurückfordern (§ 110 HGB).

Jeder Gesellschafter kann von der OHG für seine Aufwendungen Ersatz verlangen

Gegenüber Mitgesellschaftern besteht lediglich ein gesamtschuldnerischer Ausgleichsanspruch aus § 426 BGB, der die Gesellschafter zu gleichen Anteilen verpflichtet.

## Beitragspflicht

**§ 111 HGB**

(1) Ein Gesellschafter, der seine Geldeinlage nicht zur rechten Zeit einzahlt oder eingenommenes Gesellschaftsgeld nicht zur rechten Zeit an die Gesellschaftskasse abliefert oder unbefugt Geld aus der Gesellschaftskasse für sich entnimmt, hat Zinsen von dem Tage an zu entrichten, an welchem die Zahlung oder die Ablieferung hätte geschehen sollen oder die Herausnahme des Geldes erfolgt ist.

(2) Die Geltendmachung eines weiteren Schadens ist nicht ausgeschlossen.

Jeder Gesellschafter einer OHG ist verpflichtet, die im Gesellschaftsvertrag vereinbarten Beitragsleistungen zu erbringen. Die OHG hat darauf einen sog. Sozialanspruch der von jedem zur Geschäftsführung berechtigten Gesellschafter, notfalls im Wege einer Klage geltend gemacht werden kann. Beiträge können in Form von Geldzahlungen, Sacheinlagen, Dienstleistungen, Forderungen etc. erbracht werden. Schwierigkeiten können sich bei der Bewertung verschiedenartiger Beiträge ergeben.

## Wettbewerbsverbot

**§ 112 HGB**

(1) Ein Gesellschafter darf ohne Einwilligung der anderen Gesellschafter weder in dem Handelszweige der Gesellschaft Geschäfte machen, noch an einer anderen gleichartigen Handelsgesellschaft als persönlich haftender Gesellschafter teilnehmen.

§ 114 HGB

## Geschäftsführung

(1) Zur Führung der Geschäfte der Gesellschaft sind alle Gesellschafter berechtigt und verpflichtet.

(2) Ist im Gesellschaftsvertrage die Geschäftsführung einem Gesellschafter oder mehreren Gesellschaftern übertragen, so sind die übrigen Gesellschafter von der Geschäftsführung ausgeschlossen.

Zur Geschäftsführung gehören z.B. die Organisation des betrieblichen Ablaufs, das Treffen von Entscheidungen in Personalangelegenheiten und die Angelegenheiten des Rechnungswesens.

Grundsätzlich sind alle Gesellschafter zur Vornahme gewöhnlicher Geschäfte berechtigt

Die §§ 114-118 sehen vor, daß grundsätzlich alle Gesellschafter zur Vornahme gewöhnlicher Geschäfte berechtigt sind; nur für außergewöhnliche Beschlüsse gilt die Gesamtgeschäftsführung gemäß § 116 I HGB. Ausnahmsweise, wenn Gefahr im Verzug ist, dürfen aber auch nichtberechtigte Gesellschafter die Geschäftsführung übernehmen (Notgeschäftsführung, § 744 II BGB, analoge Anwendung einer Regelung für Gemeinschaften).

*Regelungen der Geschäftsführung:*

- Einzelgeschäftsführung für gewöhnliche Geschäfte gemäß § 114 I HGB = gesetzlicher Regelfall
- Widerspruchsrecht der Mitgesellschafter, §§ 115 I ff HGB
- Gesamtgeschäftsführung (aller Gesellschafter) bei besonderen Geschäften, § 116 II HGB
- Entziehung aus wichtigem Grund, § 117 HGB
- Notgeschäftsführung, § 105 II HGB, § 744 II BGB

§ 116 HGB

## Umfang der Geschäftsführungsbefugnis

(1) Die Befugnis zur Geschäftsführung erstreckt sich auf alle Handlungen, die der gewöhnliche Betrieb des Handelsgewerbes der Gesellschaft mit sich bringt.

(2) Zur Vornahme von Handlungen, die darüber hinausgehen, ist ein Beschluß sämtlicher Gesellschafter erforderlich.

(3) Zur Bestellung eines Prokuristen bedarf es der Zustimmung aller geschäftsführenden Gesellschafter, es sei denn, daß Gefahr im Verzug ist. Der Widerruf der Prokura kann von jedem der zur Erteilung oder zur Mitwirkung bei der Erteilung befugten Gesellschafter erfolgen.

**Entziehung der Geschäftsführungsbefugnis** **§ 117 HGB**

Die Befugnis zur Geschäftsführung kann einem Gesellschafter auf Antrag der übrigen Gesellschafter durch gerichtliche Entscheidung entzogen werden, wenn ein wichtiger Grund vorliegt; ein solcher Grund ist insbesondere grobe Pflichtverletzung oder Unfähigkeit zur ordnungsmäßigen Geschäftsführung.

**Kontrollrecht der Gesellschafter** **§ 118 HGB**

(1) Ein Gesellschafter kann, auch wenn er von der Geschäftsführung ausgeschlossen ist, sich von den Angelegenheiten der Gesellschaft persönlich unterrichten, die Handelsbücher und die Papiere der Gesellschaft einsehen und sich aus ihnen eine Bilanz und einen Jahresabschluß anfertigen...

**Beschlußfassung** **§ 119 HGB**

(1) Für die von den Gesellschaftern zu fassenden Beschlüsse bedarf es der Zustimmung aller zur Mitwirkung bei der Beschlußfassung berufenen Gesellschafter.

(2) Hat nach dem Gesellschaftsvertrage die Mehrheit der Stimmen zu entscheiden, so ist die Mehrheit im Zweifel nach der Zahl der Gesellschafter zu berechnen.

**Gewinn und Verlust** **§ 120 HGB**

(1) Am Schlusse jedes Geschäftsjahrs wird auf Grund der Bilanz der Gewinn oder der Verlust des Jahres ermittelt und für jeden Gesellschafter sein Anteil daran berechnet.

(2) Der einem Gesellschafter zukommende Gewinn wird dem Kapitalanteile des Gesellschafters zugeschrieben; der auf einen Gesellschafter entfallende Verlust sowie das während des Geschäftsjahrs auf den Kapitalanteil entnommene Geld wird davon abgeschrieben.

Falls über die Gewinnverteilung im Gesellschaftsvertrag keine Festlegungen getroffen wurden, steht jedem Gesellschafter vom Jahresgewinn zunächst ein Anteil in Höhe von 4 % seines Kapitalanteils zu. Der darüber hinausgehende Gewinn wird nach Köpfen aufgeteilt.

## 1.3. Das Außenverhältnis der OHG

Der Abschluß des Gesellschaftsvertrages ist für Dritte im Grunde ohne Bedeutung, denn erst wenn die OHG nach außen in Erscheinung tritt, wird sie im Verhältnis zu Dritten wirksam. Das Außenverhältnis ist weitgehend zwingend geregelt.

**§ 123 HGB**

### Wirksamkeit im Verhältnis zu Dritten

(1) Die Wirksamkeit der offenen Handelsgesellschaft tritt im Verhältnisse zu Dritten mit dem Zeitpunkt ein, in welchem die Gesellschaft in das Handelsregister eingetragen wird.

(2) Beginnt die Gesellschaft ihre Geschäfte schon vor der Eintragung, so tritt die Wirksamkeit mit dem Zeitpunkte des Geschäftsbeginns ein, soweit nicht aus § 2 sich ein anderes ergibt...

Die OHG wird nach außen wirksam, sobald sie Dritten gegenüber in Erscheinung tritt

*Wirksamwerden der OHG:*

- Eintragung in das Handelsregister, § 123 I HGB oder
- Aufnahme der Geschäfte, § 123 II HGB

↳ Wirksamkeit der OHG

*Beispiel: Eine OHG, die ein Grundhandelsgewerbe betreibt, wird bereits wirksam, wenn mit geschäftlichen Tätigkeiten begonnen wird. Dazu gehört das Anmieten der Geschäftsräume, der Kauf von Einrichtungsgegenständen, das Versenden von Werbematerial oder die Aufnahme eines Kredites etc..*

**§ 124 HGB**

Teilrechtsfähigkeit

### Rechtliche Selbständigkeit

(1) Die offene Handelsgesellschaft kann unter ihrer Firma Rechte erwerben und Verbindlichkeiten eingehen, Eigentum und andere dingliche Rechte an Grundstücken erwerben, vor Gericht klagen und verklagt werden.

(2) Zur Zwangsvollstreckung in das Gesellschaftsvermögen ist ein gegen die Gesellschaft gerichteter vollstreckbarer Schuldtitel erforderlich.

Aus der rechtlichen Selbstständigkeit der OHG ergibt sich, daß diese selbst Träger von Rechten und Pflichten sein kann, und damit auch Anspruchsgegner und Anspruchssteller sein kann.

*Ansprüche Dritter gegen die OHG:*

- Vorliegen einer OHG gemäß § 105 HGB
- Bestehen eines Anspruchs
- gegen die OHG:
  - wirksame Vertretung bei Erfüllungsansprüchen
  - Zurechenbarkeit bei Schadenersatzansprüchen

↳ Die OHG ist selbst Anspruchsgegner, § 124 I HGB

Damit die OHG rechtsgeschäftlich handeln kann, muß sie von ihren Gesellschaftern oder anderen Bevollmächtigten wirksam vertreten werden können.

**Vertretung der Gesellschaft**

**§ 125 HGB**

(1) Zur Vertretung der Gesellschaft ist jeder Gesellschafter ermächtigt, wenn er nicht durch den Gesellschaftsvertrag von der Vertretung ausgeschlossen ist.

(2) Im Gesellschaftsvertrage kann bestimmt werden, daß alle oder mehrere Gesellschafter nur in Gemeinschaft zur Vertretung der Gesellschaft ermächtigt sein sollen (Gesamtvertretung). Die zur Gesamtvertretung berechtigten Gesellschafter können einzelne von ihnen zur Vornahme bestimmter Geschäfte oder bestimmter Arten von Geschäften ermächtigen. Ist der Gesellschaft gegenüber eine Willenserklärung abzugeben, so genügt die Abgabe gegenüber einem der zur Mitwirkung bei der Vertretung befugten Gesellschafter.

Gegenüber der BGB-Gesellschaft ist bei der OHG die Vertretung nicht an die Geschäftsführungsbefugnis gekoppelt. Sie steht allen Gesellschaftern einzeln zu. Grundsätzlich sind alle Gesellschafter einzeln zur Vertretung der OHG berechtigt, vertraglich kann jedoch etwas anderes bestimmt sein. Gegenüber Dritten ist eine Beschränkung der Vertretungsmacht nur dann wirksam, wenn sie im Handelsregister eingetragen ist.

Beschränkungen der Vertretungsmacht von Gesellschaftern müssen im Handelsregister eingetragen sein

*Vertretungsmacht haben:*

- alle Gesellschafter, §§ 125-127 BGB grundsätzlich in Alleinvertretung = gesetzlicher Regelfall
- Prokuristen, Handlungsbevollmächtigte, §§ 48 ff HGB
- sonstige Bevollmächtigte, §§ 164 ff BGB

**§ 126 HGB**

### Umfang der Vertretung

(1) Die Vertretungsmacht der Gesellschafter erstreckt sich auf alle gerichtlichen und außergerichtlichen Geschäfte und Rechtshandlungen einschließlich der Veräußerung und Belastung von Grundstücken sowie der Erteilung und des Widerrufs einer Prokura.

(2) Eine Beschränkung des Umfanges der Vertretungsmacht ist Dritten gegenüber unwirksam; dies gilt insbesondere von der Beschränkung, daß sich die Vertretung nur auf gewisse Geschäfte oder Arten von Geschäften erstrecken oder daß sie nur unter gewissen Umständen oder für eine gewisse Zeit oder an einzelnen Orten stattfinden soll...

**§ 127 HGB**

### Entziehung der Vertretungsmacht

Die Vertretungsmacht kann einem Gesellschafter auf Antrag der übrigen Gesellschafter durch gerichtliche Entscheidung entzogen werden, wenn ein wichtiger Grund vorliegt; ein solcher Grund ist insbesondere grobe Pflichtverletzung oder Unfähigkeit zur ordnungsgemäßen Vertretung der Gesellschaft.

Gegen den Willen eines Gesellschafters kann ihm die Vertretungsmacht nur durch gerichtliche Entscheidung entzogen werden. Hierzu bedarf es der Klage eines oder aller Mitgesellschafter unter der Vorlage wichtiger Gründe.

**§ 128 HGB**

*Haftung*

### Persönliche Haftung der Gesellschafter

Die Gesellschafter haften für die Verbindlichkeiten der Gesellschaft den Gläubigern als Gesamtschuldner persönlich. Eine entgegenstehende Vereinbarung ist Dritten gegenüber unwirksam.

Die Gesellschafter haften gegenüber den Gläubigern der OHG sowohl mit den Gesellschaftsvermögen als auch mit ihrem Privatvermögen

Die Gesellschafter haften gegenüber den Gläubigern der OHG. Das bedeutet für die Gläubiger, daß sie sowohl auf das Gesellschaftsvermögen der OHG als auch auf das Privatvermögen der Gesellschafter zurückgreifen können. Bezeichnend für die OHG ist, daß alle ihre Gesellschafter für Verbindlichkeiten der Gesellschaft »geradezustehen« haben: Die Gesellschafter (aktive, ausgeschiedene, eingetretene) haften unmittelbar, gesamtschuldnerisch und mit ihrem gesamten Privatvermögen.

*Persönliche Haftung der OHG-Gesellschafter:*

- Verbindlichkeiten der OHG, § 124 I HGB
- keine Einwendungen des Gesellschafters gem. § 129 HGB

➪ Haftung der Gesellschafter, § 128 HGB

➪ Haftung eingetretener Gesellschafter für alte Verbindlichkeiten, § 130 HGB

➪ Haftung ausgeschiedener Gesellschafter für Verbindlichkeiten aus der Zeit ihrer Zugehörigkeit, §§ 128, 160 HGB

➪ Nachhaftung derer, die zum Zeitpunkt der Auflösung der OHG Gesellschafter waren, § 159 HGB

Dritten gegenüber haftet jeder Gesellschafter. Hat jedoch die OHG Verbindlichkeiten gegenüber einem ihrer Gesellschafter (nicht aus dem Gesellschaftsvertrag), so haftet primär nur die OHG selbst. Für solche Verbindlichkeiten aus sog. Drittbeziehungen kann von den Mitgesellschaftern nur ein anteiliger Ersatz verlangt werden.

### Einwendungen des Gesellschafters

**§ 129 HGB**

(1) Wird ein Gesellschafter wegen einer Verbindlichkeit der Gesellschaft in Anspruch genommen, so kann er Einwendungen, die nicht in seiner Person begründet sind, nur insoweit geltend machen, als sie von der Gesellschaft erhoben werden können.

(2) Der Gesellschafter kann die Befriedigung des Gläubigers verweigern, solange der Gesellschaft das Recht zusteht, das ihrer Verbindlichkeit zugrunde liegende Rechtsgeschäft anzufechten.

(3) Die gleiche Befugnis hat der Gesellschafter, solange sich der Gläubiger durch Aufrechnung gegen eine fällige Forderung der Gesellschaft befriedigen kann...

### Haftung des eintretenden Gesellschafters

**§ 130 HGB**

Haftung

(1) Wer in eine bestehende Gesellschaft eintritt, haftet gleich den anderen Gesellschaftern nach Maßgabe der §§ 128 und 129 für die vor seinem Eintritte begründeten Verbindlichkeiten der Gesellschaft, ohne Unterschied, ob die Firma eine Änderung erleidet oder nicht.

(2) Eine entgegenstehende Vereinbarung ist Dritten gegenüber unwirksam.

## 1.4. Änderung und Auflösung der OHG

Der Zusammenschluß zu einer OHG beruht auf dem persönlichen Vertrauen der Gesellschafter zueinander. Mit entsprechender Sorgfalt ist daher bei Veränderungen im Gesellschafterbestand vorzugehen. Sofern im Gesellschaftsvertrag gem. §§ 138, 139 HGB nichts anderes bestimmt ist, führt jede »wesentliche« Veränderung zu Auflösung der OHG.

**§ 131 HGB**

### Auflösungsgründe

Die offene Handelsgesellschaft wird aufgelöst:
1. durch den Ablauf der Zeit, für welche sie eingegangen ist;
2. durch Beschluß der Gesellschafter;
3. durch die Eröffnung des Konkurses über das Vermögen der Gesellschaft;
4. durch den Tod eines Gesellschafters, sofern nicht aus dem Gesellschaftsvertrage sich ein anderes ergibt;
5. durch die Eröffnung des Konkurses über das Vermögen eines Gesellschafters;
6. durch Kündigung und durch gerichtliche Entscheidung.

Die Beendigung einer OHG erfolgt in zwei Stufen: Auflösung und Liquidation

Der Auflösung der Gesellschaft folgt die Liquidation (§ 145 HGB), sofern nicht eine andere Art der Auseinandersetzung von den Gesellschaftern vereinbart oder über das Vermögen der Gesellschaft der Konkurs eröffnet ist. Die Liquidation erfolgt nach den §§ 146-158 HGB, mit deren Abschluß die OHG »verschwindet«.

**§ 132 HGB**

### Kündigung eines Gesellschafters

Die Kündigung eines Gesellschafters kann, wenn die Gesellschaft für unbestimmte Zeit eingegangen ist, nur für den Schluß eines Geschäftsjahrs erfolgen; sie muß mindestens sechs Monate vor diesem Zeitpunkte stattfinden.

Für die Kündigung gilt: Bei einer ordentlichen Kündigung ist die Frist gem. § 132 HGB einzuhalten; eine fristlose außerordentliche Kündigung ist nur durch Klage und Urteil nach § 133 HGB möglich. Eine außerordentliche Kündigung, die zur Auflösung der OHG führen würde, sieht das HGB nicht vor; es bleibt dem Austretenden nur die Möglichkeit der Klage vor Gericht.

### Gerichtliche Entscheidung

**§ 133 HGB**

(1) Auf Antrag eines Gesellschafters kann die Auflösung der Gesellschaft vor dem Ablaufe der für ihre Dauer bestimmten Zeit oder bei einer für unbestimmte Zeit eingegangenen Gesellschaft ohne Kündigung durch gerichtliche Entscheidung ausgesprochen werden, wenn ein wichtiger Grund vorliegt.

(2) Ein solcher Grund ist insbesondere vorhanden, wenn ein anderer Gesellschafter eine ihm nach dem Gesellschaftsvertrag obliegende wesentliche Verpflichtung vorsätzlich oder aus grober Fahrlässigkeit verletzt...

Bei grobem Fehlverhalten eines Mitgesellschafters nach § 133 II HGB, kann jeder Gesellschafter die Auflösung der Gesellschaft gerichtlich »erzwingen«. Anstatt der Auflösung kann durch Gericht auch die Ausschließung des »quertreibenden« Gesellschafters aus der Gesellschaft ausgesprochen werden, sofern die übrigen Gesellschafter dies beantragen, § 140 HGB

### Ausscheiden eines Gesellschafters

**§ 138 HGB**

Ist im Gesellschaftsvertrage bestimmt, daß, wenn ein Gesellschafter kündigt oder stirbt oder wenn der Konkurs über sein Vermögen eröffnet wird, die Gesellschaft unter den übrigen Gesellschaftern fortbestehen soll, so scheidet mit dem Zeitpunkt, in welchem mangels einer solchen Bestimmung die Gesellschaft aufgelöst werden würde, der Gesellschafter, in dessen Person das Ereignis eintritt, aus der Gesellschaft aus.

### Fortsetzung mit den Erben

**§ 139 HGB**

(1) Ist im Gesellschaftsvertrage bestimmt, daß im Falle des Todes eines Gesellschafters die Gesellschaft mit dessen Erben fortgesetzt werden soll, so kann jeder Erbe sein Verbleiben in der Gesellschaft davon abhängig machen, daß ihm unter Belassung des bisherigen Gewinnanteils die Stellung eines Kommanditisten eingeräumt und der auf ihn fallende Teil der Einlage des Erblassers als seine Kommanditeinlage anerkannt wird.

Bei einer Nachfolgeregelung können die Erben, entweder als vollhaftende Gesellschafter nachrücken oder eine Kommanditistenstellung einnehmen (wodurch eine KG entstehen würde).

*Mögliche Regelungen beim Tod eines Gesellschafters:*

Der Tod eines Gesellschafters kann zu drei verschiedenen Konstellationen führen

- Enthält der Gesellschaftsvertrag keine Regelungen, führt dies zur Auflösung und Liquidation der Gesellschaft. Die Erben erhalten den Anteil des Verstorbenen am Reinvermögen
- Bestimmt der Gesellschaftsvertrag nur, daß im Todesfall die Gesellschaft nicht aufgelöst werden soll, wird die Gesellschaft unter den verbleibenden Gesellschaftern fortgeführt. Die Erben erhalten eine Abfindung
- Enthält der Gesellschaftsvertrag eine Nachfolgeklausel, so rücken die Erben (Nachfolger) als neue Gesellschafter mit dem Anteil des Verstorbenen nach. Dabei haben sie das Wahlrecht, entweder voll die Stellung des Erblassers zu übernehmen oder Kommanditist zu werden

**§ 159 HGB**

*Haftung*

**Ansprüche gegen Gesellschafter nach der Auflösung**

(1) Ansprüche gegen einen Gesellschafter aus Verbindlichkeiten der Gesellschaft verjähren in fünf Jahren nach der Auflösung der Gesellschaft, sofern nicht der Anspruch gegen die Gesellschaft einer kürzeren Verjährung unterliegt.

(2) Die Verjährung beginnt an dem Ende des Tages, an welchem die Auflösung der Gesellschaft im Handelsregister, des für den Sitz der Gesellschaft zuständigen Gerichts, eingetragen wird...

**§ 160 HGB**

*Haftung*

Grundsätzlich haftet der ausgeschiedene Gesellschafter für alte Verbindlichkeiten der Gesellschaft gem. § 128 HGB persönlich. Der § 160 HGB begrenzt lediglich den Zeitraum der Nachhaftung

**Begrenzte Nachhaftung ausgeschiedener Gesellschafter**

(1) Scheidet ein Gesellschafter aus der Gesellschaft aus, so haftet er für ihre bis dahin begründeten Verbindlichkeiten, wenn sie vor Ablauf von fünf Jahren fällig und daraus Ansprüche gegen ihn gerichtlich geltend gemacht sind; bei öffentlich-rechtlichen Verbindlichkeiten genügt zur Geltendmachung der Erlaß eines Verwaltungsaktes. Die Frist beginnt mit dem Ende des Tages, an dem das Ausscheiden in das Handelsregister des für den Sitz der Gesellschaft zuständigen Gerichts eingetragen worden ist, im Falle des § 25 Abs. 3 mit dem Ende des Tages, an dem die Übernahme kundgemacht wird. Die für die Verjährung geltenden §§ 203, 206, 207, 210, 212 bis 216 und 220 des Bürgerlichen Gesetzbuches sind entsprechend anzuwenden.

(2) Einer gerichtlichen Geltendmachung bedarf es nicht, soweit der frühere Geschäftsinhaber den Anspruch schriftlich anerkannt hat.

Der neu gefaßte § 160 HGB (Haftung des ausgeschiedenen Gesellschafters) ist das gesellschaftsrechtliche Pendant zu § 26 HGB (Haftung des früheren Geschäftsinhabers). Für die Dauer von 5 Jahren, beginnend mit dem Zeitpunkt der Eintragung, haftet ein ausgetretener Gesellschafter für alte Verbindlichkeiten der Gesellschaft gem. § 128 HGB. Unterbleibt die Eintragung seines Ausscheidens, so kann sich ein Dritter, auch was neue Verbindlichkeiten betrifft, unbegrenzt auch auf das Fortbestehen seiner Haftung als Gesellschafter gem. § 15 I HGB berufen.

Analoge Anwendung der zeitlichen Nachhaftungsbegrenzung auf die BGB-Gesellschaft

*Fall: Der Erfinder E und der Betriebswirt B sind Gesellschafter einer OHG, die mit der Entwicklung innovativer Produkte gute Umsätze erzielt. Im Gesellschaftsvertrag ist vereinbart, daß jeder Gesellschafter nur für Geschäfte bis DM 20.000.- alleine vertretungsberechtigt ist. Als E seinen Jahresurlaub nimmt, engagiert B den Unternehmensberater U mit einem Gesamthonorar von DM 30.000.-. E ist empört, als er davon erfährt: »Das war rausgeworfenes Geld, wofür B selbst aufzukommen habe«.*

*Gegen wen kann U seine Forderung geltend machen? Hat E gegebenenfalls Ersatzansprüche gegenüber B?*

Fall: Außenverhältnis einer OHG

*Die erste Frage betrifft das Außenverhältnis der OHG: U könnte die Vergütung seiner Tätigkeit gem. § 611 BGB von der OHG verlangen, wenn diese Vertragspartner ist. Es liegt eine OHG vor, die gem. § 124 HGB »nach außen« als rechtsfähig gilt. B konnte die OHG gem. § 125 HGB auch alleine wirksam vertreten; eine zwischen E und B vereinbarte Beschränkung der Vertretungsmacht muß U gem. § 126 II nicht gegen sich gelten lassen. Die Unbeschränkbarkeit der Vertretungsmacht eines vollhaftenden Gesellschafters dient dem Schutz der Geschäftspartner der OHG. Damit hat U gegen die OHG einen Anspruch auf Zahlung der DM 30.000.-. Die Vergütung seiner Tätigkeit kann U ebenso von B und E gem. § 128 HGB persönlich verlangen.*

Fall: Innenverhältnis einer OHG

*Die zweite Frage zielt auf das Innenverhältnis der OHG ab. Darin haben die Gesellschafter, zum Schutz vor eigenmächtigen Handlungen des Mitgesellschafters, ihr Betätigungsrecht insoweit eingeengt, daß jeder alleine Vertragsabschlüsse nur in begrenztem Umfang vornehmen darf. Wegen der Überschreitung seiner Befugnisse, hat die OHG einen Schadensersatzanspruch gegen B aus pVV des Gesellschaftsvertrages in Höhe von 10.000.-. Diesen kann E im Namen der OHG verlangen, ggf. auch einklagen.*

## 2. Die Kommanditgesellschaft

Die Kommanditgesellschaft (KG) ist eine besondere Form der OHG und damit ebenso eine Personengesellschaft; (völlig falsch ist »KG als Kapitalgesellschaft« zu interpretieren). Die KG unterscheidet sich von der OHG dadurch, daß neben dem / den persönlich haftenden Gesellschaftern (Komplementären) auch Personen beteiligt sind, die nicht mit ihrem ganzen Privatvermögen, sondern nur mit ihrer Einlage haften (Kommanditisten).

DER KOMPLEMENTÄR HAT DAS GROẞE SAGEN

»Der Kommanditist hat das Kommando nicht«

Bei einer KG haben Kapitalanleger die Möglichkeit, Teilhaber einer Personengesellschaft zu werden, ohne dabei persönlich in vollem Umfang, sondern maximal in der Höhe ihrer Einlage zu haften. Von der Geschäftsführung und der Vertretung sind die Kommanditisten im Regelfall ausgeschlossen. Hierzu sind nur die vollhaftenden Gesellschaftern berechtigt.

*Merkmale der KG:*

- geringere Steuerbelastung (als Kapitalgesellschaften)
- die Geschicke des Unternehmens leiten die Komplementäre
- Erweiterung des Eigenkapitals durch Kommanditisteneinlage
- Haftungsbeschränkung der Kommanditisten
- das persönliche Haftungsrisiko tragen die Komplementäre

## Die KG im Überblick

**1. Wesen**

- Die KG ist teilrechtsfähig wie die OHG, §§ 161 II, 124 HGB
  Sie ist eine Sonderform der OHG (subsidiär §§ 105 ff HGB), daher auch eine Sonderform der BGB-Gesellschaft (§§ 705 ff BGB)
- Handelsgesellschaft nach § 161 I HGB, gilt als Kaufmann gemäß § 6 I HGB, die Komplementäre (nicht jedoch die Kommanditisten) sind Kaufleute, Firma, § 19 HGB
- Im Handelsregister einzutragen sind: Anmeldung und Aufnahme neuer Gesellschafter, § 162 II HGB; besondere Vertretungsbefugnisse, §§ 161 I, 125 IV HGB; Haftungsbeschränkungen, § 172 HGB; Auflösung und Ausscheiden alter Gesellschafter, §§ 161 II, 143 I, II HGB; Erlöschen, §§ 161 I, 157 I HGB

**2. Entstehung**

- Entstehung wie die OHG, § 161 II HGB
  - Vorhandensein mindestens eines Kommanditisten und eines Komplementärs

**3. Geschäftsführung und Vertretung**

- Geschäftsführung und Vertretung wie bei der OHG
  - durch vollhaftende Gesellschafter (Komplementäre)
  - die Kommanditisten sind hierzu nicht berechtigt, §§ 164, 170 HGB

**4. Die Gesellschafter der KG**

- Innenverhältnis wie bei der OHG, jedoch Besonderheiten
  - Gewinn- und Verlustbeteiligung, §§ 167-169 HGB, §§ 120 ff HGB
  - Treuepflicht (jedoch kein Wettbewerbsverbot für Kommanditisten, § 165 HGB)
  - Mitspracherechte (beschränkte Kontrollrechte der Kommanditisten, § 166 HGB)

**5. Haftung**

- Die KG ist aufgrund der Teilrechtsfähigkeit selbst Anspruchsgegner, §§ 161 II, 124 I HGB
- Die Komplementäre haften wie die Gesellschafter einer OHG, §§ 161 II, 128 HGB sowie § 160, 130 HGB
- Die Kommanditisten haften:
  - nicht soweit die Einlage voll geleistet ist
  - in Höhe der Einlage, § 171 I HGB, soweit diese nicht geleistet ist
  - in voller Höhe, solange die Haftungsbeschränkung nicht im Handelsregister eingetragen ist, §§ 172 I, 176 HGB
  - bei Ausscheiden für frühere Verbindlichkeiten, §§ 171, 161 II, 160 HGB
  - bei Eintritt, für alte Verbindlichkeiten, § 173 HGB

**6. Beendigung**

- Auflösung wie bei der OHG, jedoch Besonderheit
  - der Tod des Kommanditisten führt nicht zur Auflösung, § 177 HGB

↳ Liquidation (Auseinandersetzung) wie bei der OHG

↳ Nachhaftung sowohl der Kommanditisten als auch der Komplementäre für Verbindlichkeiten der bereits aufgelösten Gesellschaft, §§ 161 II, 159 HGB

## 2.1. Entstehung der KG

Die Entstehung der KG erfolgt nach den gleichen Regelungen wie die OHG. Einige gute Gründe sprechen für ihre Gründung; z.B. die Aufnahme kapitalkräftiger Teilhaber, Rückzug einzelner Gesellschafter aus der OHG in die Kommanditistenstellung oder Übergabe des Gesellschaftsanteils an Nachfolger.

**§ 161 HGB**

Gesellschaftszweck ist der Betrieb eines Handelsgewerbes

### Begriff der KG

(1) Eine Gesellschaft, deren Zweck auf den Betrieb eines Handelsgewerbes unter gemeinschaftlicher Firma gerichtet ist, ist eine Kommanditgesellschaft, wenn bei einem oder bei einigen von den Gesellschaftern die Haftung gegenüber den Gesellschaftsgläubigern auf den Betrag einer bestimmten Vermögenseinlage beschränkt ist (Kommanditisten), während bei dem anderen Teile der Gesellschafter eine Beschränkung der Haftung nicht stattfindet (persönlich haftende Gesellschafter).

(2) Soweit nicht in diesem Abschnitt ein anderes vorgeschrieben ist, finden auf die Kommanditgesellschaft die für die offene Handelsgesellschaft geltenden Vorschriften Anwendung.

vgl. Regelungen der OHG, §§ 105 ff BGB

*Die Stellung der KG:*

- Auf die KG sind die Vorschriften der OHG anzuwenden:
  - insbesondere betrifft das die Stellung der Komplementäre (persönlich haftende Gesellschafter)
  - ebenso die Entstehung, Änderung und Auflösung
  - weitgehend auch das Innen- und Außenverhältnis
- Besonderheiten ergeben sich für die Kommanditisten (beschränkt haftende Gesellschafter) in §§ 161 ff HGB

Aus § 161 I HGB geht hervor, daß eine KG aus zwei Arten von Gesellschaftern, von jeder mindestens einer, besteht. Während die Komplementäre der KG im wesentlichen die gleiche Stellung wie die Gesellschafter einer OHG haben, sind die Kommanditisten in der Regel von der Geschäftsführung ausgeschlossen und auch nicht zur Vertretung befugt. Wie jede Personengesellschaft ist auch die KG eine Gesamthandsgemeinschaft. Ihre Gesellschafter (sowohl Komplementäre als auch Kommanditisten) sind Träger des Gesellschaftsvermögens.

## 2.2. Das Innenverhältnis der KG

Die Stellung der Gesellschafter zueinander kann im Gesellschaftsvertrag beliebig vereinbart werden. Liegen darin keine Regelungen vor, so greifen die gesetzlichen Regelungen der §§ 164 - 169 HGB, in Ergänzung der OHG-Bestimmungen ein.

### Geschäftsführung

**§ 164 HGB**

> Die Kommanditisten sind von der Führung der Geschäfte der Gesellschaft ausgeschlossen; sie können einer Handlung der persönlich haftenden Gesellschafter nicht widersprechen, es sei denn, daß die Handlung über den gewöhnlichen Betrieb des Handelsgewerbes der Gesellschaft hinausgeht. Die Vorschriften des § 116 Abs. 3 bleiben unberührt.

Kommanditisten sind zwar grundsätzlich nicht geschäftsführungsbefugt; die Befugnis kann ihnen aber durch Gesellschaftsvertrag oder durch einfaches Rechtsgeschäft erteilt werden. Da der Kommanditist im Normalfall von der Geschäftsführung ausgeschlossen ist, werden ihm per Gesetz besondere Rechte eingeräumt.

Kommanditisten sind von der Geschäftsführung ausgeschlossen

*Besondere Rechte des Kommanditisten:*

- kein Wettbewerbsverbot, § 165 HGB
- Kontrollrechte (Einsichtnahme in den Jahresabschluß, Bücher und Papiere), § 166 HGB
- Gewinnanteile, §§ 167 HGB ff

### Gewinn und Verlust

**§ 167 HGB**

> (1) Die Vorschriften des § 120 über die Berechnung des Gewinns oder Verlustes gelten auch für den Kommanditisten.
>
> (2) Jedoch wird der einem Kommanditisten zukommende Gewinn seinem Kapitalanteil nur so lange zugeschrieben, als dieser den Betrag der bedungenen Einlage nicht erreicht.
>
> (3) An dem Verluste nimmt der Kommanditist nur bis zum Betrage seines Kapitalanteils und seiner noch rückständigen Einlage teil.

Der den Kommanditisten zukommende Gewinn bemißt sich ausschließlich an der Höhe ihrer Einlage (§ 168 HGB).

## 2.3. Das Außenverhältnis der KG

Besonderheiten im Außenverhältnis der KG im Vergleich zur OHG beschreiben die §§ 170-176 HGB. Darin geht es um die Stellung des Kommanditisten gegenüber Dritten (Außenstehenden).

**§ 170 HGB**

### Vertretung der KG

Der Kommanditist ist zur Vertretung der Gesellschaft nicht ermächtigt.

Kommanditisten sind von der Vertretung der KG ausgeschlossen

Vertretungsberechtigt sind für die KG nur die vollhaftenden Gesellschafter. Gemäß § 170 sind Kommanditisten von der Vertretung der Gesellschaft ausgeschlossen. Ihnen kann allenfalls die Vollmacht auf bestimmte Rechtshandlungen, aber auch Prokura erteilt werden. Letzteres geht meist Hand in Hand mit einer erteilten Geschäftsführungsbefugnis.

*Ansprüche Dritter gegen die KG:*

- Vorliegen einer KG, § 161 I HGB
- Bestehen eines Anspruchs
- gegen die KG:
- wirksame Vertretung bei Erfüllungsansprüchen
- Zurechenbarkeit bei Schadenersatzansprüchen

↳ Die KG ist selbst Anspruchsgegner §§ 161 II, 124 I HGB

Der § 161 II HGB verweist auf die Vorschriften der OHG, für die nach außen die rechtliche Selbständigkeit aus § 124 I HGB gilt. Daher ist auch die KG selbst Träger von Rechten und Pflichten und kann damit auch Anspruchsgegner und Anspruchssteller sein.

**§ 171 HGB**

Haftung

### Haftung des Kommanditisten

(1) Der Kommanditist haftet den Gläubigern der Gesellschaft bis zur Höhe seiner Einlage unmittelbar; die Haftung ist ausgeschlossen, soweit die Einlage geleistet ist.

(2) Ist über das Vermögen der Gesellschaft der Konkurs eröffnet, so wird während der Dauer des Verfahrens das den Gesellschaftsgläubigern nach Absatz 1 zustehende Recht durch den Konkursverwalter ausgeübt.

Soweit der Kommanditist seine Einlage erbracht hat und seine Haftungsbeschränkung im Handelsregister eingetragen ist, muß er nicht haften.

*Persönliche Haftung der KG-Gesellschafter:*

- Verbindlichkeiten der KG, §§ 161 II, 124 I HGB
- keine Einwendungen des Gesellschafters gem. § 129 HGB

↳ Haftung des Komplementärs wie die des Gesellschafters einer OHG, §§ 161 II, 128 HGB

↳ Haftung des Kommanditisten

- keine, soweit die Einlage geleistet ist, § 171 I Hs.2 HGB
- in Höhe der Einlage, sofern diese noch nicht geleistet ist oder zurückbezaht wurde, § 171 I Hs.1 HGB
- in voller Höhe, wenn die Haftungsbeschränkung nicht im Handelsregister eingetragen ist, §§ 172 I, 176 HGB

↳ Haftung eintretender Kommanditisten für alte Verbindlichkeiten, § 173 HGB

↳ Haftung ausgeschiedener Kommanditisten für Verbindlichkeiten aus der Zeit ihrer Zugehörigkeit, §§ 171, 161 II, 160 HGB

↳ Nachhaftung derer, die zum Zeitpunkt der Auflösung der KG Gesellschafter waren, §§ 161 II, 159 HGB

Der Kommanditist haftet höchstens mit seiner Einlage, soweit die Haftungsbeschränkung im Handelsregister eingetragen ist

## Umfang der Haftung

**§ 172 HGB**

(1) Im Verhältnisse zu den Gläubigern der Gesellschaft wird nach der Eintragung in das Handelsregister die Einlage eines Kommanditisten durch den in der Eintragung angegebenen Betrag bestimmt...

Entscheidend für den Umfang der Haftung ist der im Handelsregister eingetragene Betrag. Wurde die Einlage noch nicht einbezahlt oder bereits zurückbezahlt, so haftet der Kommanditist für den Differenzbetrag zwischen Eintragung (Handelsregister) und seinem Anteil am Eigenkapital der KG (Bilanz).

## Haftung bei Eintritt als Kommanditist

**§ 173 HGB**

Haftung

(1) Wer in eine bestehende Handelsgesellschaft als Kommanditist eintritt, haftet nach Maßgabe der §§ 171 und 172 für die vor seinem Eintritte begründeten Verbindlichkeiten der Gesellschaft...

**§ 176 HGB**

Haftung

### Haftung vor Eintragung

(1) Hat die Gesellschaft ihre Geschäfte begonnen, bevor sie in das Handelsregister des Gerichts, in dessen Bezirke sie ihren Sitz hat, eingetragen ist, so haftet jeder Kommanditist, der dem Geschäftsbeginne zugestimmt hat, für die bis zur Eintragung begründeten Verbindlichkeiten der Gesellschaft gleich einem persönlich haftenden Gesellschafter, es sei denn, daß seine Beteiligung als Kommanditist dem Gläubiger bekannt war. Diese Vorschrift kommt nicht zur Anwendung, soweit sich aus § 2 ein anderes ergibt.

(2) Tritt ein Kommanditist in eine bestehende Handelsgesellschaft ein, so findet die Vorschrift des Absatzes 1 Satz 1 für die in der Zeit zwischen seinem Eintritt und dessen Eintragung in das Handelsregister begründeten Verbindlichkeiten der Gesellschaft entsprechende Anwendung.

Ein Kommanditist sollte darauf bestehen, sofort ins Handelsregister eingetragen zu werden

Solange die Haftungsbeschränkung eines Kommanditisten nicht im Handelsregister eingetragen ist, muß er sich gegenüber Gesellschaftsgläubigern wie ein persönlich haftender Gesellschafter behandeln lassen. Daher sollte ein Kommanditist immer darauf drängen, umgehend im Handelsregister als solcher eingetragen zu werden, oder die Wirkung seines Eintrittes unter die aufschiebende Bedingung (gem. § 158 I BGB) der richtigen Eintragung und Bekanntmachung stellen.

Der § 176 HGB findet keine Anwendung auf die GmbH & Co KG.

## 2.4. Änderung und Auflösung der KG

Grundsätzlich gilt für die Änderung und Auflösung der KG das gleiche wie für die OHG. Lediglich für das Ausscheiden eines Kommanditisten durch Todesfall macht § 177 HGB eine Ausnahme. In diesem Fall wird die Gesellschaft nicht aufgelöst; stattdessen rücken die Erben automatisch in die Gesellschafterstellung mit den Rechten und Pflichten des Verstorbenen nach.

**§ 177 HGB**

### Tod des Kommanditisten

Der Tod eines Kommanditisten hat die Auflösung der Gesellschaft nicht zur Folge.

*Fall: Die Gesellschafter A und B einer OHG sind in finanziellen Nöten. Ihre Lieferanten haben sich wegen der schlechten Zahlungsmoral der OHG angewöhnt, Waren nur noch gegen sofortige Zahlung anzuliefern. Schließlich gelingt es der OHG, den kapitalstarken K als Kommanditisten zu gewinnen. Unter dem Hinweis, daß nun K neuer Gesellschafter sei, kommt der Geschäftsbetrieb mit den Lieferanten L wieder in Schwung. A nützt die Gelegenheit und füllt das Warenlager wieder richtig auf.*

*Dies geschieht noch bevor K als Kommanditist im Handelsregister eingetragen worden ist. Können sich die Lieferanten mit ihren Kaufpreisforderungen an K halten, auch wenn diese den Betrag seiner Einlage beträchtlich übersteigen?*

*Vorab kann festgestellt werden, daß mit dem Beitritt des K in die bestehende OHG eine KG gem. § 161 I HGB entstanden ist, und die KG gegenüber L Verbindlichkeiten hat.*

Fall: Haftung des Kommanditisten

*Nach § 171 I HGB haftet für Verbindlichkeiten der KG auch der Kommanditist, allerdings maximal in Höhe seiner Einlage. Eine Haftungserweiterung beinhält jedoch § 176 II HGB. Dieser besagt, daß der beitretende Kommanditist für Verbindlichkeiten der Gesellschaft, die nach seinem Eintritt und vor deren Eintragung im Handelsregister begründet werden, in voller Höhe haftet.*

*Sofern L als Gläubiger der KG darauf vertraut hat, daß K vollhaftender Gesellschafter sei, kann er von ihm persönlich und in voller Höhe die Kaufpreiszahlung verlangen.*

*Fall: Aufgrund obigen Vorfalls will K so schnell wie möglich kündigen. Was kann er tun?*

Fall: Kündigung eines Gesellschafters

*Zum Thema Änderung und Auflösung ist bei der KG voll auf die Vorschriften der OHG zurückzugreifen. Danach kann K gem. § 132 HGB mit sechsmonatiger Frist zum Jahresende »ordentlich« kündigen. Dies würde, sofern über das Ausscheiden eines Gesellschafters keine Vereinbarungen getroffen wurden, zur Auflösung der Gesellschaft führen.*

*Bei Vorliegen eines wichtigen Grundes kann K jedoch die sofortige Auflösung der Gesellschaft durch gerichtliche Entscheidung erzwingen. Ob das »einkaufswütige« Verhalten des A als Grund die Auflösung rechtfertigt, entscheidet das Gericht. Der Auflösung folgte dann die Liquidation der KG, sofern nicht eine andere Art der Auseinandersetzung gem. § 145 HGB vereinbart wurde.*

## 3. Die Stille Gesellschaft

Die stille Gesellschaft hat gewisse Ähnlichkeiten mit der KG, denn auch hier beschränkt ein Gesellschafter seine Haftung auf die Höhe seiner Einlage. Der wesentliche Unterschied zur KG besteht darin, daß die stille Gesellschaft keine Gesamthandsgemeinschaft ist, sondern die Einlage des Stillen voll auf das Vermögen des Handelsgeschäfts übergeht. Abgrenzungsprobleme gibt es dabei zu dem Darlehen mit Gewinnbeteiligung.

Die stille Gesellschaft eine reine Innengesellschaft, die nicht nach außen auftritt

Die stille Gesellschaft ist eine reine Innengesellschaft, die nicht nach außen auftritt; auch in der Bilanz wird gewöhnlich der Anteil des stillen Gesellschafters nicht gesondert ausgewiesen.

KEIN DARLEHEN, SONDERN STILLE BETEILIGUNG

Eine stille Gesellschaft kann immer nur aus zwei Gesellschaftern bestehen, wobei der Geschäftsinhaber entweder Kaufmann oder eine Handelsgesellschaft ist.

Merkmale der stillen Gesellschaft sind die Gewinnbeteiligung und die Kontrollmöglichkeit des Stillen

Der Stille kann sich an einem Unternehmen beteiligen, ohne daß dies nach außen bekannt wird; er hat Ansprüche auf eine Beteiligung am Gewinn und Kontrollrechte. Weitere Mitspracherechte stehen dem Stillen jedoch nicht zu, wenngleich sein Einfluß in der Praxis doch oft erheblich ist; z.B. wenn ein »Strohmann« für den »Stillen« das Handelsgewerbe betreibt.

## Wesen der stillen Gesellschaft

**§ 230 HGB**

(1) Wer sich als stiller Gesellschafter an dem Handelsgewerbe, das ein anderer betreibt, mit einer Vermögenseinlage beteiligt, hat die Einlage so zu leisten, daß sie in das Vermögen des Inhabers des Handelsgeschäfts übergeht.

(2) Der Inhaber wird aus den in dem Betriebe geschlossenen Geschäften allein berechtigt und verpflichtet.

Die stille Gesellschaft ist selbst keine Handelsgesellschaft

Die stille Gesellschaft ist eine Sonderform der BGB-Gesellschaft. Sie entsteht mit Abschluß eines Gesellschaftsvertrages zwischen dem »Stillen« und dem Geschäftsinhaber. Die stille Gesellschaft ist keine Handelsgesellschaft, wenngleich der Geschäftsinhaber selbst ein Handelsgewerbe betreiben muß. Die Pflicht des stillen Gesellschafters ist die Leistung seiner Einlage, § 230 I HGB. Rechtsbeziehungen zu Dritten hat der Stillen nicht, § 230 II HGB; daher haftet er auch nicht gegenüber Gesellschaftsgläubigern, zumal er diesen meist unbekannt ist.

## Gewinn und Verlust

**§ 231 HGB**

(1) Ist der Anteil des stillen Gesellschafters am Gewinn und Verluste nicht bestimmt, so gilt ein den Umständen nach angemessener Anteil als bedungen.

(2) Im Gesellschaftsvertrage kann bestimmt werden, daß der stille Gesellschafter nicht am Verluste beteiligt sein soll; seine Beteiligung am Gewinne kann nicht ausgeschlossen werden.

Zu den Rechten des stillen Gesellschafters zählt im besonderen die Beteiligung am Gewinn und die Möglichkeit der Kontrolle - aber keinerlei Mitwirkung an der Geschäftsführung, sofern keine davon abweichenden Vereinbarungen getroffen sind.

## Kontrollrecht des stillen Gesellschafters

**§ 233 HGB**

(1) Der stille Gesellschafter ist berechtigt, die abschriftliche Mitteilung des Jahresabschlusses zu verlangen und dessen Richtigkeit unter Einsicht der Bücher und Papiere zu prüfen....

Bei der Beendigung einer stillen Gesellschaft erfolgt keine Liquidation, sondern die Ermittlung und Auszahlung des Guthabens des Stillen, § 235 HGB.

## 4. Die Publikumsgesellschaft

Unter einer Publikumsgesellschaft versteht man eine, rein auf Kapitalbeteiligung angelegte, Kommanditgesellschaft (meist in der Form der GmbH & Co KG). Kennzeichnend für eine Publikumsgesellschaft ist die große Anzahl an Kommanditisten und die hohe Fluktuationsrate. Eine normale KG würde bei jedem Kommanditistenwechsel eine Änderung des Gesellschaftsvertrages nötig machen. Da dies wenig praktikabel wäre, sind hier die Komplementäre ermächtigt, Regelungen vorzusehen, daß Kommanditisten schnell ein- und austreten können.

Beispiele: Anlage- oder Abschreibungsgesellschaften

Grund für die Beliebtheit der Publikumsgesellschaften ist, daß Kapitalanleger (so wird es propagiert) ihr sonst steuerpflichtiges Einkommen langfristig gewinnbringend anlegen können.

WER MACHT MIT BEI DIESEM MODELL?

Prospekthaftung zum Schutz der Kapitalanleger

Die Publikumsgesellschaft setzt sich auf der Kommanditistenseite in der Regel aus einer Vielzahl rein kapitalmäßig beteiligter Privatpersonen (Publikum) zusammen, die aber keinerlei Einfluß auf die Geschäftsführung haben. Zum Schutz der Kapitalanleger hat die Rechtssprechung die Figur der Prospekthaftung entwickelt, wonach das Management, die Verantwortlichen und ggf. auch die Vermittler für die Richtigkeit und Vollständigkeit der in den Prospekten gemachten Angaben haften.

## 5. Die GmbH & Co KG

Ist das nun eine »GmbH« oder eine »KG«? Letzteres ist richtig, denn eine GmbH & Co KG ist in ihrer Gesamtheit eine Personengesellschaft in der Form einer Kommanditgesellschaft. Sie ist eine KG, an der jedoch eine GmbH als meist einziger persönlich haftender Gesellschafter beteiligt ist. Insofern ist sie eigentlich eine Mischung aus primär einer Personengesellschaft (KG) und sekundär einer Kapitalgesellschaft (GmbH).

*Die Gesellschafter der GmbH & Co KG*
- Komplementär = meist einziger Vollhaftender ist die GmbH
- Kommanditisten = meist natürliche Personen

Die GmbH & Co KG - eine raffinierte Konstruktion

Das Problem der vollen Haftung haben damit die Gesellschafter auf die juristische Person, eben die nur mit ihrem (beschränkten) Vermögen haftende GmbH abgewälzt. Übernehmen die Kommanditisten gleichzeitig die Geschäftsanteile und damit die Geschäftsführung der GmbH, so können sie auch alle Entscheidungen der ganzen Gesellschaft treffen. Durch diesen »Schachzug« erhalten die Gesellschafter weitgehend alle Befugnisse und Steuervorteile einer Personengesellschaft, ohne daß einer der Gesellschafter persönlich das volle Haftungsrisiko tragen muß.

Mit der GmbH & Co KG werden zwei Gesellschaftsformen miteinander gekoppelt. Daher sind für die Gesellschaft als ganze und ihre Kommanditisten die Vorschriften der KG §§ 161 ff HGB anzuwenden. Für die GmbH in der Funktion des Komplementärs gelten die Regelungen des GmbH-Gesetzes.

Die Innenbeziehungen der GmbH & Co KG sind die gleichen wie bei der KG. Die Geschäftsführung steht der GmbH als Komplementärin zu. Nach außen wird die GmbH & Co KG durch die GmbH, §§ 125 f HGB, repräsentiert durch ihre(n) Geschäftsführer, § 35 GmbHG vertreten.

Für die Wahl dieser Rechtsform sind vor allem die Möglichkeiten der Haftungsbeschränkung und steuerliche, aber auch bilanzrechtliche Gesichtspunkte ausschlaggebend.

# 6. Die GmbH

Die Gesellschaft mit beschränkter Haftung (GmbH) ist als Rechtsform vor allem für Betriebe mittlerer Größe geeignet. Die Gesellschafter der GmbH beschränken ihre Haftung auf die Höhe ihrer Kapitaleinlage. Mit ihren Einlagen sind die Gesellschafter an dem in Stammanteile zerlegten Vermögen beteiligt.

Gesellschafter einer GmbH sind mit ihren Einlagen an dem in Stammanteile zerlegten Vermögen beteiligt

Die GmbH ist eine Kapitalgesellschaft, allerdings von kleinem Ausmaß. Gegenüber der AG hat die GmbH größeren Gestaltungsspielraum, da sie weniger Formzwängen unterliegt und insgesamt flexibler ist. Die GmbH ist eine Gesellschaft mit eigener Rechtspersönlichkeit, die durch ihre Organe (Geschäftsführer) handelt. In ihren körperschaftlichen Strukturen ähnelt die GmbH dem rechtsfähigen Verein, mit dem Unterschied allerdings, daß sie zumeist einen wirtschaftlichen Zweck verfolgt.

*Merkmale der GmbH*

- Haftungsbegrenzung auf das Vermögen der Gesellschaft
- relativ geringes Stammkapital (ab DM 50.000.- möglich)
- Publizitätspflicht, Formvorschriften
- körperschaftliche Besteuerung

BESCHRÄNKTE HAFTUNG

## Die GmbH im Überblick

**1. Wesen**

- Die GmbH (Kapitalgesellschaft) ist als juristische Person rechtsfähig, § 13 I GmbHG
- Handelsgesellschaft, § 13 III GmbHG; Formkaufmann, § 6 HGB; Firma, § 4 GmbHG
- Im Handelsregister einzutragen sind: Anmeldung der GmbH, § 7 ff GmbHG; Satzungsänderungen, § 54 GmbHG; Kapital, §§ 54 ff GmbHG, Auflösung der GmbH, § 65 GmbHG

**2. Entstehung**

- Gründung der Vorgesellschaft mit Abschluß des Gesellschaftsvertrages (beliebiger Zweck § 1 GmbHG, in notarieller Form § 2 GmbHG, Inhalt §§ 3-5 GmbHG)
- Bestellung der Organe
- Aufbringung des Kapitals (mind. 50.000 DM), §§ 7 II, III, 19-25 GmbHG
- Anmeldung zur Eintragung ins Handelsregister §§ 7, 8, 10 GmbHG

↳ Entstehung der GmbH durch Eintragung, § 11 I GmbHG

↳ Schadenersatzpflicht bei Falschangaben, § 9a GmbHG

↳ Bei der Gründungsfehlern kommen die §§ 75-77 GmbHG zur Anwendung

**3. Organe der GmbH**

- Geschäftsführer, § 6 GmbHG (Vertretung nach außen, §§ 35 ff GmbHG; Geschäftsführung, §§ 40 ff GmbHG; Haftung bei Pflichtverletzung, § 43 GmbHG)
- Gesellschaftsversammlung (Gesamtheit aller Gesellschafter, § 48 GmbHG; Befugnisse, §§ 45 f, 53 GmbHG, Beschlüsse i.d.R. mit einfacher Kapitalmehrheit)
- Aufsichtsrat (entweder freiwillig oder im BetrVG, MitbestG zwingend vorgeschrieben)

**4. Die Gesellschafter**

- Mitgliedschaft ist im Geschäftsanteil verkörpert (i.d.R. frei übertragbar), § 15 GmbHG
- Gewinnbeteiligung, § 29 I GmbHG
- Mitwirkungsrechte, §§ 45 ff GmbHG (Minderheitsrechte, § 50 GmbHG)
- Pflichten des Gesellschafters (Kapitalaufbringung, ggf. Nachschußpflicht, Treuepflicht)
- Gesellschafterwechsel laut Gesellschaftsvertrag, ansonsten, §§ 15-17 GmbHG

**5. Haftung**

- Die GmbH ist aufgrund ihrer Rechtsfähigkeit selbst Anspruchsgegner, §§ 13 I, II GmbHG
- Gesellschafter haften grundsätzlich nicht, § 13 II GmbHG
- Geschäftsführer haften gegenüber Dritten nicht unmittelbar
- Im Gründungsstadium haften
  - die Vorgründungsgesellschafter nach den Regelungen über Personengesellschaften
  - das Gesellschaftsvermögen der Vor-GmbH sowie alle Gesellschafter (Gründer) persönlich in Höhe der noch nicht erbrachten Einlage
  - Handelnde, insbesondere der Geschäftsführer, § 11 II GmbHG

**6. Beendigung**

- Auflösung, Liquidation, Sperrjahr, §§ 60 ff GmbHG

## 6.1. Errichtung der GmbH

Der große Vorteil einer GmbH ist, daß die Gesellschafter bzw. die Kapitalgeber das Risiko des Verlustes auf die Höhe ihrer Einlage begrenzen können. Wegen ihres erheblichen Anteils am Wirtschaftsleben gibt es für die GmbH ein eigenes Gesetz, dessen Paragraphen überwiegend leicht zu verstehen sind. Wenn Sie die Grundprinzipien über die juristische Person verstanden haben und auf die GmbH umsetzen, liegen Sie fast immer richtig.

**§ 1 GmbHG**

### Wesen der GmbH

Gesellschaften mit beschränkter Haftung können nach Maßgabe der Bestimmungen dieses Gesetzes zu jedem gesetzlich zulässigen Zweck durch eine oder mehrere Personen errichtet werden.

*Errichtung der GmbH*

- Gründung durch Abschluß des Gesellschaftsvertrages
- Bestellung der Organe
- Erbringung der Stammeinlagen
- Anmeldung zur Eintragung ins Handelsregister

↳ Entstehung der GmbH durch Eintragung, § 11 I GmbHG
↳ Bei Gründungsmängeln gelten die §§ 75 ff GmbHG

Die GmbH als solche entsteht erst mit Eintragung ins Handelsregister. Die Haftungsbeschränkung auf das Gesellschaftsvermögen wird erst mit dem Zeitpunkt der Eintragung wirksam. Im Zeitraum zwischen Gründung und Eintragung lebt die Gesellschaft in einer gewissen Zwitterstellung zwischen Personengesellschaft und Körperschaft als sog. Vor-GmbH. Davon zu unterscheiden ist die Vorgründungsgesellschaft, die vor dem Abschluß des Gesellschaftsvertrages besteht und eine reine Personengesellschaft ist. Verbindlichkeiten, die in dieser Phase begründet werden, dürfen weder der Vor-GmbH noch der GmbH zugeschrieben werden.

**§ 2 GmbHG**

### Form des Gesellschaftsvertrages

(1) Der Gesellschaftsvertrag bedarf notarieller Form. Er ist von sämtlichen Gesellschaftern zu unterzeichnen...

Die Gründung der GmbH erfolgt durch Abschluß des Gesellschaftsvertrages. Dieser bedarf der notariellen Form nach § 2 GmbHG mit dem Inhalt der §§ 3-5 GmbHG.

Mit der Gründung entsteht zunächst eine Vor-GmbH - eine Gesellschaft besonderer Art. Diese ist zwar selbst noch nicht rechtsfähig ist, dennoch kann sie Rechte und Pflichten erwerben; auf die Vor-GmbH wird weitgehend das GmbH-Recht angewendet.

### Inhalt des Gesellschaftsvertrages

**§ 3 GmbHG**

(1) Der Gesellschaftsvertrag muß enthalten:

1. die Firma und den Sitz der Gesellschaft,
2. den Gegenstand des Unternehmens,
3. den Betrag des Stammkapitals,
4. den Betrag der von jedem Gesellschafter auf das Startkapital zu leistenden Einlage (Stammeinlage)....

### Firma

**§ 4 GmbHG**

(1) Die Firma der Gesellschaft muß entweder von dem Gegenstand des Unternehmens entlehnt sein oder die Namen der Gesellschafter oder den Namen wenigstens eines derselben mit einem das Vorhandensein eines Gesellschaftsverhältnisses andeutenden Zusatz enthalten....

Die Firma der GmbH kann eine Sach- oder eine Personenfirma sein. Durch den Zusatz »GmbH« wird jeder, der mit ihr in Beziehung tritt, von der Haftungsbeschränkung informiert. Nicht umsonst sind Banken häufig vorsichtig mit der Kreditvergabe, wenn sie es mit einer GmbH zu tun haben.

### Stammkapital, Stammeinlage

**§ 5 GmbHG**

(1) Das Stammkapital der Gesellschaft muß mindestens fünfzigtausend Deutsche Mark, die Stammeinlage jedes Gesellschafters muß mindestens fünfhundert Deutsche Mark betragen.

Das aus Stammeinlagen bestehende Stammkapital ist die Summe der Anteile aller Gesellschafter. Die Gesellschafter erhalten damit entsprechende Geschäftsanteile, die die Rechte (auf Gewinn und Mitsprache) sowie Pflichten verbriefen.

Nach den Einlagen bemißt sich der Geschäftsanteil der Gesellschafter

Der Gründung einer (Vor-) GmbH folgt die Bestellung der Organe, insbesondere des / der Geschäftsführers. Wie dieses abzulaufen hat, ist entweder im Gesellschaftsvertrag geregelt oder wird durch Beschluß der Gesellschafter entschieden.

**§ 6 GmbHG**

**Geschäftsführer**

> (1) Die Gesellschaft muß einen oder mehrere Geschäftsführer haben....

Der Geschäftsführer ist das leitende Organ der GmbH. Er hat für ihre ordnungsgemäße Entstehung und für die Anmeldung im Handelsregister Sorge zu tragen. Seine Befugnisse ergeben sich aus §§ 35-38 GmbHG. Als Geschäftsführer können Gesellschafter, aber auch Dritte bestellt werden (sog. Fremdgeschäftsführung).

**§ 7 GmbHG**

**Anmeldung**

> (1) Die Gesellschaft ist bei dem Gericht, in dessen Bezirk sie ihren Sitz hat, zur Eintragung in das Handelsregister anzumelden...

Die Eintragung wirkt konstitutiv, das heißt sie begründet die Existenz der der GmbH

Ein entscheidendes Kriterium für die Eintragung ins Handelsregister ist die Aufbringung des Stammkapitals § 7 II GmbHG. Das Registergericht überprüft daher sorgfältig, ob bei Leistung von Sacheinlagen keine Überbewertung vorliegt.

*Aufbringung des Kapitals:*

Stammkapital: mindestens DM 50.000,-

- Geldeinlage mind. 25.000.- DM, mind. 25 % des Kapitals
- auch Sacheinlagen (korrekte Bewertung) möglich
- zusätzliche Sicherheitsleistungen bei »Einmann-GmbH«

Liegen gegen die Eintragung in das Handelsregister keine Bedenken vor, so wird diese durch das Registergericht veranlaßt.

**§ 11 GmbHG**

Vor-GmbH

Haftung

**Rechtszustand vor der Eintragung**

> (1) Vor der Eintragung in das Handelsregister des Sitzes der Gesellschaft besteht die Gesellschaft mit beschränkter Haftung als solche nicht.
>
> (2) Ist vor der Eintragung im Namen der Gesellschaft gehandelt worden, so haften die Handelnden persönlich und solidarisch.

Nach Abschluß des Gesellschaftsvertrages und vor Eintragung der GmbH besteht »nur« eine Vor-GmbH. In dieser Phase haftet neben dem Gesellschaftsvermögen gem. § 11 II GmbHG jeder der im Namen der GmbH handelt persönlich und gesamtschuldnerisch, ähnlich wie beim nichtrechtsfähigen Verein (§ 54 BGB).

Darum ist wichtig zu vermerken: Erst mit der Eintragung in das Handelsregister ist die GmbH als solche entstanden. Die Eintragung wirkt konstitutiv, das heißt, sie begründet die Existenz der GmbH, der juristischen Person.

### Juristische Person, Handelsgesellschaft

**§ 13 GmbHG**

> (1) Die Gesellschaft mit beschränkter Haftung als solche hat selbständig ihre Rechte und Pflichten; sie kann Eigentum und andere dingliche Rechte an Grundstücken erwerben, vor Gericht klagen und verklagt werden.
>
> (2) Für die Verbindlichkeiten der Gesellschaft haftet den Gläubigern derselben nur das Gesellschaftsvermögen.
>
> (3) Die Gesellschaft gilt als Handelsgesellschaft im Sinne des Handelsgesetzbuchs.

Rechtsfähig

Haftung

Kaufmann

Der § 13 GmbHG ist von besonderer Wichtigkeit. In jeder Klausur, in der eine GmbH auftaucht, ist dieser Paragraph zu zitieren. Er definiert die Rechtsfähigkeit der GmbH § 13 I GmbHG, die Haftungsbeschränkung der Gesellschafter § 13 II GmbHG, den Status als Handelsgesellschaft § 13 III GmbHG und damit die Anwendbarkeit des HGB (Vollkaufmann § 6 HGB).

Als Handelsgesellschaft gilt die GmbH gem. § 6 I HGB als Kaufmann und gem. § 6 II HGB sogar stets als Vollkaufmann (Formkaufmann)

*Ansprüche Dritter gegen die GmbH:*

- Vorliegen einer GmbH, (Umkehrschluß aus) § 11 I GmbHG
- Bestehen eines Anspruchs
- gegen die GmbH:
- wirksame Vertretung bei Erfüllungsansprüchen
- Zurechenbarkeit bei Schadenersatzansprüchen (§ 31 BGB für Organe, §§ 278, 831 BGB für Gehilfen)

↳ Die GmbH ist selbst Anspruchsgegner, § 13 I GmbHG
↳ Geschäftsführer haften grundsätzlich nicht
↳ Gesellschafter haften grundsätzlich nicht, § 13 II
↳ Im Gründungsstadium haftet das Gesellschaftsvermögen der Vor-GmbH und die Handelnden persönlich, § 11 II GmbHG

Vor der Eintragung haften die Handelnden, nach der Eintragung die GmbH

## 6.2. Die Gesellschafter der GmbH

Die Gesellschafter üben ihre Mitwirkungsrechte, die in ihrem Geschäftsanteil verbrieft sind, in der Gesellschafterversammlung aus. Ihre sonstigen Rechte, z.B. auf Gewinnbeteiligung sowie ihre Pflichten z.B. auf Erbringung ihrer Einlagen, sind in den folgenden §§ 14-34 GmbHG geregelt.

**§ 14 GmbHG**

### Geschäftsanteil

Der Geschäftsanteil jedes Gesellschafters bestimmt sich nach dem Betrage der von ihm übernommenen Stammeinlage.

**§ 15 GmbHG**

### Übertragbarkeit von Geschäftsanteilen

(1) Die Geschäftsanteile sind veräußerlich und vererblich.

(2) Erwirbt ein Gesellschafter zu seinem ursprünglichen Geschäftsanteil weitere Geschäftsanteile, so behalten dieselben ihre Selbständigkeit....

Neben der Leistung der Stammeinlage hat jeder Gesellschafter auch für Mitgesellschafter zu haften, wenn diese ihre Stammeinlage nicht einbezahlt haben (Ausfallhaftung, § 24 GmbHG).

**§ 26 GmbHG**

### Nachschußpflicht

(1) Im Gesellschaftsvertrag kann bestimmt werden, daß die Gesellschafter über den Betrag der Stammeinlagen hinaus die Einforderung von weiteren Einzahlungen (Nachschüssen) beschließen können...

Ist im Gesellschaftsvertrag eine unbeschränkte Nachschußpflicht vereinbart, besteht jedoch für jeden Gesellschafter die Möglichkeit, sich von der Nachzahlung dadurch zu befreien, daß er seinen Geschäftsanteil, innerhalb eines Monats nach Aufforderung zur Verfügung stellt (Abandon, § 27 GmbHG).

**§ 29 GmbHG**

### Gewinnverwendung

(1) Die Gesellschafter haben Anspruch auf den Jahresüberschuß zuzüglich eines Gewinnvortrags und abzüglich eines Verlustvortrags...

## 6.3. Die Organe der GmbH

Die Leitung der GmbH übernimmt der Geschäftsführer, der zwar nicht unbedingt Teilhaber der GmbH sein muß, es in der Regel aber ist. Er hat die Beschlüsse der Gesellschafterversammlung in die Tat umzusetzen.

Der Begriff »Geschäftsführer« meint den gesetzlichen Vertreter einer GmbH.
Im Sprachgebrauch wird er allgemein als Leiter eines Unternehmens verstanden

Die Gesellschafter üben in der Gesellschafterversammlung ihr Mitspracherecht aus. Ihr Stimmrecht entspricht ihrem Gesellschafteranteil (je 100,- DM eine Stimme). Das Bestehen eines Aufsichtsrates ist für die GmbH erst ab einer Größe von fünfhundert Mitarbeitern vorgeschrieben.

*Die Organe der GmbH*

- Geschäftsführer (ausführendes Organ der GmbH)
- Gesellschafterversammlung (oberstes Organ der GmbH)
- Aufsichtsrat (nur ab 500 Beschäftigten zwingend).

### Vertretung durch Geschäftsführer

**§ 35 GmbHG**

(1) Die Gesellschaft wird durch die Geschäftsführer gerichtlich und außergerichtlich vertreten.

### Die Wirkung der Vertretung

**§ 36 GmbHG**

Die Gesellschaft wird durch die in ihrem Namen von den Geschäftsführern vorgenommenen Rechtsgeschäfte berechtigt und verpflichtet; es ist gleichgültig, ob das Geschäft ausdrücklich im Namen der Gesellschaft vorgenommen worden ist, oder ob die Umstände ergeben, daß es nach dem Willen der Beteiligten für die Gesellschaft vorgenommen werden sollte.

### Beschränkung der Vertretungsbefugnisse

**§ 37 GmbHG**

(1) Die Geschäftsführer sind der Gesellschaft gegenüber verpflichtet, die Beschränkungen einzuhalten, welche für den Umfang ihrer Befugnis, die Gesellschaft zu vertreten, durch den Gesellschaftsvertrag oder, soweit dieser nichts bestimmt, durch die Beschlüsse der Gesellschafter festgesetzt sind.
(2) Gegen dritte Personen hat eine Beschränkung der Befugnis der Geschäftsführer, die Gesellschaft zu vertreten, keine rechtliche Wirkung...

Der / die Geschäftsführer einer GmbH werden entweder durch den Gesellschaftsvertrag bestimmt oder von der Gesellschafterversammlung bestellt. Die Bestellung kann, sofern im Gesellschaftsvertrag nicht anders bestimmt, jederzeit widerrufen werden.

**§ 38 GmbHG**

**Widerruf der Bestellung**

(1) Die Bestellung der Geschäftsführer ist zu jeder Zeit widerruflich, unbeschadet der Entschädigungsansprüche aus bestehenden Verträgen.

(2) Im Gesellschaftsvertrag kann die Zulässigkeit des Widerrufs auf den Fall beschränkt werden, daß wichtige Gründe denselben notwendig machen. Als solche Gründe sind insbesondere grobe Pflichtverletzung oder Unfähigkeit zur ordnungsgemäßen Geschäftsführung anzusehen.

**§ 43 GmbHG**

**Pflichtverletzungen des Geschäftsführers**

(1) Die Geschäftsführer haben in den Angelegenheiten der Gesellschaft die Sorgfalt eines ordentlichen Geschäftsmannes anzuwenden.

(2) Geschäftsführer, welche ihre Obliegenheiten verletzen, haften der Gesellschaft solidarisch für den entstandenen Schaden...

Der Geschäftsführer haftet nur der Gesellschaft, nicht gegenüber Dritten

Der Geschäftsführer hat die ihm übertragenen Aufgaben im Sinne der Gesellschaft auszuführen, er hat ihre Weisungen zu befolgen, seine Befugnisse nicht zu überschreiten und gleichzeitig soll er sich bietende Geschäftschancen nutzen. Wird der Geschäftsführer den an ihn gestellten Anforderungen nicht gerecht, so könnte dies Grund für seine Abberufung sein. Verletzt der Geschäftsführer seine Obliegenheiten, so kann er von der Gesellschaft auf Schadensersatz in Anspruch genommen werden; nicht aber von den Gesellschaftern oder von Dritten.

**§ 48 GmbHG**

**Gesellschafterversammlung**

(1) Die Beschlüsse der Gesellschafter werden in Versammlungen gefaßt...

Die Gesamtheit der Gesellschafter wird durch die Gesellschafterversammlung repräsentiert. Sie ist das oberste Organ der GmbH.

## 6.4. Beendigung der GmbH

### Auflösungsgründe

**§ 60 GmbHG**

(1) Die Gesellschaft mit beschränkter Haftung wird aufgelöst:
1. durch Ablauf der im Gesellschaftsvertrag bestimmten Zeit;
2. durch Beschluß der Gesellschafter...
3. durch gerichtliches Urteil...
4. durch die Eröffnung des Konkursverfahrens...
5. mit der Rechtskraft einer Verfügung des Registergerichts...

### Liquidation

**§ 66 GmbHG**

(1) In den Fällen der Auflösung außer dem Fall des Konkursverfahrens erfolgt die Liquidation durch die Geschäftsführer, wenn nicht dieselbe durch den Gesellschaftsvertrag oder durch Beschluß der Gesellschafter anderen Personen übertragen wird.....

Die Verteilung des Vermögens darf erst nach Tilgung oder Sicherstellung der Schulden der Gesellschaft und nicht vor Ablauf eines Jahres vorgenommen werden (Sperrjahr § 73 GmbHG). Das verbleibende Vermögen wird unter die Gesellschafter nach dem Verhältnis ihrer Geschäftsanteile verteilt.

### Nichtigkeitsklage

**§ 75 GmbHG**

(1) Enthält der Gesellschaftsvertrag keine Bestimmungen über die Höhe des Stammkapitals oder über den Gegenstand des Unternehmens oder sind die Bestimmungen des Gesellschaftsvertrags über den Gegenstand des Unternehmens nichtig, so kann jeder Gesellschafter, jeder Geschäftsführer und, wenn ein Aufsichtsrat bestellt ist, jedes Mitglied des Aufsichtsrats im Wege der Klage beantragen, daß die Gesellschaft für nichtig erklärt werde.

Können die Mängel nicht durch Beschluß der Gesellschafter, § 76 GmbHG geheilt werden, so ist die Nichtigkeit der Gesellschaft ins Handelsregister einzutragen. Die Wirkung der Nichtigkeit ergibt sich aus § 77 GmbHG, wonach die für die Auflösung der GmbH geltenden Vorschriften entsprechende Anwendung finden.

# 7. Die Aktiengesellschaft

Die Aktiengesellschaft (AG) ist »die« typische Kapitalgesellschaft schlechthin. Sie eignet sich zur Aufbringung eines soliden Grundkapitals, das ihr die wirtschaftliche Macht verleiht, »große und langfristige« Geschäfte abwickeln zu können. Durch die Zerlegung des Grundkapitals in Aktien, ermöglicht die AG vielen (auch kleineren) Anlegern, sich an ihr zu beteiligen. Der Aktionär einer AG muß keinerlei Pflichten übernehmen, sondern lediglich das Geld für den Kauf der Aktien aufbringen, welche er in der Regel jederzeit wieder verkaufen kann.

KAPITALANTEILE AN DER AG

Die wesentlichen Charakteristika einer Aktiengesellschaft sind die eigene Rechtspersönlichkeit, das in Aktien zerlegte Grundkapital und die Beschränkung des Verlustrisikos der Aktionäre auf den Kaufpreis der Aktien. In ihren körperschaftlichen Strukturen ähnelt die AG dem eingetragenen Verein;

*Merkmale der AG:*

- 👍 Aufbringung eines hohen Grundkapitals
- 👍 Größenvorteile in der Wirtschaft
- 👍 ständige Kontrolle des Anteilswertes bei notierten Aktien
- 👎 Publizitätspflicht, Formvorschriften
- 👎 körperschaftliche Besteuerung

## Die AG im Überblick

**1. Wesen**

- Die AG (Kapitalgesellschaft) ist als juristische Person rechtsfähig, § 1 I AktG
- Handelsgesellschaft, § 3 AktG; Formkaufmann, § 6 HGB; Firma, § 4 AktG
- Im Handelsregister einzutragen sind: Anmeldung der AG, §§ 36 ff AktG; Satzungsänderungen, § 181 AktG; Kapital, §§ 188 ff AktG, Auflösung der AG, § 263 AktG

**2. Entstehung**

- Gründung der Vorgesellschaft mit Feststellung der Satzung (beliebiger Zweck, § 1 AktG; in notarieller Form, § 23 AktG; fünf Gründer, § 2 AktG) und Übernahme aller Aktien durch die Gründungsmitglieder, § 29 AktG
- Bestellung der Organe, §§ 30 ff AktG (Aufsichtsrat, Abschlußprüfer, Vorstand)
- Kapitalaufbringung (mind. 100.000.- DM), §§ 7, 36 II, 36a, 53 III AktG
- Anmeldung zur Eintragung ins Handelsregister, §§ 36 I, 37 AktG

↳ Entstehung der AG durch Eintragung, § 41 I AktG

↳ Schadenersatzpflicht bei Falschangaben, §§ 46 ff AktG

↳ Für Mängel bei der Gründung gelten die §§ 275 ff AktG

**3. Organe der AG**

- Vorstand, §§ 76 ff AktG: Geschäftsführung, §§ 76 I, 77 ff AktG; Vertretung der AG nach außen, § 78 AktG; Haftung bei Pflichtverletzung, § 93 II AktG
- Aufsichtsrat, §§ 95 ff AktG: Bestellung und Abberufung des Vorstandes, § 84 AktG; Überwachung der Vorstandstätigkeit, § 111 AktG; Haftung bei Pflichtverletzung, § 116 AktG
- Hauptversammlung, §§ 118 ff AktG: Wahl und Abberufung der Aufsichtsratsmitglieder, §§ 101 I, 103 AktG; Beschlüsse i.d.R. mit einfacher Mehrheit der Kapitalanteile

**4. Die Aktionäre**

- Mitgliedschaft (grundsätzlich frei übertragbar) ist durch den Aktienanteil verkörpert
- Dividende, § 58 IV AktG
- Teilnahme- und Stimmrechte in der Hauptversammlung, §§ 12, 118 I, 134 AktG
- Pflichten der Aktionäre: Aufbringung der Einlage, keine Nachschußpflicht, keine Treuepflicht, Schadensersatzpflicht, § 117 I AktG nur bei grob schädlichem Verhalten

**5. Haftung**

- Die AG ist aufgrund ihrer Rechtsfähigkeit selbst Anspruchsgegner, § 1 I AktG
- Aktionäre haften grundsätzlich nicht, nur bei grob schädlichem Verhalten, § 117 V AktG
- Vorstand- und Aufsichtsratsmitglieder haften unmittelbar nur aus § 93 V, 116 AktG
- Im Gründungsstadium haften:
  - Die Vorgründungsgesellschafter nach allgemeinen Regeln über Personengesellschaften
  - Das Gesellschaftsvermögen der Vor-AG, sowie alle Gesellschafter (Gründer) persönlich in Höhe der noch nicht erbrachten Einlage
  - Handelnde, insbesondere der Vorstand, § 41 I 2 AktG

**6. Beendigung**

- Auflösung, Abwicklung, Sperrjahr, §§ 262 ff AktG

## 7.1. Allgemeines zur AG

Aktien verbriefen Kapitalanteile und Mitgliedsrechte an einer AG

Aktien sind Wertpapiere, die auf einen bestimmten Betrag (sog. Nennbetrag) lauten und dem Aktionär die Mitgliedsrechte an der Gesellschaft verbriefen. Diese beinhalten Ansprüche auf Gewinn, Anteil auf Liquidationserlös und Stimmrechte. Organisierte Kapitalmärkte, auf denen Aktien gehandelt werden, sind die Börsen. Nicht alle Aktien sind jedoch an der Börse notiert.

*Man unterscheidet Aktien in:*

- Stammaktien: Normalaktien mit Stimmrecht und Anspruch auf Gewinnbeteiligung
- Vorzugsaktien: Aktien mit besonderem Anspruch auf Dividende, jedoch kein Stimmrecht
- Inhaberaktien: Aktien lauten auf einen bestimmten Inhaber, der Besitzer der Aktie ist Berechtigter
- Namensaktie: Aktien die auf einen Namen lauten; ihr Verkauf ist ggf. an die Zustimmung der AG gebunden

Als Nennbetrag bezeichnet man den Betrag, der auf der Aktie abgedruckt ist (z.B. 50.- , 100.- oder 1000.- DM). Die Aktien der großen Unternehmen werden tagtäglich an der Börse gehandelt. Hier richtet sich der Kursbetrag (Preis) einer Aktie nach Angebot und Nachfrage. Langfristig orientiert sich der Preis einer Aktie immer an der wirtschaftlichen Entwicklung der AG. Kurzfristige Spitzen im Kursverlauf ergeben sich immer nur dann, wenn im größeren Umfang spekuliert wird.

Eine klare Definition für eine Aktiengesellschaft liefert § 1 AktG. Daraus ist zu entnehmen, daß eine Aktiengesellschaft als eine im Handelsregister eingetragene Körperschaft mit eigener Rechtspersönlichkeit auftritt.

**§ 1 AktG**

Rechtsfähig

Haftung

### Wesen der Aktiengesellschaft

(1) Die Aktiengesellschaft ist eine Gesellschaft mit eigener Rechtspersönlichkeit. Für die Verbindlichkeiten der Gesellschaft haftet den Gläubigern nur das Gesellschaftsvermögen.

(2) Die Aktiengesellschaft hat ein in Aktien zerlegtes Grundkapital.

Die AG ist Träger von Rechten und Pflichten; für Verbindlichkeiten gegenüber Dritten haftet sie selbst mit ihrem Gesellschaftsvermögen. Eine Haftung der Aktionäre und ihrer Organe mit ihrem Privatvermögen ist, bis auf wenige Ausnahmen, ausgeschlossen. Zu diesen Ausnahmen zählen die Haftung der Aktionäre bei Empfang verbotener Leistungen § 62 II AktG, Haftung eines Vorstandmitgliedes oder eines Aufsichtsratsmitgliedes bei grober Verletzung seiner Pflichten §§ 93 V, 116 AktG.

*Ansprüche Dritter gegen die AG:*

- Vorliegen einer AG, (Umkehrschluß aus) § 41 I 1 AktG
- Bestehen eines Anspruchs
- gegen die AG:
  - wirksame Vertretung bei Erfüllungsansprüchen
  - Zurechenbarkeit bei Schadenersatzansprüchen (§ 31 BGB für Organe, §§ 278, 831 BGB für Gehilfen)

↳ Die AG ist selbst Anspruchsgegner, § 1 I 1 AktG
↳ Aktionäre haften grundsätzlich nicht, § 1 I 2 AktG
↳ Vorstand bzw. Aufsichtsratsmitglieder haften bei pflichtwidrigen, schädigenden Handlungen, §§ 93 V, 116 AktG
↳ Im Gründungsstadium haftet das Gesellschaftsvermögen der Vor-AG und die Handelnden persönlich, § 41 I 2 AktG

Vor der Eintragung haften die Handelnden, nach der Eintragung die AG

### Gründer

**§ 2 AktG**

An der Feststellung des Gesellschaftsvertrags (der Satzung) müssen sich mindestens fünf Personen beteiligen, welche die Aktien gegen Einlagen übernehmen.

### Handelsgesellschaft

**§ 3 AktG**

Die Aktiengesellschaft gilt als Handelsgesellschaft, auch wenn der Gegenstand des Unternehmens nicht im Betrieb eines Handelsgewerbes besteht.

*Kaufmann*

Als Handelsgesellschaft ist die AG Formkaufmann nach § 6 HGB.

### Firma

**§ 4 AktG**

(1) Die Firma der Aktiengesellschaft ist in der Regel dem Gegenstand des Unternehmens zu entnehmen. Sie muß die Bezeichnung »Aktiengesellschaft« enthalten...

## 7.2. Errichtung der AG

Die Entstehung einer Aktiengesellschaft vollzieht sich in mehreren Stufen, §§ 23, 29 ff AktG.

*Entstehung der AG:*

- Feststellung der Satzung, § 23 AktG
- Übernahme aller Aktien durch die Gründer, § 29 AktG
- Bestellung der Organe, § 30 I, IV AktG
- Bericht und Prüfung der Gründung, §§ 32 I, 33 I AktG
- Erbringung des Kapitals
- Anmeldung zur Eintragung ins Handelsregister, §§ 36 I AktG

↳ Entstehung der AG durch Eintragung, § 41 I 1 AktG

↳ Bei Gründungsmängel gelten die §§ 275 ff AktG

Die Eintragung wirkt konstitutiv, das heißt sie begründet die Existenz der der AG

Die AG als solche entsteht erst (konstitutiv) mit Eintragung ins Handelsregister. Die Haftungsbeschränkung auf das Gesellschaftsvermögen wird erst mit diesem Zeitpunkt wirksam. In dem Zeitraum zwischen Gründung und Eintragung lebt die Gesellschaft in einer gewissen Zwitterstellung zwischen Personengesellschaft und Körperschaft. Sie heißt in diesem Stadium Vor-AG.

**§ 23 AktG**

### Feststellung der Satzung

(1) Die Satzung muß durch notarielle Beurkundung festgestellt werden. Bevollmächtigte bedürfen einer notariell beglaubigten Vollmacht.

(2) In der Urkunde sind anzugeben

1. die Gründer;
2. der Nennbetrag, der Ausgabebetrag und, wenn mehrere Gattungen bestehen, die Gattung der Aktien, die jeder Gründer übernimmt;
3. der eingezahlte Betrag des Grundkapitals.

(3) Die Satzung muß bestimmen

1. die Firma und den Sitz der Gesellschaft;
2. den Gegenstand des Unternehmens; namentlich ist bei Industrie- und Handelsunternehmen die Art der Erzeugnisse und Waren, die hergestellt und gehandelt werden sollen, anzugeben;
3. die Höhe des Grundkapitals;
4. die Nennbeträge der Aktien und die Zahl der Aktien jeden

Nennbetrags sowie, wenn mehrere Gattungen bestehen, die Gattung der Aktien und die Zahl der Aktien jeder Gattung;
5. ob die Aktien auf den Inhaber oder auf den Namen ausgestellt werden;
6. die Zahl der Mitglieder des Vorstands oder die Regeln, nach denen diese Zahl festgelegt wird...

**Errichtung der Gesellschaft** **§ 29 AktG**

Mit der Übernahme aller Aktien durch die Gründer ist die Gesellschaft errichtet.

**Bestellung der Organe** **§ 30 AktG**

(1) Die Gründer haben den ersten Aufsichtsrat der Gesellschaft und den Abschlußprüfer für das erste Voll- oder Rumpf-geschäftsjahr zu bestellen. Die Bestellung bedarf notarieller Beurkundung...
(4) Der Aufsichtsrat bestellt den ersten Vorstand.

**Anmeldung der Gesellschaft** **§ 36 AktG**

(1) Die Gesellschaft ist bei dem Gericht von allen Gründern und Mitgliedern des Vorstands und des Aufsichtsrats zur Eintragung in das Handelsregister anzumelden...

**Handeln im Namen der Gesellschaft vor Eintragung** **§ 41 AktG**

Vor-AG

Haftung

(1) Vor der Eintragung in das Handelsregister besteht die Aktiengesellschaft als solche nicht. Wer vor der Eintragung der Gesellschaft in ihrem Namen handelt, haftet persönlich; handeln mehrere, so haften sie als Gesamtschuldner...

Vor Eintragung der AG besteht lediglich eine sog. Vor-AG. In dieser Phase haften gemäß § 41 I AktG alle im Namen der AG Handelnden persönlich und gesamtschuldnerisch, ähnlich wie beim nichtrechtsfähigen Verein (§ 54 BGB). Daneben haften alle Gründer in Höhe der noch nicht erbrachten Einlage sowie die Vor-AG mit ihrem Gesellschaftsvermögen.

Wichtig ist: Erst mit der Eintragung in das Handelsregister ist die AG als solche entstanden. Die Eintragung ist konstitutiv, d.h. sie begründet das Bestehen der AG.

## 7.3. Die Organe der AG

Die Geschäftsführung der Aktiengesellschaft liegt allein beim Vorstand, der in eigener Verantwortung die Gesellschaft leitet. Die Hauptversammlung kann nur dann bei Geschäftsführungsfragen entscheiden, wenn der Vorstand dies selbst verlangt. Weisungen kann die Hauptversammlung dem Vorstand nicht erteilen. Dem Aufsichtsrat obliegt die Überwachung der Geschäftsführung des Vorstandes. Der Vorstand und der Aufsichtsrat unterliegen dem Willen der Hauptversammlung. Diese wählen den Aufsichtsrat, der daraufhin den Vorstand ernennt.

*Die Leitung der AG erfolgt durch ihre Organe:*

- Vorstand
- Aufsichtsrat
- Hauptversammlung

Der Vorstand leitet im Innenverhältnis und vertritt die AG im Außenverhältnis

Der Vorstand (§ 76 AktG) vertritt die AG nach außen und leitet die Geschäfte im Innenverhältnis. Seine Vertretungsmacht und Geschäftsführungsbefugnis ist grundsätzlich unbeschränkt, außer es wurde eine Zustimmung des Aufsichtsrats vereinbart. Seine Zusammensetzung richtet sich nach der Satzung. Der Vorstand kann aus einer oder mehreren Personen bestehen.

Der Aufsichtsrat ist das kontrollierende Bindeglied zwischen Vorstand und Hauptversammlung

Der Aufsichtsrat (§ 95 AktG) hat zwei Hauptaufgaben: Ihm obliegt die Bestellung und Abberufung des Vorstandes; er hat die Geschäftsführung des Vorstandes laufend zu überwachen. Daneben beruft er die Hauptversammlung ein, prüft den Jahresabschluß und den Geschäftsbericht sowie den Gewinnverteilungsvorschlag des Vorstandes. Hierüber berichtet er in der Hauptversammlung.

Die Hauptversammlung beschließt Satzungsänderungen, Kapitalgrundlage und Gewinnverwendung

Die Hauptversammlung (§ 119 AktG) ist zuständig für laufende Angelegenheiten (wie die Wahl und Abberufung der Vertreter im Aufsichtsrat, die Wahl der Abschlußprüfer, die Verwendung des Bilanzgewinns) und für die Entlastung des Vorstandes sowie des Aufsichtsrates. Außerdem entscheidet sie über alle Fragen des verfassungsmäßigen Aufbaus der AG und ihrer Kapitalgrundlage. Der Wille der Hauptversammlung wird durch einen Entschluß gebildet, der der einfachen Mehrheit der abgegebenen Stimmen bedarf. Ein Stimmrecht steht grundsätzlich jedem Aktionär zu.

## Der Vorstand

Der Vorstand vertritt die AG nach außen, § 78 AktG, und übernimmt die Geschäftsführung, §§ 76 I, 77 AktG. Er haftet gegenüber der AG bei Pflichtverletzungen aus § 93 II. Die Bestellung und die Abberufung erfolgen nach §§ 76, 84 AktG.

### Leitung

**§ 54 AktG**

(1) Der Vorstand hat unter eigener Verantwortung die Gesellschaft zu leiten.

Der Vorstand kann aus einer oder mehreren Personen, je nach Größe des Unternehmens muß er aus mehreren Personen bestehen.

### Geschäftsführung

**§ 58 AktG**

(1) Besteht der Vorstand aus mehreren Personen, so sind sämtliche Vorstandsmitglieder nur gemeinschaftlich zur Geschäftsführung befugt. Die Satzung oder die Geschäftsordnung des Vorstands kann Abweichendes bestimmen; es kann jedoch nicht bestimmt werden, daß ein oder mehrere Vorstandsmitglieder Meinungsverschiedenheiten im Vorstand gegen die Mehrheit seiner Mitglieder entscheiden...

### Vertretung

**§ 60 AktG**

(1) Der Vorstand vertritt die Gesellschaft gerichtlich und außergerichtlich.

(2) Besteht der Vorstand aus mehreren Personen, so sind, wenn die Satzung nichts anderes bestimmt, sämtliche Vorstandsmitglieder nur gemeinschaftlich zur Vertretung der Gesellschaft befugt. Ist eine Willenserklärung gegenüber der Gesellschaft abzugeben, so genügt die Abgabe gegenüber einem Vorstandsmitglied...

### Befugnisse

**§ 82 AktG**

(1) Die Vertretungsbefugnis des Vorstands kann nicht beschränkt werden...

Im Innenverhältnis können Vorstandsmitglieder verpflichtet werden, gewisse die Beschränkungen einzuhalten (§ 82 II AktG).

Der Vorstand hat die Interessen des Unternehmens wahrzunehmen

Der Vorstand hat in eigenverantwortlichem Handeln die Interessen des Unternehmens wahrzunehmen. Wird der Vorstand den an ihn gestellten Anforderungen nicht gerecht, so kann seine Bestellung widerrufen werden.

**§ 84 AktG**

### Bestellung und Abberufung des Vorstands

> (1) Vorstandsmitglieder bestellt der Aufsichtsrat auf höchstens fünf Jahre. Eine wiederholte Bestellung oder Verlängerung der Amtszeit, jeweils für höchstens fünf Jahre, ist zulässig...
>
> (3) Der Aufsichtsrat kann die Bestellung zum Vorstandsmitglied und die Ernennung zum Vorsitzenden des Vorstands widerrufen, wenn ein wichtiger Grund vorliegt. Ein solcher Grund ist namentlich grobe Pflichtverletzung, Unfähigkeit zur ordnungsmäßigen Geschäftsführung oder Vertrauensentzug durch die Hauptversammlung...

Vorstandsmitglieder haben in hohen Maße Verantwortung für ihr Handeln zu tragen. Für Schäden können sie von der AG, aber auch von Dritten regreßpflichtig gemacht werden, § 93 II, V AktG.

**§ 93 AktG**

### Sorgfaltspflicht der Vorstandsmitglieder

> (1) Die Vorstandsmitglieder haben bei ihrer Geschäftsführung die Sorgfalt eines ordentlichen und gewissenhaften Geschäftsleiters anzuwenden. Über vertrauliche Angaben und Geheimnisse der Gesellschaft, namentlich Betriebs- oder Geschäftsgeheimnisse, die ihnen durch ihre Tätigkeit im Vorstand bekanntgeworden sind, haben sie Stillschweigen zu bewahren.
>
> *Haftung*
>
> (2) Vorstandsmitglieder, die ihre Pflichten verletzen, sind der Gesellschaft zum Ersatz des daraus entstehenden Schadens als Gesamtschuldner verpflichtet. Ist streitig, ob sie die Sorgfalt eines ordentlichen und gewissenhaften Geschäftsleiters angewandt haben, so trifft sie die Beweislast...
>
> *Haftung*
>
> (5) Der Ersatzanspruch der Gesellschaft kann auch von den Gläubigern der Gesellschaft geltend gemacht werden, soweit sie von dieser keine Befriedigung erlangen können. Dies gilt jedoch in anderen Fällen als denen des Absatzes 3 nur dann, wenn die Vorstandsmitglieder die Sorgfalt eines ordentlichen und gewissenhaften Geschäftsleiters gröblich verletzt haben; Absatz 2 Satz 2 gilt sinngemäß...

## Aufsichtsrat

Zu den Aufgaben des Aufsichtsrates zählen die Bestellung und Abberufung des Vorstandes und dessen Überwachung. Er ist das Bindeglied zwischen Hauptversammlung und Vorstand.

### Zusammensetzung des Aufsichtsrats

§ 96 AktG

(1) Der Aufsichtsrat setzt sich zusammen - bei Gesellschaften, für die das Mitbestimmungsgesetz gilt, aus Aufsichtsratsmitgliedern der Aktionäre und der Arbeitnehmer...

Die Mitgliederzahl des Aufsichtsrates liegt zwischen 3 und 21. Bei Aktiengesellschaften mit mehr als 2000 Mitarbeitern besteht der Aufsichtsrat zur Hälfte aus Arbeitnehmervertretern, zur anderen Hälfte (plus 1) aus Aktionärsvertretern. Der Aufsichtsrat hat ein Gleichgewicht zu finden zwischen den Zielen des Unternehmens und den Interessen seiner Belegschaft sowie der Aktionäre.

Der Aufsichtsrat ist die »graue Emminenz« der AG

### Bestellung der Aufsichtsratsmitglieder

§ 101 AktG

(1) Die Mitglieder des Aufsichtsrats werden von der Hauptversammlung gewählt, soweit sie nicht in den Aufsichtsrat zu entsenden oder als Aufsichtsratsmitglieder der Arbeitnehmer nach dem Mitbestimmungsgesetz, dem Mitbestimmungsergänzungsgesetz oder dem Betriebsverfassungsgesetz 1952 zu wählen sind...

### Aufgaben und Rechte des Aufsichtsrats

§ 111 AktG

(1) Der Aufsichtsrat hat die Geschäftsführung zu überwachen.

(2) Der Aufsichtsrat kann die Bücher und Schriften der Gesellschaft sowie die Vermögensgegenstände, einsehen und prüfen...

(3) Der Aufsichtsrat hat eine Hauptversammlung einzuberufen, wenn das Wohl der Gesellschaft es fordert. Für den Beschluß genügt die einfache Mehrheit.

### Sorgfaltspflicht der Aufsichtsratsmitglieder

§ 116 AktG

Haftung

Für die Sorgfaltspflicht und Verantwortlichkeit der Aufsichtsratsmitglieder gilt § 93 über die Sorgfaltspflicht und Verantwortlichkeit der Vorstandsmitglieder sinngemäß.

## Hauptversammlung

Aktionäre üben ihre Rechte in der Hauptversammlung aus

Während der Aufsichtsrat den Vorstand kontrolliert, üben die Aktionäre ihre Rechte »nur« in der Hauptversammlung aus. Die Hauptversammlung wählt die Vertreter im Aufsichtsrat, § 101 I AktG und beschließt über Satzungsänderungen und Gewinnverwendung, § 174 AktG. Die »ordentlichen« Hauptversammlungen finden in einem regelmäßigen Turnus statt. Teilnahmeberechtigt sind alle Aktionäre bzw. Aktionärsvertreter (häufig Banken).

**§ 118 AktG**

### Allgemeines zur Hauptversammlung

(1) Die Aktionäre üben ihre Rechte in den Angelegenheiten der Gesellschaft in der Hauptversammlung aus, soweit das Gesetz nichts anderes bestimmt.

(2) Die Mitglieder des Vorstands und des Aufsichtsrats sollen an der Hauptversammlung teilnehmen.

**§ 119 AktG**

### Rechte der Hauptversammlung

(1) Die Hauptversammlung beschließt in den im Gesetz und in der Satzung ausdrücklich bestimmten Fällen, namentlich über

1. die Bestellung der Mitglieder des Aufsichtsrats...;
2. die Verwendung des Bilanzgewinns;
3. die Entlastung der Mitglieder des Vorstands und des Aufsichtsrats;
4. die Bestellung des Abschlußprüfers;
5. Satzungsänderungen;
6. Maßnahmen der Kapitalbeschaffung und der Kaptialherabsetzung;
7. die Bestellung von Prüfern zur Prüfung von Vorgängen bei der Gründung oder der Geschäftsführung;
8. die Auflösung der Gesellschaft; ...

Die Beschlüsse der Hauptversamlung erfolgen in der Regel mit einfacher Mehrheit, die sich nach Kapitalanteilen richtet, § 133 I AktG. Ausnahmen sind z.B. Satzungsänderungen, die einer Dreiviertelmehrheit bedürfen, § 179 II AktG. Die Feststellung des Jahresabschlusses erfolgt durch Vorstand und Aufsichtsrat und ist in dem Bericht an die Hauptversammlung aufzunehmen.

## 7.4. Beendigung der AG

Die Beendigung einer Aktiengesellschaft erfolgt durch Auflösung und Liquidation der Gesellschaft, die durch die Vorstandsmitglieder oder bestellte »Abwickler« vorgenommen wird.

### Auflösung

**§ 262 AktG**

> (1) Die Aktiengesellschaft wird aufgelöst:
>
> 1. durch Ablauf der in der Satzung bestimmten Zeit;
> 2. durch Beschluß der Hauptversammlung...;
> 3. durch Eröffnung des Konkursverfahrens über das Vermögen der Gesellschaft;
> 4. mit der Rechtskraft des Beschlusses, durch den die Eröffnung des Konkursverfahrens mangels einer den Kosten des Verfahrens entsprechenden Konkursmasse abgelehnt wird;
> 5. mit der Rechtskraft einer Verfügung des Registergerichts, durch welche... ein Mangel der Satzung festgestellt worden ist...

Die Auflösung der AG ist zur Eintragung ins Handelsregister anzumelden, § 263 AktG. Auch die Nichtigkeit der Gesellschaft auf Grund rechtskräftigen Urteils oder Entscheidung des Registergerichts, §§ 275 ff führt zur Abwicklung.

### Abwicklung

**§ 264 AktG**

> (1) Nach der Auflösung der Gesellschaft findet die Abwicklung statt, wenn nicht über das Vermögen der Gesellschaft das Konkursverfahren eröffnet worden ist...

Die Abwickler haben die Gläubiger der Gesellschaft von der Auflösung in Kenntnis zu setzen und sie aufzufordern, ihre Ansprüche anzumelden, § 267 AktG. Die Abwickler haben die laufenden Geschäfte zu beenden, offene Forderungen einzuziehen, das übrige Vermögen in Geld umzusetzen und die Gläubiger zu befriedigen, § 268 I AktG.

Das übrige Vermögen darf an die Aktionäre, zum Schutz der Gläubiger, § 272 AktG, erst nach einem »Sperrjahr« ausgeschüttet werden. Mit Abschluß der Abwicklung ist die Gesellschaft im Handelregister zu löschen, § 273 AktG.

# 8. Die Genossenschaft

So altmodisch der Begriff Genossenschaft klingt, so alt ist diese Rechtsform auch. Genossenschaften entwickelten sich in der Mitte des vorigen Jahrhunderts infolge der wirtschaftlichen Bedrängnisse, in denen sich viele kleine, in der Regel bäuerliche Betriebe befanden. Nur durch Zusammenschluß und gegenseitige Kooperation hatten sie die Möglichkeit, mit Großgrundbesitzern konkurrieren zu können. Auch heute noch schließen sich Betriebe gleicher Branche zu einer Genossenschaft zusammen, wenngleich mit veränderten Motiven.

Die Genossenschaft ist auf das Wohl ihrer Mitglieder gerichtet

Die Genossenschaft ist eine Körperschaft nach Art des Vereins. Ihre Rechtsfähigkeit erhält sie durch Eintragung ins Genossenschaftsregister. Die Genossenschaft ist nicht auf eigene Gewinnerzielung, sondern primär auf das Wohl ihrer Genossen gerichtet. Sie dient damit einem übergeordneten Zweck (genossenschaftlicher Grundauftrag).

*Typische Genossenschaften sind:*

- Kreditgenossenschaften
- Winzergenossenschaften
- Einkaufsgenossenschaften
- Wohnungsbaugenossenschaften

AUF DAS WOHL DER GENOSSEN

Eine Genossenschaft bezweckt die Förderung ihrer Mitglieder durch den gemeinschaftlichen Geschäftsbetrieb wie aus § 1 GenG hervorgeht. Die Haftung der Genossen ist ähnlich wie bei den Kapitalgesellschaften auf die Höhe ihrer Einlagen beschränkt. Für die Verbindlichkeiten der Genossenschaft haftet den Gläubigern nur das Vermögen der Genossenschaft § 2 GenG.

Die Entstehung einer eingetragenen Genossenschaft erfolgt nach den Prinzipien des eingetragenen Vereins in mehreren Stufen: Einigung von sieben Gründungsmitgliedern, § 4 GenG auf ein schriftliches Statut (Satzung), § 5 GenG. Darauf folgt die Bestellung der Organe (Vorstand, Aufsichtsrat, Generalversammlung). Schließlich müssen noch eine Reihe weiterer Kriterien (dazu gehört auch die Mitgliedschaft im Genossenschaftsverband) erfüllt werden, die für die Eintragung ins Genossenschaftsregister erforderlich sind. Mit der Eintragung ist die Genossenschaft (e.G.) schließlich entstanden, § 13 GenG.

**Entstehung der Genossenschaft mit Eintragung**

**§ 13 GenG**

Vor der Eintragung in das Genossenschaftsregister ihres Sitzes hat die Genossenschaft die Rechte einer eingetragenen Genossenschaft nicht.

**Eingetragene Genossenschaft; juristische Person**

**§ 17 GenG**

*Rechtsfähig*

(1) Die eingetragene Genossenschaft als solche hat selbständig ihre Rechte und Pflichten; sie kann Eigentum und andere dingliche Rechte an Grundstücken erwerben, vor Gericht klagen und verklagt werden.

*Kaufmann*

(2) Genossenschaften gelten als Kaufleute i.S.d. Handelsgesetzbuchs, soweit dieses Gesetz keine abweichenden Vorschriften enthält.

Die Genossenschaft ist keine Handelsgesellschaft

Die Rechtsfähigkeit der Genossenschaft erklärt § 17 I GenG. Kraft ihrer Rechtsform gilt sie als Kaufmann gemäß § 17 II GenG, wenngleich sie keine Handelsgesellschaft im Sinne des § 6 I HGB ist. Sie ist Formkaufmann nach § 6 II HGB. Genossenschaften sind häufig durch intensives persönliches Engagement ihrer Mitglieder gekennzeichnet. All deren unterschiedlichen Interessen unter dem Dach Genossenschaft zu vereinen, erweist sich in der Praxis oft schwieriger, als »einen Sack Flöhe zu hüten«.

## 9. Wiederholungsfragen

- ○ 1. Was versteht man unter einer OHG? Was ist mit »Teilrechtsfähigkeit« gemeint? Lösung S. 150, 158
- ○ 2. Wie entsteht eine OHG? Auf welche Weise tritt sie zum ersten mal nach außen in Erscheinung? Lösung S. 152, 158
- ○ 3. Wie sind die Befugnisse der Geschäftsführung und die Vertretungsmacht in einer OHG generell geregelt? Lösung S. 156, 159
- ○ 4. Aufgrund welcher Normen haften (aktive, ausgetretene, eingetretene) Gesellschafter für Verbindlichkeiten der OHG persönlich? Lösung S. 161
- ○ 5. Welche Regelungen sind beim Tode eines OHG-Gesellschafters möglich? Lösung S. 164
- ○ 6. Was unterscheidet die KG von der OHG? Lösung S. 166, 168
- ○ 7. In welcher Höhe haftet der Kommanditist für Verbindlichkeiten der KG? Welche Besonderheit ergibt sich, wenn die Haftungsbeschränkung (noch) nicht ins Handelsregister eingetragen ist? Lösung S. 171
- ○ 8. Worin unterscheidet sich eine stille Gesellschaft zum einen von einer KG und zum anderen von einem Darlehen? Lösung S. 174
- ○ 9. Was versteht man unter einer Publikumsgesellschaft? Was bedeutet in diesem Zusammenhang: Prospekthaftung? Lösung S. 186
- ○ 10. Welcher Gedanke steckt hinter der Konstruktion einer GmbH & Co KG? Lösung S. 177
- ○ 11. Was ist eine GmbH? Was besagt die zentrale Norm: § 13 GmbH? Lösung S. 178, 183
- ○ 12. Wie ist der Rechtszustand einer GmbH vor ihrer Eintragung ins Handelsregister? Lösung S. 182
- ○ 13. Wie ist eine AG definiert? Auf welchem Wege entsteht sie? Lösung S. 190, 192
- ○ 14. Welche Aufgaben haben die Organe einer AG? Lösung S. 194
- ○ 15. Was kennzeichnet eine Genossenschaft und wodurch unterscheidet sie sich damit von allen anderen o.g. Gesellschaften? Lösung S. 200

# Klausurfälle

# 1. Fall zum Handelsrecht

## Sachverhalt

*Zuleger (Z), Inhaber eines Zulieferbetriebes mit monatlichen Umsätzen in Millionenhöhe, hat sich auf die Fertigung von Blechteilen für die Fahrzeugindustrie spezialisiert. Die Automobilunternehmer setzen seit Jahren zunehmend auf die »just in time«-Zulieferung von Halbfabrikaten und Komponenten.*

*Mit dem Geschäftsführer (G) der Automobil-GmbH (A-GmbH) hat Z die Lieferung von jährlich 120.000 Frontblechen für den Fahrzeugtyp »Quatro« vereinbart. Die Lieferung soll frei Haus, jeweils zum 15. eines jeden Monats zu erfolgen, in einer monatlichen Stückzahl von 10.000 Stück.*

*Diese Vereinbarung, die auch Regelungen hinsichtlich des Kaufpreises enthält, wurde bei einer Geschäftsbesprechung zwischen Z und G getroffen, ohne sie jedoch im einzelnen schriftlich zu fixieren. Um letzteres nachzuholen, wurde dem Z eine von G verfaßte schriftliche Bestätigung dieser Vereinbarung zugesandt. Darin heißt es unter anderem, daß die allgemeinen Geschäftsbedingungen der A-GmbH, die dem Bestätigungsschreiben beigefügt wurden, Vertragsgegenstand sind. Das Schreiben landet bei Z versehentlich ungelesen im Hängeordner.*

*Die allgemeinen Geschäftsbedingungen der A-GmbH enthalten einen Passus, nach dem für den Fall nicht termingerechter Lieferung eine Vertragsstrafe zu zahlen ist. Die Vertragsstrafe wurde im vorliegenden Fall auf DM 50.000,- festgesetzt.*

*Der gewöhnliche Ablauf der Vertragsabwicklung ist nun folgender: Z läßt die Frontbleche im eigenen Betrieb anfertigen und anschließend zur Lackiererei des Lackmeier (L) bringen.*

*L ist im Handelsregister und in der Handwerksrolle eingetragen und führt eine gutgehende Lackierwerkstatt mit 20 Facharbeitern. Von dort läßt Z die lackierten Bleche direkt dem Automobilhersteller anliefern. Lange Zeit lief alles planmäßig, doch plötzlich geht einiges daneben:*

*Als Z am 13.6.1994 die lackierten Bleche bei L abholen lassen will, um diese rechtzeitig zum 15.6.1994 bei der A-GmbH anzuliefern, verweigert L die Herausgabe, weil alte, längst fällige*

*Forderungen gegen Z noch nicht beglichen sind. L glaubt, durch das Zurückbehalten der lackierten Bleche Z dazu motivieren zu können, seinen alten Zahlungsverpflichtungen nachzukommen. Am 14.6. fordert Z die sofortige Herausgabe der fertig bearbeiten Frontbleche, andernfalls werde L auf Schadensersatz verklagt.*

*Da L auf diese Androhung nicht reagiert, werden in »einem Schnellschuß« die Frontbleche erneut angefertigt und auch im Zulieferbetrieb lackiert. Trotz aller Anstrengungen kann der Termin 15.6 nicht eingehalten werden; erst am 16.6 werden die Bleche bei der A-GmbH angeliefert.*

*Zwar wurden die Bleche erst für den 30.6 in der Montage eingeplant, dennoch verlangt G sofort bei Empfangnahme der Bleche die Zahlung der Vertragsstrafe in Höhe von DM 50.000,- wegen Nichteinhaltung des Termins.*

*Z antwortet umgehend, daß er für die Zahlung der Vertragsstrafe keinen Grund sehe, schon gar nicht in dieser Höhe. Zum einen sei von einer Vertragsstrafe bei der ursprünglichen Vereinbarung keine Rede gewesen. Zum anderen habe die A-GmbH die fragliche Lieferung schließlich erhalten und könne daneben nicht auch noch die Vertragsstrafe verlangen. Schließlich sei das Verlangen der Vertragsstrafe ungerecht, da die um einen Tag verspätete Lieferung zu keinerlei Produktionsbeeinträchtigungen geführt habe.*

*1. Frage: Trifft auf die Beteiligten Z und L sowie die A-GmbH die Kaufmannseigenschaft zu?*

*2. Frage: Hatte Z gegen L einen Anspruch auf Herausgabe der Bleche? Könnten sich daraus Schadensersatzansprüche ergeben?*

*3. Frage: Kann die A-GmbH von Z die Zahlung der Vertragsstrafe in voller Höhe wegen verspäteter Lieferung verlangen?*

## Lösungsvorschlag

### *1. Frage: Die Kaufmannseigenschaft der Beteiligten*

*I. Die Kaufmannseigenschaft des Z:*

*Z könnte Kaufmann gem. § 1 II HGB sein, wenn ein sog. Grundhandelsgewerbe betrieben wird. In Betracht kommt § 1 II Nr.1 HGB, da Z Umsatzgeschäfte mit beweglichen Sachen tätigt. Als*

*Rechtsgeschäfte tätigt Z überwiegend Werklieferungsverträge, da Z das Rohmaterial selbst käuflich erwirbt, nach Vorgaben seiner Abnehmer weiterverarbeitet und an Unternehmen der Automobilbranche weiterveräußert. Die Kaufmannseigenschaft ist daher nach § 1 II Nr.1 HGB gegeben.*

*Z ist gem. § 1 HGB sog. »Mußkaufmann«, auf den grundsätzlich alle Vorschriften des Handelsrechts anzuwenden sind. Einschränkungen könnten jedoch bestehen, falls Z Minderkaufmann gem. § 4 HGB ist. Minderkaufleute sind Kleingewerbetreibende, deren Gewerbebetrieb, nach Art oder Umfang, einen in kaufmännischer Weise eingerichteten Geschäftsbetrieb nicht erfordert. Da Z mehrere große Automobilunternehmen mit aller Art von Blechen beliefert und damit Umsätze in Millionenhöhe erzielt, ist davon auszugehen, daß sein Gewerbebetrieb einen in kaufmännischer Weise eingerichteten (iSv. organisierten) Geschäftsbetrieb erfordert. Z ist damit Vollkaufmann, gleichgültig ob er im Handelsregister eingetragen ist, wozu er nach § 29 HGB verpflichtet wäre.*

*II. Die Kaufmannseigenschaft des L:*

*L könnte ein Grundhandelsgewerbe gem. § 1 II Nr.1 HGB betreiben. weil er Lacke anschafft und diese mit dem Werk weiterveräußert. Nebensachen wie Hilfs- und Arbeitsmittel, die bei der Bearbeitung der Hauptsache benötigt werden, begründen jedoch nicht die Kaufmannseigenschaft nach § 1 II Nr.1 HGB.*

*L könnte jedoch Kaufmann nach § 1 II Nr.2 HGB sein, weil er die Übernahme der Bearbeitung von Waren für andere vornimmt. Die Lackierarbeiten führt L für andere, aufgrund abgeschlossener Werkverträge, aus. Als negatives Tatbestandsmerkmal verlangt § 1 II Nr.2 HGB jedoch, daß die Bearbeitung nicht handwerksmäßig betrieben wird. Als klares Indiz für das Lohnhandwerk spricht die Eintragung in die Handwerksrolle. L ist damit Lohnhandwerker und fällt daher nicht unter § 1 II Nr.2 HGB.*

*L ist also kein »Mußkaufmann« iSd. § 1 HGB, er könnte ein »Sollkaufmann« nach § 2 HGB sein. Wer ein sonstiges gewerbliches Unternehmen betreibt, das nach Art und Umfang einen in kaufmännischer Weise eingerichteten Geschäftsbetrieb erfordert, ist gem. § 2 HGB zur Eintragung ins Handelsregister berechtigt und verpflichtet. Die Tatsache, daß L einen gutgehenden Betrieb mit 20 Mitarbeitern führt, spricht dafür, daß der Gewerbebetrieb seiner Lackiererei einen, in kaufmännischer Weise eingerichteten,*

*Geschäftsbetrieb erfordert. Die Eintragung seiner Firma ist schließlich für das Entstehen der Kaufmannseigenschaft konstitutiv (rechtsbegründend).*

*Als eingetragener »Sollkaufmann« gem. § 2 HGB ist L ein Vollkaufmann, auf den das HGB in vollem Umfang Anwendung findet. Auf § 4 HGB kann es schon vom Tatbestand her im Falle des § 2 HGB nicht ankommen. Der in § 4 HGB fehlende kaufmännische Geschäftsbetrieb ist für § 2 HGB gerade notwendige Voraussetzung. Minderkaufleute können also nur solche sein, die unter § 1 HGB fallen.*

*Die Frage nach der Kaufmannseigenschaft des L könnte zwar ebenso aus § 5 HGB abgeleitet werden; danach gilt jeder, der im Handelsregister eingetragen ist als Kaufmann »kraft Eintragung«, ohne daß es einer näheren Prüfung seiner gewerblichen Tätigkeit bedarf. Zweck des § 5 HGB ist jedoch weniger die Begründung der Kaufmannseigenschaft, als vielmehr die Schaffung von Rechtsklarheit und somit der Schutz des allgemeinen Geschäftsverkehrs. Er ist insofern eine »Auffangnorm«.*

*III. Die Kaufmannseigenschaft der A-GmbH.*

*Die A-GmbH gilt gem. § 13 III GmbHG als Handelsgesellschaft, der wiederum die Kaufmannseigenschaft nach § 6 I HGB zugeschrieben wird. Nach § 6 II HGB ist die A-GmbH kraft ihrer Rechtsform Vollkaufmann (»Formkaufmann«), ohne daß es auf § 4 HGB ankäme.*

### *2. Frage: Zurückbehaltungsrecht des L*

*Z könnte gegen L einen Anspruch auf Herausgabe der Bleche aus § 985 BGB haben. Der Anspruch auf Herausgabe setzt voraus, daß Z Eigentümer und L Besitzer der Bleche ist, ohne zum Besitz berechtigt zu sein (§ 986 I 1 BGB).*

*I. Z ist Eigentümer der Bleche; er hat das Eigentum auch nicht durch die Verarbeitung verloren (vgl. § 950 BGB). L ist Besitzer der Bleche, weil er die tatsächliche Herrschaft über sie ausübt.*

*II. Fraglich ist jedoch, ob L ein Recht zum Besitz iSd. § 986 BGB hat. Ein solches Recht könnte sich aus einem Werkunternehmerpfandrecht gem. § 647 BGB ergeben.*

*Zwischen L und Z liegt ein Werkvertrag nach § 633 BGB vor, wonach L zur Lackierung der Bleche und Z zur Entrichtung der vereinbarten Vergütung verpflichtet ist. Auf ein Recht zum Besitz aus § 647 BGB kann sich L nur berufen, wenn es um die Zahlung der Lackierung der bei ihm befindliche Bleche geht, nicht aber um die noch offen stehende Rechnung. Sofern Z die Lackierung dieser Bleche bezahlt, scheidet ein Pfandrecht gem. § 647 BGB als Recht zum Besitz i.S.d. § 986 BGB aus. Auch sonst ist kein Recht zum Besitz gem. § 986 BGB gegeben.*

*III. Dem Anspruch auf Herausgabe aus § 985 BGB könnte jedoch ein Zurückbehaltungsrecht des L entgegenstehen.*

*Zurückbehaltungsrechte sind kein Recht zum Besitz i.S.d. § 986 BGB, sondern eigenständige Gegenrechte. Dem Geldgläubiger kommt es nicht auf den Besitz als solchen, sondern auf die Befriedigung seiner Forderung an. Im Falle einer Herausgabeklage hat also eine Verurteilung Zug-um-Zug zu erfolgen, während ein Besitzrecht i.S.d. § 985 BGB zur Klageabweisung führen würde.*

*1. Ein Zurückbehaltungsrecht aus § 273 II BGB (Einwendung des Gläubigers wegen fälligen Anspruchs aus dem selben Schuldverhältnis) besteht nicht, weil die alten Forderungen des L aus einem anderen Schuldverhältnis als der Herausgabeanspruch stammen.*

*2. Auch ein Zurückbehaltungsrecht aus § 1000 BGB (Einwendungen des Besitzers wegen Verwendungsersatz an der Sache) scheitert an der fehlenden Konnexität. Die noch nicht bezahlten Arbeiten wurden nicht an den herauszugebenden Sachen vorgenommen.*

*3. Möglicherweise könnte jedoch dem L ein kaufmännisches Zurückbehaltungsrecht nach § 369 ff HGB zustehen, das keine Konnexität aus Forderung und Herausgabeanspruch verlangt. Die besonderen Voraussetzungen des kaufmännischen Zurückbehaltungsrechtes sind:*

*a) Dem Gläubiger (Zurückbehaltungsberechtigten) muß gegen den Schuldner eine fällige Forderung aus einem beiderseitigen Handelsgeschäft zustehen. Konnexität zwischen Forderung und Herausgabeanspruch ist nicht erforderlich. Der zwischen den Kaufleuten Z und L geschlossene Werkvertrag ist ein Geschäft, das für beide Seiten zum Betrieb ihrer Handelsgewerbe gehört (§ 343 HGB).*

*b) Es muß sich um eine Geldforderung handeln. Der Gläubiger soll sich wegen seiner Forderung aus dem Verkaufserlös befriedigen können; so der Zweck des § 371 HGB.*

*c) Gegenstände des Zurückbehaltungsrechtes müssen selbstständig verwertbare bewegliche Sachen sein. Fraglich ist zwar, ob L die Bleche angemessen verwerten kann, weil als Käufer lediglich die A-GmbH in Frage kommt. Wirtschaftliche Betrachtungsweisen spielen jedoch keine Rolle.*

*d) Die Gegenstände sind zum Zeitpunkt des Entstehens des Zurückbehaltungsrechtes Eigentum des Schuldners.*

*e) Die Gegenstände müssen mit Willen des Schuldners aufgrund eines Handelsgeschäftes, in den Besitz des Gläubigers gelangt sein.*

*f) Das kaufmännische Zurückbehaltungsrecht darf nicht durch entgegenstehende Weisungen oder rechtsgeschäftliche Verpflichtungen gem. § 369 III HGB ausgeschlossen sein. Auch wenn L davon weiß, daß die lackierten Bleche an die A-GmbH weitergeliefert werden sollen, enthält der Sachverhalt keine Hinweise, daß dies als Weisung oder Abrede zwischen Z und L dem kaufmännischen Zurückbehaltungsrecht entgegensteht.*

*4. Ein kaufmännisches Zurückbehaltungsrecht nach § 369 HGB steht L danach zu. Die Herausgabe der Bleche gem. § 985 BGB kann L solange verweigern, bis Z die fälligen Forderungen begleicht. Die Ausübung des Zurückbehaltungsrechtes könnte Z jedoch auch durch Sicherheitsleistungen gem. § 369 IV HGB iVm. §§ 232 ff BGB abwenden.*

*Ergebnis: Dem Anspruch des Z auf Herausgabe steht ein Zurückbehaltungsrecht des L (§ 369 HGB) entgegen. Etwaige Ansprüche auf Schadensersatz des Z gegen L scheiden aus.*

### *3. Frage: Zahlung der Vertragsstrafe gegen Z*

*Die A-GmbH könnte gegen Z einen Anspruch auf Zahlung der Vertragsstrafe iSd. § 339 BGB haben.*

*I. Dazu müßte eine solche Vertragsstrafe vereinbart worden sein. Durch die (mündliche) Abrede während der Geschäftsbesprechung ist zwischen der A-GmbH ein Vertrag über die Lieferung von Frontblechen für den Fahrzeugtyp »Quatro« zustande gekommen (Werklieferungsvertrag gem. § 651 I BGB). Die A-GmbH wurde dabei durch ihren Geschäftsführer G nach § 35 I GmbHG wirksam vertreten. Die Vereinbarung enthielt aber noch kein Vertragsstrafenversprechen. Dieses könnte nur durch das unbeanstandete Bestätigungsschreiben der A-GmbH Vertragsgegenstand gewor-*

*den sein, und zwar über die Grundsätze des kaufmännischen Bestätigungsschreibens.*

*1. Ein solches Bestätigungsschreiben ist zunächst von einer Auftragsbestätigung abzugrenzen. Während im ersteren Fall ein Vertrag bereits weitgehend geschlossen wurde, stellt die Auftragsbestätigung eine Vertragsannahme iSd. § 147 BGB dar. Durch sie kommt der Vertrag erst zustande.*

*Hier lag nicht etwa nur ein Angebot des Z an die A-GmbH vor, welches diese schriftlich annahm. Der Vertrag war bereits während der Geschäftsbesprechung zustandegekommen und wurde durch das Schreiben lediglich fixiert und präzisiert.*

*2. Weitere Voraussetzung ist, daß die Parteien (insbesondere der Empfänger) Kaufleute sind oder wie solche am Wirtschaftsleben teilnehmen. Diese persönlichen Voraussetzungen sind auf beiden Seiten erfüllt.*

*3. Das Schreiben folgte auch unmittelbar nach den Vertragsverhandlungen und bestätigte den Vertrag in seinen wesentlichen Punkten.*

*4. Der Geschäftsführer G (in Vertretung der A-GmbH) war bei der Abfassung des Schreibens nicht unredlich. Er war in dem Glauben, daß die Bestätigung die wesentlichen Punkte des Vertrages korrekt wiedergibt. Soweit er auf die allgemeinen Geschäftsbedingungen der A-GmbH Bezug genommen hat, konnte er durchaus mit dem Einverständnis des Z rechnen. Dieses war zumindest nicht von vornherein ausgeschlossen.*

*5. Z hat auf das Bestätigungsschreiben geschwiegen. Er hat ihm weder unverzüglich noch überhaupt widersprochen, obwohl es ihm zugegangen ist und er insoweit von dessen Inhalt zumindest Kenntnis hätte haben können oder müssen.*

*6. Als Rechtsfolge, die sich auf der Grundlage des Handelsbrauchs (§ 346 HGB) als Gewohnheitsrecht entwickelt hat, kommt der Vertrag mit dem Inhalt des unwidersprochenen Bestätigungsschreibens zustande.*

*Damit ist auch die Vertragsstrafenabrede zum Vertragsinhalt geworden. Zweck der Vertragsstrafe ist es dabei, den Schuldner von Vertragsverletzungen abzuschrecken; erst an zweiter Stelle steht die Möglichkeit des Gläubigers, sich im Falle der Vertragsverletzung schadlos halten zu können.*

*Daß die Vertragsstrafenklausel Inhalt der allgenmeinen Geschäftsbedingungen war, ist auch im Hinblick auf § 11 Nr. 6 AGBG unschädlich. § 11 AGBG findet nämlich gem. § 24 S.1 Nr.1 AGBG gegenüber Kaufleuten keine Anwendung, sofern es sich um ein Handelsgeschäft handelt. Für einen Verstoß gegen § 9 AGBG ist nichts ersichtlich, auch bezüglich der Höhe. Die hohe Vertragsstrafe von DM 50.000,- relativiert sich, wenn man sie mit dem Umfang der jeweiligen Lieferung in Verhältnis setzt.*

*II. Z könnte die Vertragsstrafe verwirkt haben, weil er die versprochenen Bleche nicht pünktlich am 15.5.94 geliefert hat. Verwirkt ist eine Vertragsstrafe dann, wenn der Schuldner - hier Z - mit seiner Lieferung in Verzug ist.*

*Da Z zu der kalendermäßig bestimmten Zeit nicht geleistet hat, ist er gem. § 284 II 1 BGB in Verzug geraten. Auch das nach § 285 BGB erforderliche Verschulden liegt vor. Ein Verschulden ist gegeben, da Z nichts unternommen hat, die von L zurückbehaltenen Bleche herauszufordern. Das Zurückbehaltungsrecht des L hätte Z durch Zahlung der fälligen Forderungen oder durch Sicherheitsleistungen abwenden können. Stattdessen fertigte er die Bleche von neuem, mit der Folge, daß diese einen Tag verspätet bei der A-GmbH eintrafen.*

*Nach § 341 I BGB konnte die A-GmbH die verwirkte Vertragsstrafe auch neben der Erfüllung verlangen. Das Recht dazu hat sich der Geschäftsführer der A-GmbH gem. § 341 III BGB bei Annahme der Leistung vorbehalten.*

*Die Forderung der Vertragsstrafe könnte jedoch wegen der Geringfügigkeit der Vertragsverletzung oder seiner Folgen gegen Treu und Glauben (§ 242 BGB) verstoßen. Da die um einen Tag verspätete Lieferung in keiner Weise den Produktionsprozeß der A-GmbH beeinträchtigt hat, wäre es grob unbillig, Z für die Zahlung der Vertragsstrafe in Anspruch zu nehmen. Keinesfalls darf der Zweck der Vertragsstrafe ein Selbstzweck sein. Ein Anspruch auf Zahlung der DM 50.000.- ist somit nicht gegeben.*

*III. Besondere Regelungen für Vollkaufleute, die gem. § 348 HGB für Vertragstrafen nach oben keine Grenzen kennen, kommen wegen Fehlens der »Eingangsvoraussetzungen« der § 339 ff BGB nicht in Betracht.*

# 2. Fall zum Gesellschaftsrecht

## Sachverhalt

*Anton Abel (A) betreibt in der Münchner Innenstadt ein kleines Geschäft, in dem er vor allem Computer, aber auch Software und Zubehör verkauft. Da in letzter Zeit aufgrund der starken Konkurrenzsituation der Umsatz stagnierte und der Gewinn langsam, aber stetig zurückging, überlegte sich A, das Geschäft aufzugeben. Als er bei seiner wöchentlichen Skatrunde seinen Skatbrüdern Bernd Bachmaier (B) und Christoph Conradi (C) von seiner Misere erzählt, hatte C, der sich stets als Fachmann in wirtschaftlichen und rechtlichen Fragen ausgab, eine glänzende Idee. Er meinte, daß der Laden doch nur eine kräftige Finanzspritze brauche, um nach entsprechender Modernisierung und Vergrößerung gegen die Konkurrenz ohne weiteres bestehen zu können. Er für seinen Teil würde dafür gerne in das Geschäft des A einsteigen. Auch der finanziell recht gut gestellte B war von der Idee einer Beteiligung sehr angetan.*

*Eine Woche später, am 15.3.1994, trafen sich die Skatbrüder erneut und schlossen einen Vertrag dahingehend ab, daß B und C in das Geschäft des A eintreten und fortan den Computerhandel unter der Bezeichnung »Computer-Discount Bachmaier & Co.« (B & Co.) betreiben. Für die nötigen Investitionen wollten B und C jeweils ein »Startkapital« in Höhe von 25.000,- DM beisteuern. A, der an sich von der ganzen Sache genug hatte, sollte das bisherige Geschäft einschließlich der Räumlichkeiten in das gemeinsame Unternehmen einbringen (Wert 50.000,- DM), im übrigen aber von jeglicher Haftung aus dem Geschäftsbetrieb befreit sein. A, B und C waren sich darüber einig, daß der bisherige Geschäftsbetrieb ohne Unterbrechung fortgeführt werden solle. Die Gesellschaft wurde zur Eintragung in das Handelsregister angemeldet und am 5.4.1994 eingetragen.*

*Da sich A am besten mit den laufenden Geschäftsverbindungen auskannte, wurde ihm am 25.4.1994 Prokura erteilt. Erst nachdem sich der geschäftstüchtige B in die Geschäfte genügend eingearbeitet hatte, wurde A am 1.7.1990 als Prokurist wieder abbestellt. Hinsichtlich der Prokura wurde weder die Erteilung, noch das Erlöschen in das Handelsregister eingetragen.*

*Inzwischen hatte C, der Initiator der ganzen Angelegenheit, an dem Computerhandel kein Interesse mehr. Er schied durch Vertrag vom 27.5.1994 wieder aus der Gesellschaft aus, was am 10.6.1994 in das Handelsregister eingetragen wurde. Die Gesellschaft wurde von A und B fortgeführt.*

*Im Oktober 1994 wurde ein Kredit in Höhe von 30.000,- DM fällig, den die Kreditbank-AG (K-AG) der neu gegründeten Gesellschaft am 2.3.1994 gewährt hatte. Gleichzeitig meldete sich der Lieferant Ludwig Lehrreich (L), der noch einige Rechnungen aus Warenlieferungen offen stehen hatte. Zum einen geht es um die Kaufpreiszahlung aus einer Lieferung vom 17.2.1994 an A in Höhe von 5.000,- DM. Außerdem hat L auf eine Bestellung des A vom 6.6.1994 hin drei Computer zum Preis von insgesamt 9.000,- DM geliefert, die noch nicht bezahlt sind. Schließlich besteht L auf der Erfüllung eines Kaufvertrages vom 4.7.1994 über Computer im Wert von 15.000,- DM, der auf eine (sofort angenommene) Bestellung des A im Namen der Gesellschaft vom gleichen Tage zurückgeht. B hat eine Erfüllung des letztgenannten Vertrages stets verweigert.*

*Die K-AG und L fragen sich nun, ob und gegen wen der Beteiligten sie welche Ansprüche geltend machen können. Da es sowohl bei A als auch bei der Gesellschaft mit den Finanzen nicht zum besten gestellt ist, wollen sie im Zweifel alle möglichen Schuldner in Anspruch nehmen.*

*1. Frage: Gegen wen kann die K-AG einen Kreditrückzahlungsanspruch geltend machen?*

*2. Frage: Gegen wen kann L welche Kaufpreiszahlungsansprüche geltend machen?*

## Lösungsvorschlag

*Bei einem komplexen Sachverhalt wie dem vorliegenden, empfiehlt es sich, eine Zeittafel anzulegen, die die wichtigsten Tatsachen und Ereignisse wiedergibt. Dabei ist noch keine juristische Würdigung im einzelnen vorzunehmen, sondern nur der tatsächliche Geschehensablauf grob zu skizzieren. Lediglich in eindeutigen Fällen, kann das jeweilige Ereignis bereits beim korrekten juristischen Namen benannt werden.*

***Zeittafel***

| | |
|---|---|
| *Ausgangsp.* | *A betreibt Computerhandel* |
| *17.2.1994* | *Kaufvertrag A mit L (5.000,-)* |
| *15.3.1994* | *Gesellschaftsvertrag zwischen A, B und C* |
| *20.3.1994* | *Gewährung eines Kredits durch K-AG (30.000,-)* |
| *5.4.1994* | *Eintragung der Gesellschaft ins Handelsregister* |
| *25.4.1994* | *Prokuraerteilung an A* |
| *27.5.1994* | *Austritt des C als Gesellschafter* |
| *6.6.1994* | *Bestellung von A bei L (9.000,-)* |
| *10.6.1994* | *Eintragung u. Bekanntmachung des Austritts des C* |
| *1.7.1994* | *Entzug der Prokuristenstelllung des A* |
| *4.7.1994* | *Bestellung von A bei L (15.000,-)* |
| *Okto. 1994* | *Fälligkeit des Darlehens der K-AG* |

***1. Frage: Ansprüche der K-AG***

*I. Anspruch gegen die B & Co.-Gesellschaft aus § 607 I BGB*

*Die K-AG könnte gegen die B & Co.-Gesellschaft einen Anspruch aus § 607 I BGB auf Rückzahlung des am 20.3.1994 gewährten Darlehens in Höhe von 30.000,- DM haben.*

*Ein Darlehensvertrag gem. § 607 I BGB kann aber nur dann zustande gekommen sein, wenn beide Seiten zum Zeitpunkt des Vertragsschlusses rechtsfähig waren. Die Rechtsfähigkeit natürlicher Personen bestimmt sich nach § 1 BGB. Vorliegend handelten jedoch keine natürlichen Personen, sondern Gesellschaften im weitesten Sinne. Die K-AG ist dabei gem. § 1 I 1 AktG eine Gesellschaft mit eigener Rechtspersönlichkeit, also eine juristische Person, und somit selbst rechtsfähig.*

*Problematischer ist dies bei der am 15.3.1994 durch Vertrag konstituierten B & Co.-Gesellschaft. Der von A, B und C geschlossene Vertrag ist ein sogenannter Gesellschaftsvertrag. Der rechtliche Charakter der Gesellschaft hängt von dem Inhalt des Gesellschaftsvertrages ab. Eine OHG läge dann vor, wenn der Zweck der Gesellschaft auf den Betrieb eines Handelsgewerbes unter gemeinsamer Firma gerichtet und bei keinem der Gesellschafter die Haftung gegenüber den Gesellschaftsgläubigern beschränkt wäre (§ 105 I HGB).*

*Der Zweck der Gesellschaft ist auf den Handel mit Computerartikel ausgerichtet, mithin auf ein Grundhandelsgewerbe im Sinne des § 1 II Nr.1 HGB. Die Gesellschaft soll unter der gemeinsamen Firma »Computer-Discount Bachmaier & Co.« firmieren. Für B und C wurde keine Haftungsbeschränkung vereinbart. Jedoch ist die Haftung des A gegenüber Gesellschaftsgläubigern insoweit eingeschränkt, als er lediglich mit dem von ihm eingebrachten Einzelhandelsgeschäft haften soll. Damit liegt keine OHG gem. § 105 I HGB, sondern eine KG gem. § 161 I HGB vor, bei der B und C als persönlich haftende Gesellschafter (Komplementäre) und A als Kommanditist auftreten.*

*Die KG ist eine Personengesellschaft und als solche keine juristische Person. Sie kann jedoch unter ihrer Firma Rechte erwerben und Verbindlichkeiten eingehen, Eigentum und andere dingliche Rechte an einem Grundstück erwerben, vor Gericht klagen und verklagt werden (§§ 161 II, 124 I HGB). Sie ist somit teilrechtsfähig.*

*Nun tritt die Wirksamkeit der KG - und somit auch ihre Teilrechtsfähigkeit - im Verhältnis zu Dritten grundsätzlich erst mit dem Zeitpunkt ein, in welchem die Gesellschaft in das Handelsregister eingetragen wird (§§ 161 II, 123 I HGB). Das Darlehen wurde der B & Co. KG aber schon vor ihrer Eintragung (5.4.1994) gewährt. Hier kommt nun § 123 II HGB zum Zuge. Beginnt die Gesellschaft ihre Geschäfte nämlich schon vor der Eintragung, tritt nach dieser Vorschrift die Wirksamkeit mit dem Zeitpunkt des Geschäftsbeginns ein, soweit sich aus § 2 HGB nicht ein anderes ergibt. Dies gilt über § 161 II HGB auch für die KG.*

*Die B & Co. KG hat unmittelbar im Anschluß an den Gesellschaftsvertrag ihre Geschäfte begonnen. Da der Computerhandel ein Grundhandelsgewerbe nach § 1 II Nr.1 HGB darstellt, hat sie auch ohne Eintragung schon mit Geschäftsbeginn Teilrechtsfähigkeit erlangt. So wie in den Fällen des § 1 II HGB die Eintragung für die Kaufmannseigenschaft nur deklaratorisch, in den Fällen des § 2 HGB dagegen konstitutiv ist, ist auch die Eintragung der Gesellschaft bei einem Handelsgewerbe i.S.d. § 1 II HGB deklaratorisch, bei einem solchen nach § 2 HGB dagegen konstitutiv.*

*Die K-AG konnte somit bereits am 20.3.1994 mit der B & Co. KG einen Darlehensvertrag über 30.000,- DM abschließen. Nach Fälligkeit des gewährten Darlehens im Oktober 1994 hat die K-*

*AG daher einen Anspruch gegen die B & Co. KG aus § 607 I BGB auf Rückzahlung von 30.000,- DM.*

*II. Ansprüche gegen die Gesellschafter B und C aus §§ 161 II, 128 S.1 HGB i.V.m. § 607 I BGB*

*Zwar hat die K-AG mit den Gesellschaftern B und C keinen eigenen Darlehensvertrag abgeschlossen. Nach §§ 161 II, 128 S.1 HGB haften aber die Gesellschafter einer KG für die Verbindlichkeiten der Gesellschaft den Gläubigern als Gesamtschuldner persönlich. Dies gilt aufgrund der Sondervorschriften der §§ 171 ff HGB jedoch nicht für den Kommanditisten, sondern nur für die persönlich haftenden Gesellschafter. B und C sind persönlich haftende Gesellschafter der B & Co. KG. Gegen die B & Co. KG hat die K-AG einen Rückzahlungsanspruch aus § 607 I BGB in Höhe von 30.000,- DM. Für diesen Anspruch haften die Komplementäre mit ihrem privaten Vermögen.*

*Der Austritt des C als Gesellschafter berührt seine Haftung grundsätzlich nicht. Der ausgeschiedene Gesellschafter haftet weiterhin für die während seiner Gesellschafterzeit begründeten Verbindlichkeiten, wenn auch zeitlich begrenzt (vgl. § 160 HGB). Er kann sich durch schlichten Austritt nicht dem Zugriff der früheren Gläubiger entziehen.*

*Demnach steht der K-AG jeweils ein eigener Anspruch gegen B und C auf Rückzahlung des Darlehens in Höhe von 30.000,- DM aus §§ 161 II, 128 S.1 HGB i.V.m. § 607 I BGB zu.*

*B und C haften dabei als Gesamtschuldner i.S.d §§ 421 ff. BGB, d.h. die K-AG kann nach ihrer Wahl jeden einzelnen Gesellschafter oder auch alle gemeinsam in Anspruch nehmen, die 30.000,- DM insgesamt aber nur einmal verlangen. Die Gesamtschuldner sind untereinander nach § 426 BGB ausgleichspflichtig. Dagegen besteht keine Gesamtschuld i.S.d. §§ 421 ff. BGB zwischen Gesellschaft und Gesellschaftern (vgl. den Wortlaut des § 128 S.1 HGB). Auch hier kann sich jedoch die K-AG den Schuldner nach freiem Belieben aussuchen, die Summe aber nur einmal fordern. Der schuldnerinterne Ausgleich erfolgt dabei in der Regel über §§ 161 II, 110 HGB.*

*III. Ansprüche gegen A aus § 171 HGB bzw. § 176 HGB*

*1. Anspruch aus § 171 I 1. Hs. HGB i.V.m. § 607 I BGB*

*A haftet der K-AG grundsätzlich nicht aus §§ 161 II, 128 S.1 HGB für Verbindlichkeiten der B & Co. KG, da für ihn die Sondervorschriften der §§ 171 ff HGB eingreifen. Die K-AG könnte nun einen Anspruch gegen A aus § 171 I 1. Hs. HGB i.V.m. § 607 I BGB auf Rückzahlung des Darlehens in Höhe von 30.000,- DM haben. Nach dieser Vorschrift haftet der Kommanditist den Gläubigern der Gesellschaft bis zur Höhe seiner Einlage unmittelbar, d.h. mit seinem privaten Vermögen. Die Einlage des A beträgt laut Gesellschaftsvertrag und Eintragung (vgl. § 172 I HGB) 50.000,- DM.*

*Da A seine Einlage in Form der Einbringung seines bisherigen Geschäfts jedoch bereits geleistet hat, ist seine persönliche Haftung aus § 171 I 1. Hs. HGB gemäß § 171 I 2. Hs. HGB ausgeschlossen. Es besteht also kein Anspruch der K-AG aus § 171 I 1. Hs. HGB.*

*2. Anspruch aus §§ 176 I 1, 161 II, 128 S.1 HGB i.V.m. § 607 I BGB*

*A könnte jedoch - trotz seiner Kommanditistenstellung - aufgrund § 176 I 1 HGB wie ein Komplementär gemäß §§ 161 II, 128 S.1 HGB i.V.m. § 607 I BGB persönlich haften.*

*Dies wäre der Fall, wenn die Gesellschaft ihre Geschäfte begonnen hätte, bevor sie in das zuständige Handelsregister eingetragen war, und der Kommanditist dem Geschäftsbeginne zugestimmt hat, es sei denn daß seine Beteiligung als Kommanditist dem Gläubiger bekannt war (§ 176 I 1 HGB). Die B & Co. KG hatte den Geschäftsbetrieb des A unmittelbar im Anschluß an den Vertragsschluß am 15.3.1994 fortgeführt, ihre Geschäfte also begonnen, bevor sie in das Handelsregister eingetragen war (Eintragung am 5.4.1994). A hatte dem frühzeitigen Geschäftsbeginn auch zugestimmt. Die K-AG hatte von der Kommanditistenstellung des A keine positive Kenntnis. Schließlich ist auch § 176 I 2 HGB nicht einschlägig, da die B & Co. KG ein Grundhandelsgewerbe nach § 1 II HGB betreibt.*

*A haftet also für die zwischen dem 15.3. und dem 5.4.1994 vorgenommen Rechtsgeschäfte der B & Co. KG gleich einem persönlichen Gesellschafter. Folglich hat die K-AG aus dem am 20.3.1994 der B & Co. KG gewährten Darlehen auch gegen A einen Rückzahlungsanspruch in Höhe von 30.000,- DM gemäß §§ 176 I 1, 161 II, 128 S.1 HGB i.V.m. § 607 I BGB. A haftet dabei mit B und C gesamtschuldnerisch (vgl. § 128 S.1 HGB wie bereits oben).*

## 2. Frage: Ansprüche des L

### I. Ansprüche aus Kaufvertrag vom 17.2.1994 (5.000,- DM)

*1. Anspruch gegen die B & Co KG aus § 28 I 1 HGB i.V.m. § 433 II BGB*

*L könnte gegen die B & Co. KG einen Anspruch auf Kaufpreiszahlung in Höhe von 5.000,- DM gemäß § 28 I 1 HGB i.V.m. § 433 II BGB haben.*

*L hat am 17.2.1994 mit A einen Kaufvertrag (§ 433 BGB) über Warenlieferungen zum Preis von 5.000,- DM abgeschlossen. Da der Vertrag mit A in dessen Namen abgeschlossen wurde (die B & Co. KG existierte zu diesem Zeitpunkt noch nicht), ist nur A und nicht die B & Co. KG Vertragspartner des L geworden. Die B & Co. KG haftet also nicht unmittelbar aus § 433 II BGB auf Kaufpreiszahlung.*

*Die Verbindlichkeiten des A aus früheren Geschäftsverbindungen könnten aber mit Eintritt von B und C als Gesellschafter auf die B & Co. KG gemäß § 28 I 1 HGB übergegangen sein. Tritt nämlich jemand als persönlich haftender Gesellschafter oder Kommanditist in das Geschäft eines Einzelkaufmanns ein, so haftet die Gesellschaft, auch wenn sie die frühere Firma (= Name des Geschäfts, vgl. § 17 I HGB) nicht fortführt, gemäß § 28 I 1 HGB für alle im Betriebe des Geschäfts entstandenen Verbindlichkeiten des früheren Geschäftsinhabers.*

*B und C sind als persönlich haftende Gesellschafter in das Geschäft des A, eines Einzelkaufmannes, eingetreten. Daß A dabei die Stellung eines Kommanditisten und nicht die eines Komplementärs einnahm, ist irrelevant. A schuldete zu diesem Zeitpunkt aus dem bisherigen Geschäftsbetrieb dem L die Zahlung des Kaufpreises aus dem Vertrag vom 17.2.1994. Für diese Verbindlichkeit haftet nun gemäß § 28 I 1 HGB (auch) die B & Co. KG. Dagegen liegt kein Fall des § 25 I HGB vor. Dazu wäre neben der Übertragung des Geschäfts auch dessen Fortführung unter der bisherigen Firma erforderlich.*

*L hat also gegen die B & Co. KG aus dem Kaufvertrag vom 17.2.1994 einen Anspruch auf Kaufpreiszahlung in Höhe von 5.000,- DM gemäß § 28 I 1 HGB i.V.m. § 433 II BGB.*

*2. Ansprüche gegen B und C aus §§ 161 II, 128 S.1 HGB i.V.m. §§ 28 I 1 HGB, 433 II BGB*

*Die Komplementäre B und C haften gemäß §§ 161 II, 128 S.1 HGB für die Verbindlichkeiten der B & Co. KG persönlich. Verbindlichkeiten der Gesellschaft sind auch solche, die nach § 28 I HGB übergegangen sind. Der spätere Austritt des C aus der Gesellschaft berührt seine Haftung grundsätzlich nicht.*

*L hat somit jeweils gegen B und C einen Anspruch auf Kaufpreiszahlung in Höhe von 5.000,- DM aus §§ 161 II, 128 S.2 HGB i.V.m. §§ 28 I 1 HGB, 433 II BGB.*

*3. Anspruch gegen A aus § 433 II BGB*

*A haftet dem L zwar nicht als Kommanditist gemäß § 171 I HGB, da er seine Einlage geleistet hat. Auch haftet er nicht aus § 176 I S.1 HGB i.V.m. §§ 161 II, 128 S.2 HGB, da das maßgebliche Rechtsgeschäft nicht zwischen dem 15.3. und dem 5.4.1994 erfolgte.*

*Er ist jedoch originärer Vertragspartner des Kaufvertrages vom 17.2.1994. Daran hat sich auch durch den Eintritt der Gesellschafter am 15.3.1994 und die (zusätzliche) Haftung der B & Co. KG nach § 28 I S.1 HGB nichts geändert.*

*L hat somit gegen A einen Anspruch auf Kaufpreiszahlung in Höhe von 5.000,- DM aus § 433 II BGB. Da A als früherer Geschäftsinhaber Kommanditist geworden ist und die B & Co. KG nach § 28 I 1 HGB für die früheren Geschäftsverbindlichkeiten haftet, ist die Haftung des A jedoch gemäß §§ 28 III, 26 HGB zeitlich auf 5 Jahre beschränkt.*

***II. Ansprüche aus Kaufvertrag vom 6.6.1994 (9.000,- DM)***

*1. Anspruch gegen die B & Co KG aus § 433 II BGB*

*L könnte gegen die B & Co KG einen Anspruch auf Kaufpreiszahlung (§ 433 II HGB) in Höhe von 9.000,- DM aufgrund eines Kaufvertrages vom 6.6.1994 haben. Dazu müßte ein solcher Vertrag zwischen L und der B & Co. KG tatsächlich geschlossen worden sein.*

*Die B & Co. KG hat selbst nicht gehandelt (sie konnte es als Gesellschaft auch nicht), vielmehr hat A im Namen der Gesellschaft die Bestellung (= Vertragsangebot) bei L abgegeben.*

*Durch Annahme der Bestellung durch L ist nur dann ein Vertrag zwischen L und der B & Co. KG zustande gekommen, wenn A die B & Co. KG wirksam gemäß § 164 I BGB vertreten hat. Nur dann wirkt die Willenserklärung des A (Vertragsangebot) unmittelbar für und gegen die vertretene B & Co. KG. Dazu müßte A mit entsprechender Vertretungsmacht gehandelt haben.*

*A ist als Kommanditist grundsätzlich nicht zur Vertretung der B & Co. KG ermächtigt (§ 170 HGB), im Gegensatz zu den persönlich haftenden Gesellschaftern (vgl. §§ 161 II, 125 I HGB). Auch ist dem A keine Vollmacht gemäß § 167 BGB (siehe die Legaldefinition in § 166 II BGB) für das konkrete Rechtsgeschäft erteilt worden. Ihm ist jedoch am 25.4.1994 von den übrigen Gesellschaftern durch Rechtsgeschäft Prokura gemäß § 48 I HGB erteilt worden. Die Prokura ist zwar zur Eintragung in das Handelsregister anzumelden (§ 53 I 1 HGB), eine Eintragung ist jedoch nicht Wirksamkeitsvoraussetzung für die Erteilung, hat also nur deklaratorische Funktion.*

*Die Prokura ermächtigt - mit Ausnahme von Grundstücksgeschäften (vgl. § 49 II HGB) - zu allen Arten von gerichtlichen und außergerichtlichen Geschäften und Rechtshandlungen, die der Betrieb eines Handelsgewerbes mit sich bringt (§ 49 I HGB). Somit war A im Rahmen des Kaufvertrages vom 6.6.1994 zur Vertretung der B & Co. KG befugt, so daß ein Vertrag zwischen L und der B & Co. KG wirksam zustande gekommen ist.*

*Danach hat L gegen die B & Co. KG einen Anspruch auf Kaufpreiszahlung in Höhe von 9.000,- DM aus § 433 II BGB.*

*2. Anspruch gegen B aus §§ 161 II, 128 S.1 HGB i.V.m. § 433 II BGB*

*B haftet als Komplementär nach §§ 161 II, 128 S.2 HGB für die Verbindlichkeiten der B & Co. KG persönlich. L hat gegen ihn also einen entsprechenden Anspruch in Höhe von 9.000,- DM aus §§ 161 II, 128 S.1 HGB i.V.m. § 433 II BGB.*

*3. Anspruch gegen C aus §§ 161 II, 128 S.1 HGB, 433 II BGB i.V.m. § 15 I HGB*

*Einer Haftung des C aus §§ 161 II, 128 S.1 HGB steht zunächst entgegen, daß die Verbindlichkeit erst am 6.6.1994 begründet wurde, er jedoch schon am 27.5.1994 als Gesellschafter ausge-*

*schieden ist. Das Ausscheiden ist zwar gemäß § 143 I HGB in das Handelsregister einzutragen, die Eintragung ist auch erst am 10.6.1994 erfolgt. Wie bei der Prokuraerteilung hat diese Eintragung jedoch nur deklaratorische Bedeutung, so daß der Austritt unmittelbar am 27.5.1994 wirksam wurde.*

*Jedoch könnte C nach § 15 I HGB so behandelt werden, als wenn er am 6.6.1994 noch persönlich haftender Gesellschafter der B & Co. KG gewesen wäre. Nach § 15 I HGB kann eine in das Handelsregister einzutragende Tatsache von demjenigen, in dessen Angelegenheit sie einzutragen war, einem Dritten nicht entgegengesetzt werden, solange die Tatsache nicht eingetragen und bekanntgemacht ist, es sei denn, daß sie dem Dritten bekannt war (sog. negative Publizität des Handelsregisters).*

*Der Austritt ist eine Tatsache, die (auch) in Angelegenheiten des C einzutragen war (§ 143 I HGB). Sie war am 6.6.1994 weder eingetragen noch bekanntgemacht. L hatte keine positive Kenntnis von dem Austritt. C kann sich daher gemäß § 15 I HGB gegenüber L nicht auf den Austritt berufen, so daß er so zu behandeln ist, als sei er am 6.6.1994 noch Komplementär der B & Co. KG gewesen. Die spätere Eintragung am 10.6.1994, die im Rahmen des § 15 I HGB einem Austritt zu diesem Zeitpunkt gleichkommt, hat auf die Haftung des C grundsätzlich keinen Einfluß (vgl. § 160 HGB).*

*Folglich hat L gegen C einen Anspruch auf Kaufpreiszahlung in Höhe von 9.000,- DM aus §§ 161 II, 128 S.2 HGB, 433 II BGB i.V.m. § 15 I HGB.*

*4. Ansprüche gegen A*

*Gegen A hat L hinsichtlich des Kaufvertrages vom 6.6.1994 keine Ansprüche. A ist diesmal nicht Vertragspartner, sondern die B & Co. KG. Er haftet auch weder nach § 171 I HGB noch nach § 176 I HGB.*

***III. Ansprüche aus Kaufvertrag vom 4.7.1994 (15.000,- DM)***

*1. Anspruch gegen die B & Co. KG aus § 433 II BGB*

*L könnte gegen die B & Co. KG einen Anspruch auf Erfüllung des Kaufvertrages vom 4.7.1994 gemäß § 433 II BGB, also auf Abnahme und Kaufpreiszahlung in Höhe von 15.000,- DM haben.*

*Dazu müßte ein Kaufvertrag zwischen den beiden Parteien wirksam abgeschlossen worden sein. Wieder hat A im Namen der B & Co. KG gehandelt, so daß es im Rahmen des § 164 I BGB auf die Vertretungsmacht des A ankommt.*

*Zwar ist dem A am 25.4.1994 wirksam Prokura erteilt worden, die Prokura ist ihm aber bereits am 1.7.1994 wieder entzogen worden. Wie schon bei der Erteilung ist auch bei dem Erlöschen der Prokura die Eintragung zwar vorgeschrieben (§ 53 III HGB), jedoch hat sie ebenso nur deklaratorische Wirkung. Am 4.7.1994 war A also nicht mehr gemäß § 49 I HGB zum Abschluß eines Kaufvertrages ermächtigt.*

*Die B & Co. KG könnte jedoch gemäß § 15 I HGB so zu behandeln sein, als sei dem A am 4.7.1994 noch wirksam Prokura erteilt gewesen. Das Erlöschen der Prokura ist nach § 53 III, I HGB zur Eintragung in das Handelsregister anzumelden, ist also eine einzutragende Tatsache, und zwar in Angelegenheiten der B & Co. KG. Das Erlöschen war am 4.7.1994 weder eingetragen noch bekanntgemacht. Auch hatte L vom Erlöschen keine positive Kenntnis, so daß § 15 I HGB an sich eingreifen würde.*

*Hier stellt sich aber das Problem, daß nicht nur das Erlöschen nicht eingetragen war, sondern, daß es schon an einer Eintragung der Prokuraerteilung fehlt. Sofern § 15 I HGB den öffentlichen Glauben des Handelsregisters schützen will, könnte man auf den Gedanken kommen, daß es bei einer fehlenden sog. Voreintragung an einem öffentlichen Glauben fehlt, der zu schützen wäre. Nach ganz herrschender Meinung kommt es jedoch auf eine Voreintragung nicht an. Dies läßt sich schon am Wortlaut des § 15 I HGB festmachen. Es geht dort um (geänderte) Tatsachen, die einzutragen sind, aber nicht eingetragen wurden. Ob nun der vorherige Zustand eingetragen war oder nicht, ist ohne Einfluß auf die Rechtsfolge.*

*Folglich gilt gegenüber L gemäß § 15 I HGB die Prokura als noch erteilt, A handelte insofern mit Vertretungsmacht. L hat gegen die B & Co. KG demnach einen Anspruch auf Erfüllung des Kaufvertrages vom 4.7.1994, d.h. auf Abnahme der Computer und anschließende Kaufpreiszahlung in Höhe von 15.000,- DM.*

*2. Ansprüche gegen B und C*

*B war zum Zeitpunkt des Vertragsschlusses am 4.7.1994 Komple-*

*mentär der B & Co. KG, so daß er nach §§ 161 II, 128 S.1 HGB für die Verbindlichkeiten der B & Co. KG aus dem Kaufvertrag vom 4.7.1994 persönlich haftet. L hat gegen ihn also einen Anspruch auf Abnahme der Kaufsache und auf Zahlung von 15.000,- DM aus §§ 161 II, 128 S.1 HGB i.V.m. § 433 II BGB.*

*C dagegen war am 4.7.1994 als Gesellschafter bereits ausgeschieden, so daß eine Haftung aus §§ 161 II, 128 S.1 HGB ausscheidet. Da die Eintragung schon erfolgt war (10.6.1994), kommt auch eine Haftung über § 15 I HGB nicht in Betracht.*

*3. Ansprüche gegen A*

*Aus § 433 II BGB besteht schon deshalb kein Anspruch, weil A die Bestellung (= Vertragsangebot) nicht in eigenem, sondern in fremdem Namen abgegeben hat. Er konnte also dadurch nicht verpflichtet werden.*

*Es könnten jedoch Ansprüche aus § 179 I BGB bestehen. Danach ist derjenige, der als Vertreter einen Vertrag geschlossen hat, sofern er nicht seine Vertretungsmacht nachweist, dem anderen Teile nach dessen Wahl zur Erfüllung oder zum Schadensersatz verpflichtet, wenn der Vertretene die Genehmigung des Vertrages verweigert.*

*Tatsächlich handelte A am 4.7.1994 ohne Vertretungsmacht, die B & Co. KG bzw. deren gesetzlicher Vertreter B (vgl. §§ 161 II, 125 I HGB), hat eine Genehmigung des Vertrages nach § 177 I BGB stets verweigert. Danach stünden dem L die Ansprüche aus § 179 I BGB zu. Oben bei den Ansprüchen gegen die B & Co. KG wurde jedoch festgestellt, daß A über § 15 I HGB als Vertreter mit Vertretungsmacht gilt und danach der Vertrag mit der B & Co. KG wirksam ist. Dies würde dann aber eine Haftung aus § 179 I BGB ausschließen.*

*§ 15 I HGB steht jedoch zur Disposition desjenigen, der durch diese Norm geschützt werden soll. Im Wortlaut heißt es lediglich, daß die nicht eingetragenen Tatsachen »einem Dritten nicht entgegengesetzt werden« können. D.h. aber nicht, daß der Dritte sich nicht auch auf die tatsächliche, nicht eingetragene Sachlage berufen kann. Der Dritte hat also ein Wahlrecht zwischen der tatsächlichen und der durch § 15 I HGB fingierten Sachlage, je nachdem, was für ihn günstiger ist. Dabei ist er nicht auf eine einheitliche Wahl beschränkt. Er kann sich gegenüber der einen*

*Person auf § 15 I HGB stützen, gegenüber einer anderen aber gleichzeitig die wahre Sach- und Rechtslage gelten lassen. Nach umstrittener, aber wohl zutreffender Ansicht kann sich der Dritte sogar innerhalb eines Anspruchs gegen eine Person hinsichtlich unterschiedlicher Tatbestandsmerkmale jeweils auf die für ihn günstigere Tatsache berufen, sich also »die Rosinen herauspikken« (»Rosinentheorie«).*

*Konnte sich also L oben noch auf § 15 I HGB stützen, um die Vertretungsmacht des A zu begründen, kann er im Rahmen des § 179 I BGB die tatsächliche Sach- und Rechtslage gelten lassen, so daß es insoweit an der Vertretungsmacht fehlt. L hat demnach gegen A aus § 179 I BGB wahlweise einen Anspruch auf Erfüllung (Abnahme und Kaufpreiszahlung) oder auf Schadensersatz (Ersatz des entgangenen Gewinns).*

# Register

# A

### Abandon
Durch das zur Verfügungstellen seines Anteils kann sich der Gesellschafter von der Nachschußpflicht befreien. ⇨ 184

### Abfindung
Einmalige Geldzahlung zur Tilgung eines Anspruchs. ⇨ 135

### Abhandengekommen
Unfreiwilliger Verlust einer Sache. ⇨ 94

### Abnahme
Entgegennahme einer Sache. ⇨ 103

### Abschluß
Bei Abschluß eines Vertrags liegen Angebot und Annahme übereinstimmend vor (§§ 145, 147 BGB). ⇨ 92

### Abschlußprovision
Maklerlohn (§ 99 HGB). ⇨ 79

### Abschlußvertreter
Vertreter der mit Vertragsabschlüssen für einen anderen betraut ist. ⇨ 68, 77

### Abschlußvollmacht
Vollmacht für einen anderen, in dessen Namen einen Vertrag abzuschließen. ⇨ 70

### Abschreibung
Erfassung der Wertminderung (meist mehrjährig) genutzten Anlagevermögens

### Abstraktionsprinzip
Trennung rechtlicher Vorgänge in Verpflichtungs- und Verfügungsgschäfte.

### Abtretung
Vertrag, durch den der bisherige Gläubiger eine Forderung auf einen neuen Gläubiger überträgt (§ 398 BGB). ⇨ 107

### Actio pro socio
Klagemöglichkeit einzelner Gesellschafter auf Beitragsleistung der Mitgesellschafter. ⇨ 129

### AG
Aktiengesellschaft. ⇨ 188

### AGB
Allgemeine Geschäftsbedingungen. ⇨ 211

### AktG
Aktiengesetz ⇨ 188

### Aktie
Wertpapier, das die vom Aktionär erworbenen Rechte an einer AG verkörpert. ⇨ 190

### Aktiengesellschaft
(AG) Kapitalgesellschaft an der die Gesellschafter mit Anteilen am Gesellschaftsvermögen (in Form von Aktien) beteiligt sind. ⇨ 188

### Aliud
Ein anderer als der geschuldete Gegenstand; vgl. Falschlieferung im Gegensatz zum Sachmangel (§ 459 BGB). ⇨ 163

### Alleinvertretung
Das Recht eine Gesellschaft alleine vertreten zu können steht den persönlich haftenden Gesellschaftern zu (§ 125 I HGB). ⇨ 131, 159

### Allgemeine Geschäftsbedingungen
»Das Kleingedruckte«; Bedingungen eines Vertrages, die der Verwender als Vertragsbestandteil einbringt. ⇨ 211

### Analogie
Schließen von Gesetzeslücken durch Anwendung gleichgelagerter Normen.

### Änderung der Gesellschaft
Neufassung des Gesellschaftsvertrages aufgrund veränderter Beiträge, Befugnisse, Ein- und Austritt von Gesellschaftern etc. ⇨ 134, 162, 172

### Anfechtung
Rückwirkende Vernichtung eines fehlerhaften Rechtsgeschäfts durch einseitige Willenserklärungen (§ 142 BGB). ⇨ 127

### Angebot
Antrag zum Abschluß eines Vertrags (§ 145 BGB). ⇨ 92

### Annahme
Willenserklärung die einem Angebot zustimmt, wodurch ein Vertrag zustandekommt (§ 147 BGB). ⇨ 92

### Annahmeverzug
Nichtentgegennahme der, dem Gläubiger angebotenen Leistung (§§ 293 BGB, 373 HGB). ⇨ 100

### Anscheinsvollmacht
Offensichlich bestehende Vertretungmacht (durch Rechtschein). ⇨ 62

### Anspruch
Recht von einem anderen ein Tun oder Unterlassen verlangen zu können (§ 194 I BGB). ⇨ 7

### Anspruchsgrundlage
Rechtsnorm, die für das Entstehen eines Anspruchs maßgebend ist. ⇨ 14, 16

### Anspruchsnorm
Rechtsnorm die als Rechtsfolge einen Anspruch gibt. ⇨ 8

### Antrag
Einseitige Willenserklärung (Angebot), die den Abschluß eines Vertrages anbietet (§ 145 BGB). ⇨ 92

## Arglistige Täuschung
Vorsätzliche Irreführung eines anderen bei Abgabe seiner Willenserklärungen (§ 123 BGB).

## Artabweichung
Eine andere, als die vereinbarte Sache, die nicht als genehmigungsfähig gilt. ⇨ 103

## Aufklärungspflicht
Pflicht den Vertragspartner über gewisse Umstände oder Gefahren aufzuklären. Bei Verletzung: Schadensersatz aus pVV oder cic. ⇨ 87

## Auflösung
Vorstufe zur Beendigung einer Personenvereinigung (Gesellschaft) ⇨ 136, 147, 162, 172, 187, 193

## Aufsichtsrat
Organ der Kapitalgesellschaften (GmbH, AG), das die Geschäftsführung überwacht. ⇨ 185, 197

## Auftrag
Ein Vertrag, durch den sich der Beauftragte verpflichtet, unentgeltlich ein Geschäft für den Auftraggeber zu besorgen (§ 662 BGB). ⇨ 74
Auftrag steht in der Umgangssprache auch für ein Vertragsangebot (§ 145 BGB). ⇨ 93

## Auftragsbestätigung
Schriftliche Annahme eines Antrags (umgangssprachlich: Auftrages), wodurch ein Vertrag geschlossen wird. ⇨ 93

## Aufwendungen
Freiwillige Vermögensopfer im Interesse eines anderen (§ 670 BGB). ⇨ 75, 155

## Auseinandersetzung
Liquidation des Gesellschaftsvermögens, infolge der Auflösung. ⇨ 136

## Ausfallhaftung
Gesellschafter haften für Mitgesellschafter, wenn diese ihre Stammeinlage nicht einbezahlt haben. ⇨ 184

## Ausgleichspflicht
Pflicht zur Beseitigung ungerechtfertigter Vermögensverschiebungen, insbesondere dann, wenn ein anderer für eine Gesamtschuld in Anspruch genommen wurde (§ 426 I BGB). ⇨ 74, 134

## Außenverhältnis
Beziehungen eines Unternehmen (Gesellschaft) gegenüber Dritten (Kunden, Lieferanten, Banken) ⇨ 19

## Ausschluß eines Gesellschafters
Gesellschafter können einen Mitgesellschafter, der seine Gesellschaftspflichten grob verletzt, ausschließen. ⇨ 135, 162

# B

## Bankrott
Völlige Zahlungsunfähigkeit.

## Beendigung der Gesellschaft
Auflösung und Liquidation einer Personenvereinigung (Gesellschaft). ⇨ 136, 142, 162, 187, 199

## Beiderseitiges Handelsgeschäft
Rechtsgeschäft, bei dem auf beiden Seiten ein Kaufmann steht. ⇨ 84

## Beitragspflicht
Pflicht der Gesellschafter auf Leistung der vereinbarten Beiträge. ⇨ 128, 155

## Bekanntmachung
Die Bekanntmachung einer Handelsregistereintragung erfolgt im Bundesanzeiger und zumindest in einer überregionalen Zeitung. Sie wird vom Registergericht veranlaßt (§ 10 HGB). ⇨ 40

## Bereicherungsanspruch
Anspruch auf Herausgabe, des durch eine ungerechtfertigte Bereicherung Erlangten (§§ 812 ff BGB).

## Besitz
Die tatsächliche Herrschaft einer Person über eine Sache (§ 854 BGB).

## Bestätigungsschreiben
Schriftliche Bestätigung einer zwischen Kaufleuten mündlich getroffenen Vereinbarung. ⇨ 93

## Besteller
Vertragspartner, der ein Werk in Auftrag gibt (§ 631 BGB).

## Bestimmungskauf
»Kauf« einer Ware die bei Bestellung nur grob bestimmt wurde; nähere Angaben zu Farbe, Größe, Menge etc. trifft der »Käufer« später. ⇨ 101

## Betrieb
Wirtschaftliche Organisationseinheit von Personen in einem Dienstverhältnis. ⇨ 28

## Betreiber
Natürliche oder juristische Person in deren Namen ein Gewerbe ausgeübt wird. ⇨ 28

## Beurkundung
Schriftliche Festlegung von Willenserklärungen (§ 125 BGB).

## Bevollmächtigung
Rechtsgeschäftliche Erteilung der Vertretungsmacht. ⇨ 60

### Bewegliche Sachen
Körperliche Gegenstände, die nicht Grundstücke oder Häuser sind (§ 90 BGB). ⇨ 98

### BGB
Bürgerliches Gesetzbuch. ⇨ 2

### BGB-Gesellschaft
Die Gesellschaft des Bürgerlichen Rechts ist eine, auf Vertrag beruhende, Vereinigung von Personen zur Förderung eines, von ihnen gemeinsam verfolgten, Zwecks (§ 705 BGB). ⇨ 122

### Bilanz
Gegenüberstellung von Vermögenswerten und Kapital eines Unternehmens zu einem betimmten Stichtag. ⇨ 194

### Billigkeit
Natürliches Gerechtigkeitsempfinden

### Bösgläubigkeit
Das Wissen einer rechtlich bedeutsamen Tatsache oder deren grob fahrlässiges Nichtwissen (z.B. § 932 II BGB)

### Börse
Markt auf dem Aktien, Wertpapiere oder auch Waren gehandelt werden. ⇨ 190

### Buchführung
Regelmäßige Aufzeichnung aller betrieblichen Vorgänge, die Teil des Rechnungswesens sind. ⇨ 33

### Bürgerliches Recht
Teil des Privatrechts, gültig für alle Privatpersonen. ⇨ 2

### Bürgschaft
Vertrag, durch den sich der Bürge gegenüber dem Gläubiger verpflichtet, für die Erfüllung der Verbindlichkeit des Schuldners einzustehen (§ 765 BGB). ⇨ 16, 88

## C

### cic
culpa in contrahendo. ⇨ 16

### Courtage
Abschlußprovision des Handelsmaklers. ⇨ 81

### culpa in contrahendo
»Verschulden bei Vertragsschluß«. Nicht gesetzlich geregelt, jedoch richterlich ist anerkannt, daß bereits während der Vertragsverhandlungen ein Vertrauensverhältnis besteht, das ggf. zum Schadensersatz verpflichtet. ⇨ 16

## D

### Darlehen
Vertrag, bei dem der Empfänger von vertretbaren Sachen (§ 91 BGB) verpflichtet ist, Sachen von gleicher Art und Güte, ggf. plus Zinsen zurückzugewähren (§ 607 BGB). ⇨ 16

### Dauerschuldverhältnis
Schuldverhältnis dessen Rechte und Pflichten über einen längerfristigen Zeitraum bestehen (Dienstvertrag, Mietvertrag).

### Deklaratorische Wirkung
Deklaratorische Wirkung einer Rechtshandlung ist gegeben, wenn sie nur der Bekanntmachung, aber nicht der Entstehung eines rechtlichen Zustandes dient. ⇨ 41

### Deliktische Ansprüche
Ansprüche aus unerlaubter Handlung, bei Verletzung von Rechtsgütern (§§ 823 ff BGB). ⇨ 16

### Dienstleistung
Erbringung von Diensten aufgrund Dienstvertrag (§ 611 BGB) oder Werkvertrag (§ 631 BGB). ⇨ 90

### Dienstvertrag
Gegenseitiger Vertrag, in welchem sich der Dienstverpflichtete zur Leistung bestimmter Dienste und sich der Dienstherr zur Gewährung einer Vergütung verpflichtet (§§ 611 ff BGB). ⇨ 16, 91

### Dritter
Ein am Rechtsgeschäft Unbeteiligter.

### Duldung
Das wissentliche und widerspruchslose Geschehenlassen eines bestimmten Vorgangs.

### Duldungsvollmacht
Vertretungsmacht aufgrund der Duldung der Vertretung durch den Vertretenen. ⇨ 62

## E

### e.G.
Eingetragene Genossenschaft. ⇨ 201

### Eigentum
Umfassendes Recht zur rechtlichen und tatsächlichen Nutzung einer Sache (§§ 903 BGB).

### Eigentumserwerb
Erlangung des Eigentums an einer Sache. Dies kann entweder ursprünglich (§ 958 BGB) oder abgeleitet (§§ 929 ff BGB) erfolgen.

**Eigentumsgemeinschaft**
Vorliegen gemeinsamen Eigentums mehrerer Personen. ⇨ 125

**Einigung**
Übereinstimmen von Willenserklärung.

**Einlage**
Der vom Gesellschafter zu leistende Beitrag. ⇨ 166

**Einmanngesellschaft**
Gesellschaft (z.B. AG, GmbH, GmbH & Co KG) bei der alle Geschäftsanteile von einer Person gehalten werden. ⇨ 117

**Einrede**
Gegenrecht, das die Durchsetzbarkeit des Rechts eines anderen hindert. ⇨ 15

**Einseitiges Handelsgeschäft**
Rechtsgeschäft, an dem nur ein Kaufmann beteiligt ist. ⇨ 84

**Eintragung**
Niederlegung rechtlich bedeutsamer Tatsachen in einem öffentlichen Register (z.B. Handelsregister). Man unterscheidet zwischen eintragungspflichtigen und -möglichen Tatsachen. ⇨ 40

**Eintragungen einer Gesellschaft**
Die Eintragung einer Personenvereinigung in ein öffentliches Register ist u.U. Voraussetzung für deren Existenz. ⇨ 143, 152, 168, 180, 192

**Eintritt eines Gesellschafters**
Die Aufnahme eines Neugesellschafters in eine bestehende Gesellschaft ist meist mit einer Änderung des Gesellschaftsvertrages verbunden. ⇨ 134

**Einwendung**
Gegenrecht, das einen Anspruch nicht entstehen läßt oder ihn nachträglich vernichtet. ⇨ 15

**Einzelkaufmann**
Natürliche Person, die alleine oder höhstens mit einem stillen Gesellschafter ein kaufmännisches Unternehmen führt. ⇨ 117

**Entstehung einer Gesellschaft**
Gründung einer Personenvereinigung (Gesellschaft) durch Vertrag und Vollzug. ⇨ 125, 142, 152, 168, 180, 192

**Erbschaft**
Vermögen des Erblassers, das mit dem Erbfall auf den Erben übergeht. ⇨ 57, 136

**Erfüllung**
Tilgung einer Verbindlichkeit durch richtiges Bewirken der geschuldeten Leistung (§ 362 BGB). ⇨ 14, 16

**Erfüllungsgehilfe**
Person (z.B. Angestellter), derer sich der Schuldner zur Erfüllung seiner Verpflichtung bedient. Sein Verschulden wird dem Schuldner zugerechnet (§ 278 BGB). ⇨ 76

**Erfüllungsort**
Ort (Leistungsort), an dem der Schuldner die Leistung zu erbringen hat (§ 269 BGB).

**Erlöschen**
Befriedigung des Gläubigers durch Erfüllung (§ 362 BGB) oder Erfüllungssurrogate.

**Ersatzlieferung**
Anspruch des Käufers auf Umtausch der gekauften, mangelhaften Gattungssache (§ 480 I BGB).

**e.V.**
Eingetragener Verein (§§ 21 ff BGB). ⇨ 138

**EWIV**
Europäische wirtschaftliche Interessenvereinigung, (für diese Rechtsform gilt ähnliches wie für die OHG). ⇨ 118

**Exkulpation**
Entlastungsbeweis des Geschäftsherrn für unerlaubte Handlungen seines Verrichtungsgehilfen (§ 831 BGB) ⇨ 75

**ex nunc**
Von nun an; rechtliche Wirkung nur für die Zukunft.

**ex tunc**
Von damals an; rechtliche Wirkung seit der Vergangenheit.

# F

**Fahrlässigkeit**
Das Außerachtlassen der im Verkehr erforderlichen Sorgfalt (§ 276 I 2 BGB) ⇨ 87

**Falscheintragung**
Der (im Handelsregister) Eingetragene hat für die Richtigkeit der Eintragung zu sorgen, ggf. deren Berichtigung unverzüglich zu veranlassen. ⇨ 40

**Falschlieferung**
(Aliud) ist die Leistung eines anderen als des geschuldeten Gegenstandes. ⇨ 104

**Fälligkeit**
Zeitpunkt, von dem an der Gläubiger vom Schuldner die Erbringung der geschuldeten Leistung verlangen darf (§ 271 I BGB). ⇨ 90, 95

**Fallösung**
Methodisches Vorgegen zur Klärung rechtlicher Problemstellungen. ⇨ 10

**Fehler einer Sache**
Negative Abweichung des Ist-Zustandes einer Sache von ihrer Soll- bzw. Norm-Beschaffenheit (§ 459 BGB, §§ 377, 378 HGB). ⇨ 104

### Fehlerhafte Gesellschaft
Eine Personengesellschaft, der kein wirksamer Gesellschaftsvertrag zugrundeliegt, die aber in Vollzug gesetzt worden ist. Gutgläubige Dritte sollen auf den Bestand der Gesellschaft vertrauen können. ⇨ 127

### Fiktion
Behandlung einer nicht bestehenden Tatsache als existent im Rahmen einer gesetzlichen Regelung. ⇨ 37

### Fiktivkaufmann
Wer im Handelsregister eingetragen ist, obwohl das von ihm betriebene Gewerbe kein Handelsgewerb darstellt, gilt dennoch als Vollkaufmann (§ 5 HGB). ⇨ 37

### Finanzierung
Beschaffung von Geldmitteln. ⇨ 116

### Firma
Name des Kaufmanns, unter dem er seine Geschäfte betreibt (§ 17 I HGB). ⇨ 50

### Firmenfortführung
Übernahme des Handelsgeschäfts unter Beibehaltung der Firma. ⇨ 54

### Fixgeschäft
Rechtsgeschäft, bei dem die vereinbarte Leistung zu einer exakt bestimmten Zeit oder innerhalb einer bestimmten Frist zu erbringen ist. ⇨ 102

### Forderung
Das aus einem Schuldverhältnis herrührende Recht auf Erbringung der Leistung.

### Form
Bestimmte Rechtsgeschäfte unterliegen einer vorgeschriebenen Form (Schriftform oder notarielle Beurkundung). Deren Mißachtung hat die Nichtigkeit des Rechtsgeschäfts zur Folge (§ 125 BGB). ⇨ 89

### Formelles Recht
Verfahrensrecht. ⇨ 6

### Formkaufmann
Handelsgesellschaften und Vereinigungen, denen das Gesetz die Kaufmannseigenschaft zuschreibt, gelten stets als Vollkaufmann (§ 6 II HGB). ⇨ 37

### Formulieren der Lösung
Zu Papierbringen der rechtlichen Prüfung mit den gebotenen Fachausdrücken, unter Bezug auf die einschlägigen Normen. ⇨ 23

### Forstwirtschaftlicher Betrieb
Betrieb aus dem Bereich der Pflege und Nutzung des Waldes (Kannkaufmann § 3 HGB). ⇨ 33

### Frachtführer
Kaufmann, der die Beförderung von Gütern zu Lande oder zu Wasser ausführt (§ 425 HGB). ⇨ 111

### Frachtgeschäft
Entgeltliche Beförderung von Gütern. ⇨ 111

### Fragestellung
Zu beurteilende Problematik des Sachverhalts. ⇨ 13

### Freibleibend
Handelsklausel, wonach ein »Angebot« als unverbindlich gelten soll. ⇨ 86

### Frei Haus
Handelsklausel, in der sich der Schuldner verpflichtet, die geschuldete Sache dem Gläubiger auf eigene Kosten und Gefahr zu liefern (Bringschuld). ⇨ 86

### Freier Beruf
Selbständige wie Künstler, Schriftsteller, Ärzte, Rechtsanwälte, Berater fallen nicht unter den Gewerbebegriff des Handelsrechts. ⇨ 29

### Frist
Zeitraum mit dessen Ablauf eine bestimmte Rechtswirkung eintritt (§§ 187 ff BGB). ⇨ 102

## G

### Garantie
Die verbindliche Zusage für mögliche Schäden verschuldensunabhängig einzustehen.

### Gattungsschuld
Verpflichtung zu einer Leistung die nicht durch individuelle, sondern durch allgemein übliche Merkmale gekennzeichnet ist (§ 243 I BGB).

### GbR
Gesellschaft des Bürgerlichen Rechts (BGB-Gesellschaft). ⇨ 122

### Gefahrtragung
Die Frage, wer das Risiko des zufälligen Untergangs oder der Beschädigung einer geschuldeten Sache zu tragen hat.

### Gegennorm
Vorschrift, die einen möglichen Anspruch vernichteten oder verhindern kann. ⇨ 8, 15

### Gegenseitiger Vertrag
Vertrag, bei dem die eine Leistung gerade um der anderen willen erbracht wird, z.B. Kaufsache gegen Kaufpreis. ⇨ 98

### Gemeinschaft
Mehrere Personen bei denen zumindest eine gewisse Rechtsverbundenheit vorliegt. ⇨ 125

### Generalversammlung
Organ der Genossenschaft, durch das die Genossen ihre Mitgliedsrechte ausüben. ⇨ 201

### Genehmigung
Nachträgliche Zustimmung zu einem Rechtsgeschäft (§ 184 I BGB). ⇨ 104

### Genossenschaft
Personenvereinigung, die die wirtschaftliche Förderung ihrer Mitglieder (Genossen) bezweckt. ⇨ 200

### Gerichtsvollzieher
Person, die mit der Durchführung von Vollstreckungsmaßnahmen betraut ist.

### Gesamthandsvermögen
Gesellschaftsvermögen, das sich aus Geldeinlagen, Gütern, Forderungen etc. zusammensetzt und über das die Gesellschafter nur gemeinsam verfügen können. ⇨ 133

### Gesamtschuldner
Mehreren Personen schulden eine Leistung derart, daß der Gläubiger sie von jedem einzelnen, insgesamt jedoch nur einmal verlangen kann (§ 421 BGB). ⇨ 132

### Gesamtvertretung
Mehrere Personen können eine Gesellschaft nur gemeinschaftlich vertreten. ⇨ 60, 131

### Geschäftsbesorgung
Entgeltliche oder unentgeltliche Ausführung selbständiger Tätigkeiten für einen anderen (§ 354 HGB). ⇨ 90

### Geschäftsfähigkeit
Fähigkeit, Willenserklärungen wirksam abzugeben und entgegenzunehmen (§§ 104 ff BGB).

### Geschäftsführer
Der gesetzliche Vertreter einer GmbH (§ 35 I GmbHG). ⇨ 182

### Geschäftsführung
Befugnis zur Leitung einer Gesellschaft. ⇨ 130, 156, 182, 195

### Geschäftsführung ohne Auftrag
(GoA) Besorgung eines Geschäfts für einen anderen, ohne von ihm beauftragt oder dazu berechtigt zu sein (§§ 677 ff BGB). ⇨ 74

### Gesellschaft
Privatrechtlicher Zusammenschluß mehrerer Personen zur Erreichung eines gemeinsamen Zwecks. ⇨ 118

### Gesellschaft des Bürgerlichen Rechts
(GbR) Die Grundform aller Personengesellschaften. ⇨ 122

### Gesellschaft mit beschränkter Haftung
Kapitalgesellschaft, bei der die Haftung der Gesellschafter auf das Gesellschaftsvermögen beschränkt ist. ⇨ 178

### Gesellschafter
Mitglieder einer Gesellschaft, die aufgrund des Gesellschaftsvertrages bestimmte Rechte und Pflichten haben.

### Gesellschaftsrecht
Das Recht der privatrechtlichen Gesellschaften (im BGB, HGB und in den besonderen Gesetzen GmbHG, AktG, GenG geregelt). ⇨ 10, 120

### Gesellschaftsvertrag
Der zur Gründung einer Gesellschaft notwendige Vertrag (§ 705 BGB), wonach sich die Gesellschafter verpflichten den gemeinsamen Zweck zu fördern. ⇨ 126

### Gewährleistung
Gesetzliche Pflicht eines Schuldners, für die Mangelfreiheit einer Sache oder eines Werkes einzustehen. ⇨ 16, 104

### Gewerbe
Selbständige auf Gewinnerzielung ausgerichtete und erlaubte Tätigkeit, die dauerhaft ausgeübt wird und kein freier Beruf ist. ⇨ 28

### Gewinn
Einkommen aus unternehmerischer Tätigkeit. ⇨ 29, 169, 177

### Gläubiger
Derjenige, der gegen einen Schuldner einen Anspruch hat, also das Recht, von ihm ein Tun, Dulden oder Unterlassen zu fordern.

### Gläubigerverzug
(Annahmeverzug) ist gegeben, wenn der Gläubiger die ihm angebotene Leistung gar nicht oder nicht rechtzeitig annimmt (§ 293 BGB).

### GmbH
Gesellschaft mit beschränkter Haftung. ⇨ 178

### GmbH & Co KG
Kommanditgesellschaft, deren meist einzig vollhaftender Gesellschafter eine GmbH ist (wodurch im Endeffekt »kein Mensch« persönlich haftet). ⇨ 175

### GoA
Geschäftsführung ohne Auftrag. ⇨ 74

### Grundhandelsgewerbe
Gewerbe, das die typischen bzw. traditionellen Geschäfte eines Kaufmanns (§ 1 II HGB) zum Inhalt hat. ⇨ 30

### Grundkapital
Der durch Satzung bestimmte Teil des Eigenkapitals. ⇨ 188

### Gutachtenstil
Rechtliche Würdigung der Problemstellung eines Sachverhaltes, beginnend mit dem zur Frage stehenden Begehren, abschließend mit dem Ergebnis. ⇨ 23

### Gutglaubensschutz
Schutz dessen, der auf einen, ihm glaubhaft gemachten Rechtsschein vertraut. ⇨ 127

### Gutgläubiger Erwerb
Erwerb des Eigentums oder eines anderen Rechtes an einer Sache vom Nichtberechtigten (§ 932 BGB). ⇨ 94

# H

### Haftung
Die Pflicht für eine (eigene oder fremde) Schuld einstehen zu müssen.
⇨ 18, 132, 144, 160, 171, 183, 191

### Handel
Umsatzgeschäfte, mit Gütern vom Hersteller zum Verbraucher. ⇨ 31

### Handelsbräuche
Die unter Kaufleuten geltenden Gebräuche und Gewohnheiten (§ 346 HGB). ⇨ 86

### Handelsgeschäft
Jedes Geschäft eines Kaufmanns, das zum Betrieb seines Handelsgewerbes gehört (§ 343 I HGB). ⇨ 84

### Handelsgesellschaft
Personengesellschaften des Handelsrechts (OHG, KG), sowie Kapitalgesellschaften (GmbH, AG). ⇨ 37, 118

### Handelsgewerbe
Tätigkeit die ein »kaufmännisches« Gewerbe darstellt (§§ 1-3 HGB). ⇨ 28

### Handelskauf
Kaufvertrag, der für mindestens einen Teil ein Handelsgeschäft ist (§§ 373 ff HGB). ⇨ 98

### Handelsklauseln
Abkürzungen, die von Kaufleuten für bestimmte Vereinbarungen benützt werden. ⇨ 86

### Handelsmakler
Kaufmann, der gewerbsmäßig die Vermittlung von Verträgen über Gegenstände des Handelsverkehrs übernimmt, ohne dabei ständig für eine Partei tätig zu sein (§ 93 HGB). ⇨ 81

### Handelsrecht
Sonderrecht für Kaufleute, geregelt im HGB; im weiteren Sinne gehört auch das Gesellschaftsrecht dazu.
⇨ 2

### Handelsregister
Öffentliches Verzeichnis, das über die Verhältnisse der Kaufleute und Handelsgesellschaften Auskunft gibt.
⇨ 40

### Handelsvertreter
Kaufmann, der ständig damit betraut ist, für einen anderen Geschäfte zu vermitteln oder abzuschließen (§§ 84 ff HGB). ⇨ 79

### Handlungsgehilfe
Kaufmännischer Angestellter (§§ 59 ff HGB).

### Handlungsvollmacht
Jede von einem Kaufmann erteilte Vollmacht, die keine Prokura ist (§ 54 HGB). ⇨ 69

### Handwerk
Erwerbstätigkeit, bei der die manuelle und individuelle Arbeit im Vordergrund steht. ⇨ 33, 34

### Handwerksrolle
Verzeichnis der selbständigen Handwerker.

### Hauptversammlung
Organ der AG, bei der die Aktionäre ihre Rechte ausüben. ⇨ 198

### Hinterlegung
Art der Leistungserfüllung, wenn der Gläubiger im Annahmeverzug ist.

# I

### Industrie
Betriebe und Unternehmen, deren Leistungen insbesondere durch Serien- und Massenproduktion gekennzeichnet sind. ⇨ 31

### Inhaberaktie
Aktie, die eine bestimmte aber namentlich nicht benannten Person berechtigt, die darin verbrieften Rechte geltend machen zu können. ⇨ 190

### Innenverhältnis
Beziehungen zwischen den Beteiligten eines Unternehmens (Inhaber, Gesellschafter, Hilfspersonen) untereinander und gegenüber dem Unternehmen selbst.
⇨ 19, 128, 154

### Innung
Freiwilliger Zusammenschluß von Handwerkern. ⇨ 31

### Internationales Recht
Regeln der zwischenstaatlichen Beziehungen, die teilweise auch im innerstaatlichen Bereich wirken. ⇨ 4

### Istkaufmann
Der Betreiber eines Grundhandelsgewerbes (§ 1 HGB) ist zwingend Kaufmann (auch Mußkaufmann). ⇨ 30

# J

### Jahresabschluß
Die Bilanz sowie die GuV-Rechnung.

### Juristische Person
Vereinigung (Verein, Stiftung, GmbH, AG, etc.) mit eigener Rechtsfähigkeit (§§ 21 ff BGB). ⇨ 140

# K

### Kannkaufmann
Betreiber eines land- oder forstwirtschaftlichen Unternehmens, welches einen in kaufmännischer Weise eingerichteten Geschäftsbetrieb benötigt (§ 3 HGB) ⇨ 33

### Kapital
Geld oder Vermögen.

### Kapitalgesellschaften
Gesellschaft (GmbH, AG) bei der die Mitgliedschaft auf die reine Kapitalbeteiligung ausgerichtet ist. ⇨ 120

### Kartell
Absprache mehrerer Unternehmen eines Wirtschaftszweiges mit dem Ziel der Marktbeeinflussung.

### Kauf
Gegenseitiger Vertrag, der auf die Übereignung einer Sache gegen die Zahlung des Kaufpreises abzielt (§ 433 BGB). ⇨ 16, 98

### Kaufmann
Kaufmann ist, wer ein Handelsgewerbe betreibt. In den §§ 1-6 HGB unterscheidet man Kaufleute kraft Gewerbebetriebes, kraft Eintragung und kraft Rechtsform. ⇨ 28

### Kausalität
Der ursächliche Zusammenhang eines bestimmten Umstandes mit einem resultierenden Erfolg. ⇨ 45

### KG
Kommanditgesellschaft. ⇨ 166

### KGaA
Kommanditgesellschaft auf Aktien.

### Klage
Gerichtliches Vorbringen eines Begehrens. ⇨ 7

### Klausel
Eine einzelne (vertragliche) Bestimmung. ⇨ 204

### Kleingewerbe
Grundhandelsgewerbe, daß nach Art oder Umfang keinen in kaufmännischer Weise eingerichteten Geschäftsbetrieb erfordert (Minderkaufmann § 4 HGB) ⇨ 34

### Kommanditgesellschaft
(KG) Personengesellschaft bei der mindestens ein Gesellschafter unbeschränkt persönlich (Komplementär) und wenigstens ein Gesellschafter nur bis zur Höhe seiner Einlage (Kommanditist) haftet (§§ 161 ff HGB). ⇨ 166

### Kommanditgesellschaft auf Aktien
(KGaA) Rechtsfähige Gesellschaft bei der mindestens ein Gesellschafter persönlich und unbeschränkt haftet und die anderen Gesellschafter mit Aktien beteiligt sind.

### Kommanditist
Der beschränkt haftende Gesellschafter der KG. ⇨ 166

### Kommission
Verkauf (oder Kauf) von fremden Waren oder Wertpapieren durch den Kommissionär an Dritte (§§ 383 ff HGB). ⇨ 107

### Kommissionär
Kaufmann (§ 1 II Nr.6), der gegen Entgelt im eigenen Namen auf Rechnung eines anderen Waren oder Wertpapiere verkauft (oder kauft). ⇨ 107

### Kommittent
Wer vom Kommissionär etwas verkaufen (oder kaufen) läßt. ⇨ 107

### Komplementär
Der unbeschränkt persönlich haftende Gesellschafter einer KG. ⇨ 166

### Kondiktion
Der aus einer ungerechtfertigten Bereicherung folgende Anspruch (§ 812 BGB).

### Konkludentes Handeln
Schlüssiges Handeln (Willenserklärung).

### Konkurs
Verfahren zur gleichmäßigen Befriedigung aller Gläubiger eines zahlungsunfähigen Schuldners. ⇨ 59

### Konnexität
Gleichartigkeit von Forderungen. ⇨ 95

### Konsortium
BGB-Gesellschaft in der sich Unternehmen für einen begrenzten Zeitraum zusammengeschlossen haben.

### Konstitutive Wirkung
Konstitutive Wirkung hat ein Vorgang, durch den ein bestimmter rechtlicher Zustand erst entsteht (im Gegensatz zur deklaratorischen Wirkung). ⇨ 41

### Kontokorrent
Laufende Rechnung (meist mit einer Bank). ⇨ 91

### Kontrollrechte der Gesellschafter
⇨ 131, 155, 177

### Konventionalstrafe
Vertragsstrafe. ⇨ 88

### Konzern
Zusammenschluß mehrerer Unternehmen unter einer Leitung.

### Körperschaft
Personenzusammenschluß mit eigener Rechtsfähigkeit (rechtsfähige Vereine und Verbände, GmbH, AG, Genossenschaft). ⇨ 121

### Körperschaftssteuer
Steuer auf das Einkommen juristischer Personen. ⇨ 178, 188

### Kündigung eines Gesellschafters
Willenserklärung, durch die ein Gesellschaftsverhältnis beendet wird. ⇨ 134, 162

### Kurswert
Wert zu dem Aktien (an der Börse) gehandelt werden. ⇨ 190

## L

### Ladenangestellte
Die im Laden oder offenen Warenlagen eines Kaufmanns angestellten Personen; sie gelten, für dort übliche Geschäfte, als bevollmächtigt (§ 56 HGB). ⇨ 69

### Lagergeschäft
Verwahrungsvertrag zwischen Lagerhalter und Kunde (§§ 416 ff HGB). ⇨ 110

### Lagerhalter
Kaufmann der gewerbsmäßig die Aufbewahrung und Lagerung von beweglichen Sachen übernimmt (§ 1 II Nr.6 HGB). ⇨ 110

### Landwirtschaftliche Betriebe
Betriebe, deren Tätigkeit die Bodennutzung und Tierhaltung ist (Kannkaufmann § 3 HGB). ⇨ 33

### Leistung
Jede, sich aus einem Schuldverhältnis ergebende Handlung oder Unterlassung.

### Leistungsort
Der Ort, an dem der Schuldner die Leistung zu erbringen hat (§ 269 BGB).

### Leistungsstörung
Wesentliche Beeinträchtigung einer vereinbarten Leistung.

### Leistungszeit
Zeitraum, innerhalb dessen der Schuldner die Leistung zu erbringen hat (§ 271 BGB).

### Lieferschein
Begleitpapier einer Warenlieferung.

### Lieferzeit
Die vom Lieferanten benötigte Zeit von der Auftragserteilung bis zur Übergabe der Ware.

### Liquidation
Abwicklung der Geschäfte, die infolge der Auflösung einer Gesellschaft getätigt werden müssen, (flüssig machen). ⇨ 136, 147

### Lohn
Entgelt für eine Leistung aus Dienst-, Werk- oder Maklervertrag (§§ 611, 631, 652 BGB). ⇨ 90

### Lohnhandwerk
Handwerker, die fremde Waren be- oder verarbeiten (manuelle Leistungserstellung). ⇨ 32

### Lohnindustrie
Industriebetriebe, die fremde Waren be- oder verarbeiten (mechanisierte Leistungserstellung). ⇨ 31

## M

### Mahnung
Aufforderung des Gläubigers an den Schuldner, die geschuldete Leistung unverzüglich zu erbringen; die Mahnung ist idR. Voraussetzung für den Schuldnerverzug (§ 284 I 1 BGB).

### Makler
Person, die gewerbsmäßig für andere Vertragsabschlüsse vermittelt (§ 93 HGB, § 652 BGB). ⇨ 81

### Mangel
Beeinträchtigug der Beschaffenheit einer Sache, eines Werks oder eines Rechtes. ⇨ 103

### Mängelrüge
Anzeige eines Mangels. ⇨ 103

### Markt
Zusammentreffen von Angebot und Nachfrage.

### Materielles Recht
Normen, die die rechtlichen Beziehungen zwischen Rechtssubjekten ordnen und bestimmen. ⇨ 6

### Mengenfehler
Mengenabweichungen (§ 378 HGB). ⇨ 104

### Miete
Vertrag, durch den sich der Vermieter verpflichtet, dem Mieter den Gebrauch der vermieteten Sache auf gewisse Dauer gegen Entgelt zu gewähren (§ 535 BGB).

### Minderkaufmann
Ein Kaufmann, der ein Grundhandelsgewerbe betreibt, welches jedoch keinen in kaufmännischer Weise eingerichteten Geschäftsbetrieb benötigt (§ 4 HGB). Auf den Minderkaufmann findet das HGB nur in geminderten Umfang Anwendung (§ 351 HGB). ⇨ 34, 89

### Minderung
Verhältnismäßige Herabsetzung des Kaufpreises (§ 472 BGB) oder des Werklohns (§ 634 BGB).

### Mitbestimmung
Beteiligung der Arbeitnehmer an der Willensbildung in Unternehmen (z.B. im Aufsichtsrat). ⇨ 197

### Mitgliederversammlung
Organ eines Vereins oder einer AG. Sie entscheidet über alle Angelegenheiten der Vereinigung. Der Vorstand hat die Beschlüsse auszuführen. ⇨ 145

### Mittelbare Vertretung
Keine Vertretung iSv. § 164 BGB, sondern Handeln im eigenem Namen, aber im Interesse eines anderen. ⇨ 106

### Mußkaufmann
Betreiber eines Grundhandelsgewerbes (§ 1 HGB). ⇨ 30

## N

### Nachbesserung
Kostenlose Beseitigung eines Mangels am Werkes durch den Unternehmer (§ 633 II BGB).

### Nachfolgeregelung
Bestimmung im Gesellschaftsvertrag, die beim Ausscheiden eines Gesellschafters (insbesondere im Todesfall) vorsieht, daß ein Nachfolger in die Stellung des Ausgeschiedenen eintritt. ⇨ 135, 164

### Nachschußpflicht
Pflicht der Gesellschafter ggf. über ihre Einlage hinaus weitere Einlagen zu leisten. ⇨ 128

### Name des Kaufmanns
Firma. ⇨ 50

### Namensaktie
Aktien einer AG die auf einen bestimmten Namen lauten. Ihr Verkauf ist ggf. an die Zustimmung der Mitaktionäre gebunden. ⇨ 190

### Nebenleistungspflicht
Die neben der Hauptleistungspflicht aus einem Vertrag resultierende nachrangige Pflicht (Treue, Schutz-, Obhuts- und Aufklärungspflicht).

### Negative Publizität des Handelsregisters
Gutglaubenschutz an das »Schweigen« des Handelsregisters (§ 15 I HGB). ⇨ 45

### Nennwert einer Aktie
Der Betrag der auf der Aktie abgedruckt ist und den Anteil am Grundkapital bestimmt. ⇨ 190

### Nichtigkeit
Die Unwirksamkeit eines Rechtsgeschäfts bzw. einer Willenserklärung.

### Nichtrechtsfähiger Verein
Verein, der nicht im Vereinsregister eingetragen und deshalb nicht rechtsfähig ist, auf den aber dennoch weitgehend das Vereinsrecht angewendet wird (§ 54 BGB). ⇨ 140

### Niederlassung
Standort des Gewerbebetriebes. Dieser ist zur Eintragung in das Handelsregister anzumelden (§ 29 HGB).

### Norm
Gesetzliche Vorschrift. ⇨ 14

### Notgeschäftsführung
Ausnahmsweise (wenn Gefahr im Verzug ist) ist auch ein nichtgeschäftsführungsbefugter Gesellschafter berechtigt notwendige Entscheidungen zu treffen. ⇨ 130

## O

### Obliegenheit
Pflicht bei der Leistungserfüllung mitzuwirken. ⇨ 186

### Offene Handelsgesellschaft
(OHG) Personengesellschaft, die ein Handelsgewerbe unter gemeinsamer Firma betreibt und deren Gesellschafter unbeschränkt haften (§§ 105 ff HGB). ⇨ 150

### Öffentlicher Glaube
Schutz desjenigen, der auf die Richtigkeit eines öffentlichen Verzeichnisses (z.B. des Handelsregisters) vertraut. ⇨ 40

### Öffentliches Recht
Regelungen über die Beziehungen Bürger - Staat, wenn der Staat aufgrund seiner Hoheitsbefugnisse tätig ist. ⇨ 3

### OHG
Offene Handelsgesellschaft. ⇨ 150

### Ökonomisches Prinzip
Prinzip, nach dem ein bestimmter Erfolg mit geringstmöglichem Aufwand erzielt werden soll.

### Organe der juristischen Person
Die, für die juristische Person handelnden Funktionsträger (Vorstand, Geschäftsführer, Aufsichtsrat). ⇨ 144, 185, 194

### Organhaftung
Eine juristische Person haftet für ihre Funktionsträger »wie« für eigenes Verschulden. ⇨ 72

### Organisationsvertrag
Vertrag, der insbesondere die innere Struktur einer Gesellschaft regelt. ⇨ 126, 142

# P

### Paragraph
Rechtsnorm. ⇨ 14

### Personen
Menschen und rechtsfähige Vereinigungen. ⇨ 4

### Personengesellschaft
Gesellschaft, bei der die Mitgliedschaft auf die persönliche Mitarbeit der Gesellschafter zugeschnitten ist. ⇨ 140

### Pfandrecht
Recht eine bewegliche Sache zur Erfüllung einer Verbindlichkeit zu verwerten. ⇨ 97

### Pflichtverletzung
Schuldhafte Verletung vertraglicher Pflichten. ⇨ 77

### Positive Publizität des Handelsregisters
Gutglaubensschutz an das »Reden« des Handelsregister (§ 15 III HGB). ⇨ 46

### Positive Vertragsverletzung
Ein, im Gesetz nicht geregelter Fall der Leistungsstörung, der ggf. zum Schadensersatz führt. ⇨ 16, 77

### Privatrecht
Rechtsnormen, die die Beziehungen privater Personen untereinander regeln (Zivilrecht). ⇨ 4

### Produkthaftung
Haftung des Herstellers einer Ware für Konstruktions-, Fabrikations- und Bedienungsfehler sowie wegen ungenügender Aufklärung oder mangelnden Schutzeinrichtungen (§ 823 BGB, Produkthaftungsgesetz).

### Prokura
Umfangreiche handelsrechtliche Vertretungsmacht, die zu beinahe allen Arten von Geschäften, die der Betrieb eines Handelsgewerbes mit sich bringt, ermächtigt. ⇨ 66

### Prospekthaftung
Haftung für falsche Angaben innerhalb eines Beratungsvertrages (cic). ⇨ 176

### Provision
Entgelt für Geschäftsbesorgungen oder Dienstleistungen. ⇨ 78, 79, 90

### Prozeß
Gerichtliches Verfahren.

### Publikumsgesellschaft
Eine rein auf Kapitalbeteiligung angelegte Kommanditgesellschaft, die durch eine hohe Anzahl von Kommanditisten (Publikum) gekennzeichnet ist. ⇨ 176

### Publizität des Handelsregisters
Offenlegung rechtserheblicher Gegebenheiten im Handelsregister (§ 15 HGB) zum Schutz des Eintragungspflichtigen und Dritter. ⇨ 42

### pVV
Positive Vertragsverletzung. ⇨ 16, 77

# R

### Rabatt
Prozentualer Preisnachlaß.

### Rahmenvertrag
Vertrag, der länger andauernde Geschäftsbeziehungen regelt.

### Recht
Die Gesamtheit aller Vorschriften, die das Verhältnis von Menschen zueinander sowie zu den übergeordneten Hoheitsträgern regeln. ⇨ 204

### Rechtsfähiger Verein
Ein auf Dauer angelegter Personenzusammenschluß, der vom Mitgliederbestand unabhängig ist. Die Rechtsfähigkeit wird durch Eintragung in ein öffentliches Register erlangt. ⇨ 141

### Rechtsfähigkeit
Fähigkeit, selbst Träger von Rechten und Pflichten zu sein (§§ 1, 21 BGB). ⇨ 140

### Rechtsfolge
Rechtliche Konsequenz die bei Übereinstimmung aller tatsächlichen und gesetzlichen Voraussetzungen einer Norm zum tragen kommt. ⇨ 8, 20

### Rechtsformen
Möglichkeiten sich im Wirtschaftsleben unternehmerisch zu betätigen. ⇨ 116

### Rechtsgeschäft
Ein, sich aus (meist mehreren) Willenserklärungen ergebender rechtlicher Tatbestand.

### Rechtskraft
Die Verbindlichkeit der Entscheidung über einen Rechtsstreit, die nicht mehr durch ein Rechtsmittel (Berufung, Revision) gehemmt werden kann. ⇨ 7

### Rechtsschein
Der einem Dritten gegenüber gesetzte Anschein eines in Wirklichkeit nicht bestehenden Rechts (z.B. Scheinkaufmann, Scheingesellschaft). ⇨ 36, 153

### Rentabilität
Verhältnis zwischen Erfolg und eingesetztem Kapital.

### Richter
Organ der Rechtspflege, das über Rechtsstreitigkeiten entscheidet. ⇨ 9

### Rosinentheorie
⇨ 224

### Rücktritt
Rückgängigmachung eines Vertrags durch einseitige Erklärung. Die Befugnis hierzu kann entweder vertraglich vorgesehen sein oder sich als Folge einer Leistungsstörungen ergeben. ⇨ 101

### Rüge
Beanstandung von Fehlern an den empfangenen Waren. Die unverzügliche Rüge ist (insbesondere beim Handelskauf) zur Erhaltung der Gewährleistungs- und Erfüllungsrechte erforderlich (§§ 377 f HGB). ⇨ 103

## S

### Sache
Jeder körperlicher Gegenstand (§ 90 BGB). ⇨ 98

### Sachmangel
Fehler an der Kaufsache, der ihren Wert oder ihre Tauglichkeit mindert. ⇨ 104

### Sachverhalt
Das konkrete tatsächliche Geschehen, das durch Subsumtion rechtlich bewertet wird. ⇨ 12

### Satzung
Bezeichnung für den Organisationsvertrag des Vereins sowie der GmbH, der AG und der Genossenschaft. ⇨ 142, 145, 192

### Schadensersatz
Ausgleich eines Schadens, den eine Person durch eine andere erlitten hat (§§ 249 ff BGB). ⇨ 16, 75

### Scheingesellschaft
Eine Gesellschaft, die wegen fehlenden Gesellschaftsvertrages zwar nicht besteht, gutgläubigen Dritten gegenüber jedoch als existent gilt. ⇨ 153

### Scheinkaufmann
Wer im Rechtsverkehr wie ein Kaufmann auftritt, muß sich von gutgläubigen Dritten als solcher behandeln lassen (§ 5 HGB analog). ⇨ 36

### Schlechterfüllung
Ungenügende oder mangelhafte Erfüllung vertraglicher Pflichten. Sie führt oft zu pVV. ⇨ 16, 88

### Schlüssiges Handeln
Wertung einer Handlung als rechtsverbindliche Erklärung (konkludentes Handeln).

### Schuldanerkenntnis
Anerkennung des Bestehenes eines Schuldverhältnisses (§ 781 I BGB). ⇨ 89

### Schuldhaftes Verhalten
Vorsatz oder Fahrlässigkeit, das oft zu einer Schadensersatzpflicht führt. ⇨ 70

### Schuldner
Derjenige der aus einem Schuldverhältnis verpflichtet ist, eine Leistung zu erbringen.

### Schuldnerverzug
Leistungsstörung, bei der der Schuldner die Erbringung einer Leistung schuldhaft verzögert hat (§§ 284 ff, 326 BGB). ⇨ 16

### Schuldübernahme
Eintritt eines neuen Schuldners anstelle des alten Schuldners (§§ 414 ff BGB). ⇨ 56

### Schuldverhältnis
Beziehungen mehrerer (meist zweier) Personen, aus der der Gläubiger vom Schuldner eine Leistung verlangen kann.

### Schweigen des Kaufmanns
Das Schweigen des Kaufmanns auf einen Antrag oder ein Bestätigungsschreiben gilt u.U. als Annahme bzw. Zustimmung. ⇨ 92

### Selbständiger
Person, die ihre berufliche Tätigkeit im wesentlichen selbst frei planen und gestalten kann. ⇨ 28

### Selbsthilfeverkauf
(Notverkauf) Recht des Schuldners nicht hinterlegungsfähige Sachen versteigern zu lassen (§ 373 II HGB) ⇨ 100

### Sitte
Verhaltensnormen (Anstandsregeln, Bräuche). ⇨ 86

### Sittenwidrigkeit
Ein Verhalten, welches gegen das Anstandsgefühl aller billig und gerecht Denkenden verstößt (§ 138 BGB).

### Sollkaufmann
Betreiber eines sonstigen Gewerbes (Bauunternehmer, Urproduktion etc.), das in Art und Umfang kaufmännische Einrichtungen erfordert. ⇨ 32

### Sorgfalt
Gewissenhaftigkeit im Handeln. (§ 277 BGB, § 347 HGB). ⇨ 87

### Sozialanspruch der Gesellschaft
Die Gesellschaft hat einen sog. Sozialanspruch auf Beitragsleistung der Gesellschafter und die Förderung des Gesellschaftszwecks. ⇨ 128

### Sozialverbindlichkeit der Gesellschaft
Die Verpflichtung der Gesellschaft gegenüber den Gesellschaftern z.B. auf Gewinnbeteiligung und -ausschüttung. ⇨ 133

### Spediteur
Kaufmann (§ 1 II Nr.6 HGB), der im eigenen Namen für Rechnung eines anderen die Gütersendungen besorgt. ⇨ 109

### Speditionsvertrag
Werkvertrag der eine Geschäftsbesorgung, nämlich die Versendung von Gütern zum Inhalt hat (§ 407 HGB). ⇨ 109

### Sperrjahr
Das Vermögen einer privatrechtlichen Körperschaft darf zum Schutz der Gläubiger erst ein Jahr nach Auflösung ausgeschüttet werden. ⇨ 144, 187

### Stammaktie
Normalaktie ohne besondere Vorzugsrechte. ⇨ 190

### Stammeinlage
Beteiligung der Gesellschafter an einer GmbH. ⇨ 181

### Standort
Sitz eines Unternehmens oder einer Filiale. ⇨ 116

### Statut
(Satzung), Gesellschaftsvertrag. ⇨ 201

### Stellvertretung
Rechtsgeschäftliches Handeln; die Willenserklärung des Vertreters wirkt für und gegen den Vertretenen (§§ 164 ff BGB). ⇨ 60

### Stiftung
Juristische Person, deren Vermögen einem bestimmten Zweck gewidmet wurde (§ 80 BGB). ⇨ 117

### Stille Gesellschaft
Gesellschaft zwischen einem Kaufmann und einem stillen Gesellschafter. Die Einlage des »Stillen« geht in das Vermögen des Betreibers des Handelsgewerbes über (§ 230 f HGB). ⇨ 174

### Strohmann
Vorgeschobene Person die, obwohl sie im eigenen Namen handelt, die Interessen eines anderen verwirklicht. ⇨ 174

### Subsidiär
Ergänzend. ⇨ 4

### Subsumtion
Unterordnung eines Sachverhalts unter eine Rechtsnorm; dabei ist zu prüfen, ob die Fakten die gesetzlichen Voraussetzungen erfüllen. ⇨ 20

## T

### Tantieme
Prozentuale Beteiligung am Umsatz oder Gewinn.

### Tatbestand
Gegebenheit des Sachverhalts, an die sofern sie mit den Voraussetzung einer Norm übereinstimmt, eine Rechtsfolge geknüpft ist. ⇨ 30

### Täuschung
Ein Verhalten, das der Erweckung oder der Bestärkung eines Irrtums dient (§ 123 I BGB).

### Teilrechtsfähigkeit
Eine gewisse (aber nicht volle) rechtliche Selbständigkeit z.B. der OHG, KG. ⇨ 158

### Termin
Festgelegter Zeitpunkt, an dem ein bestimmtes Ereignis bzw. ein bestimmter Erfolg eintreten soll.

### Terms of trade
International gültige Handelsklauseln.

### Treuepflicht der Gesellschafter
Pflicht, die Interessen der Gesellschaft bzw. der Mitgesellschafter wahrzunehmen. ⇨ 129

### Treu und Glauben
Es soll möglichst immer ein gerechter Ausgleich der verschiedenen Interessen gefunden werden (§ 242 BGB). ⇨ 211

## U

### Übereignung
Übertragung des Eigentums (§ 929 BGB).

### Übergabe
Verschaffung des unmittelbaren Besitzes (§ 929 BGB).

### Umsatz
Wert der, in einem Zeitabschnitt (Jahr oder Monat) abgesetzten Güter. ⇨ 3

### Umwandlung einer Gesellschaft
Änderung der Rechtsform einer Gesellschaft. ⇨ 116

### Unerlaubte Handlung
Rechtswidriger, schuldhafter Eingriff in ein geschütztes Rechtsgut, wodurch einem anderen ein Schaden zugefügt wird. (§§ 823 ff BGB). ⇨ 14, 16

### Ungerechtfertigte Bereicherung
Rechtsgrundlose Vermögensmehrung; sie verpflichtet den Bereicherten zur Herausgabe des Erlangten (§§ 812 ff BGB). ⇨ 14

### Unmöglichkeit
Die geschuldete Leistung kann nicht (mehr) erbracht werden. ⇨ 16

### Untersuchungspflicht
Der Käufer ist verpflichtet (beim beiderseitigen Handelskauf unverzüglich) nach Empfang die Ware auf Richtigkeit, Menge und Mängel zu überprüfen. ⇨ 103

### Unverzüglich
Ohne schuldhaftes Zögern (§ 121 I 1 BGB). ⇨ 104

### Urproduktion
Gewinnung von Bodenschätzen, Energie und Naturerzeugnissen. ⇨ 32

### Urteil
Gerichtliche Entscheidung. ⇨ 7

### Urteilstil
Beurteilung eines rechtlichen Problems, beginnend mit dem Ergebnis (Urteil). Darauf folgt die Begründung. ⇨ 23

## V

### Veranlasserprinzip
Wer einen unrichtigen Rechtsschein durch eigenes Tun gesetzt hat, muß diesen ggf. gegen sich gelten lassen. ⇨ 47

### Verarbeitung
Herstellung einer Sache durch Veränderung einer anderen Sache (§ 950 BGB). ⇨ 30

### Veräußerung
Übertragung eines Rechts (insbesondere das Eigentum an einer Sache) von einer auf eine andere Person. Nicht zu verwechseln mit dem Verkauf. ⇨ 94

### Verbindlichkeit
Verpflichtung zu einer Leistung, die der Schuldner an den Gläubiger zu erbringen hat.

### Verein
Körperschaftlich strukturierte Personenvereinigung. Sie ist vom Wechsel ihrer Mitglieder unabhängig und verfolgt einen gemeinsamen (satzungsmäßig festgelegten) Zweck. ⇨ 138

### Vereinigung
Zusammenschluß mehrerer Personen. ⇨ 121

### Verfügung
Rechtsgeschäft, wodurch ein Recht übertragen oder geändert wird, z.B. Eigentumserwerb, Abtretung, Hypothekenbestellung. ⇨ 94

### Vergütung
Entgelt für eine Leistung. ⇨ 91

### Verjährung
Die Durchsetzung eines Anspruch ist wegen Zeitablaufs (§ 222 BGB) nicht mehr möglich.

### Verkehrssitte
Tatsächliche Übung und Bräuche im Wirtschaftsleben. ⇨ 86

### Vermögen
Die in Geld bewerteten Güter und Rechte einer Person oder einer Gesellschaft. ⇨ 133

### Vermutung
Kraft Gesetz wird ein Sachverhalt als gegeben unterstellt, was jedoch durch einen Gegenbeweis widerlegt werden kann. ⇨ 85

### Verpflichtung
Pflicht des Schuldners gegenüber dem Gläubiger.

### Verrichtungsgehilfe
Verrichtungsgehilfe ist derjenige, dem eine Tätigkeit übertragen worden ist und der von den Weisungen des Geschäftsherrn abhängig ist. ⇨ 75

### Verschulden
Pflichtwidriges und zugleich vorsätzliches oder fahrlässiges Verhalten einer Person (§ 276 BGB). Es zieht meist eine Sachadensersatzpflicht hinter sich nach. ⇨ 70

### Vertrag
Rechtsgeschäft, das durch übereinstimmende Willenserklärungen zustande kommt und auf die Herbeiführung eines bestimmten Erfolgs gerichtet ist. ⇨ 13

### Vertragsstrafe
(Konventionalstrafe) Geldzahlung, die der Schuldner bei Nichterfüllung oder nicht gehöriger Erfüllung seiner Verbindlichkeit verspricht (§ 339 BGB). ⇨ 88

### Vertragsverletzung
Verletzung einer vertraglichen Verpflichtung; Unmöglichkeit, Verzug, pVV. ⇨ 16, 75

### Vertrauensschutz
Besonderen Schutz erfahren Geschäftspartner, die auf Eintragungen im Handelsregister und deren Bekanntmachung, aber auch das Auftreten von Personen im Verkehr gutgläubig vertrauen. ⇨ 42

### Vertretbare Sachen
Sachen, die nach Maß, Zahl oder Gewicht gehandelt werden (§ 91 BGB).

### Vertreter
Der in fremdem Namen und in fremdem Interesse für eine andere Person Tätige (Stellvertretung). ⇨ 60

### Vertretung der Gesellschaft
Rechtsverbindliches Handeln für eine Gesellschaft. ⇨ 131, 144, 159, 185, 195

### Verursacherprinzip
Wer einen unrichtigen, von ihm nicht veranlaßten Rechtsschein schuldhaft nicht berichtigt, muß diesen ggf. gegen sich gelten lassen. ⇨ 47

### Verwahrung
Vertrag, durch den sich der Verwahrer verpflichtet eine ihm übergebene bewegliche Sache aufzubewahren (§ 688 BGB). ⇨ 110

### Verzug
Nichtvornahme einer Handlung trotz Fälligkeit (vgl. Schuldner- und Gläubigerverzug). ⇨ 16

### Vollkaufmann
Jeder, der ein Grundhandelsgewerbe (§ 1 HGB eingeschränkt durch § 4 HGB) betreibt, oder die Kaufmannseigenschaft in anderer Weise (§§ 2, 3 HGB) erwirbt. Als Vollkaufmann gilt weiterhin jeder im Handelsregister eingetragene Gewerbetreibende (§ 5 HGB) sowie bestimmte Rechtsformen (§ 6 I HGB). Auf den Vollkaufmann findet das Handelsrecht in vollem Umfang Anwendung. ⇨ 26

### Vollmacht
Die durch Rechtsgeschäft erteilte Vertretungsmacht (§§ 164, 167 BGB). ⇨ 62

### Vollstreckung
Zwangsweise Durchsetzung eines Anspruchs. ⇨ 7

### Vollzug einer Gesellschaft
Nach außen wirksames in Erscheinungtreten der Gesellschaft. ⇨ 127

### Vor-Gesellschaft
Gesellschaft (AG, GmbH) im Gründungsstadium, also noch vor Erhalt der Rechtsfähigkeit. ⇨ 180, 192

### Vorsatz
Das Wissen und Wollen eines rechtswidrigen Erfolges (§ 276 BGB). ⇨ 87

### Vorstand
Das geschäftsführende und vertretungsberechtigte Organ einer Personenvereinigung (AG, Genossenschaft, Verein). ⇨ 144, 195

### Vorzugsaktie
Aktie mit besonderem Anspruch auf Dividende. ⇨ 190

## W

### Wandelung
Recht auf Rückgängigmachung eines Kauf- oder Werkvertrages, wenn die Sache oder das Werk mangelhaft war (§ 462 BGB).

### Waren
Bewegliche Sachen des Handelsverkehrs. ⇨ 31

### Warenhändler
Kaufmann (§ 1 II Nr.1 HGB), der Waren anschafft und diese idR. mit einem Aufpreis an Kunden weiterveräußert. ⇨ 31

### Warenhandwerker
Kaufmann (§ 1 II Nr.1 HGB), der Waren anschafft und diese idR. nach den individuellen Wünschen der Besteller bearbeitet und weiterveräußert. ⇨ 31

### Werklieferungsvertrag
Form des Werkvertrags, wobei der Unternehmer das Werk aus einem von ihm zu besorgenden Stoff herstellt (§ 651 BGB). ⇨ 98

### Werkvertrag
Vertrag, der auf die Herstellung eines bestimmten Werkes (z.B. Veredelung, Umarbeitung oder Reparatur einer Sache) gegen die Zahlung einer Vergütung abzielt (§ 631 BGB). ⇨ 16, 98

### Wettbewerbsverbot
Beschränkung der gewerblichen Tätigkeit einer Person innerhalb einer Branche. ⇨ 155

### Wie gesehen
Der Verkäufer schließt Gewährleistungsansprüche für Mängel, die bei der Besichtigung erkennbar waren, aus. ⇨ 86

### Willenserklärung
Eine auf die Herbeiführung einer »gewollten« Rechtswirkung gerichtete Äußerung. ⇨ 64

### Willensmängel
Mangel an einer Willenserklärung (Scherz, Irrtum, Drohung, Täuschung).

### Wirksamwerden einer Gesellschaft
Zeitpunkt, zu dem eine gegründete Gesellschaft ihre Außenbeziehungen beginnt; sie tritt erstmals gegenüber Dritten als Gesellschaft in Erscheinung (§ 123 HGB). ⇨ 125

### Wucher
Erzielung von Vorteilen, die in einem auffälligen Mißverhältnis zu der Gegenleistung stehen (§ 138 II BGB), was zu Nichtigkeit führt.

## Z

### Zinsschuld
Entweder die Gegenleistung für ein Darlehen (§§ 607, 608 BGB) oder die Folge des Schuldnerverzugs (§ 288 BGB). ⇨ 90

### Zivilprozessordnung
(ZPO) Regelungen über das Verfahren in zivilrechtlichen Streitigkeiten. ⇨ 6

### Zivilrecht
(Privatrecht) Es regelt die Beziehungen Bürger - Bürger. ⇨ 3

### Zurückbehaltungsrecht
Recht des Schuldners die geschuldete Leistung, insbesondere die Herausgabe einer Sache zu verweigern (§ 273 BGB). ⇨ 95

### Zwangsvollstreckung
Durchsetzung von Ansprüchen durch staatlichen Zwang. ⇨ 7